河南省社会科学规划项目"中原作家群资料整理"研究成果

本成果出版得到淮河文明研究中心资助

田中禾研究

中原作家群研究资料丛刊

程光炜 吴圣刚 主编

田中禾研究

徐洪军 编著

河南大学出版社
HENAN UNIVERSITY PRESS

图书在版编目(CIP)数据

田中禾研究/徐洪军编著. — 郑州:河南大学出版社,2015.2
(中原作家群研究资料丛刊)
ISBN 978-7-5649-1906-1

Ⅰ.①田…　Ⅱ.①徐…　Ⅲ.①田中禾-文学研究
Ⅳ.①I206.7

中国版本图书馆 CIP 数据核字(2015)第 042006 号

出 版 人	张云鹏
出版统筹	侯若愚
责任编辑	甘慧君
责任校对	韩　琳
封面设计	侯一言

出　　版	河南大学出版社
地　　址	郑州市郑东新区商务外环中华大厦 2401 室
电　　话	0371-60993151(人文社科出版分社)
	0371-86059753
网　　址	www.hupress.com
排　　版	河南金河印务有限公司
印　　刷	河南省瑞光印务股份有限公司
版　　次	2015 年 4 月第 1 版
印　　次	2015 年 4 月第 1 次印刷
开　　本	710mm×1000mm　1/16
印　　张	17.25
字　　数	319 千字
定　　价	52.00 元

本书如有印装质量问题,请与河南大学出版社营销部联系调换。

编选说明

从最初动议到确定方案,再到最后完成,这套"中原作家群研究资料丛刊"历时一年有余。因为,它绝不仅仅是已有研究成果的简单整合。首先,编著者必须通读该作家的所有作品,包括文学作品、散文随笔、演讲报告、文艺批评等等,形成对作家作品的感性认识和理性判断,这是编选作家研究资料的基础和前提。然后收集研究资料,要求尽可能全面详尽,网络、期刊、报纸、杂志、著作、作家本人及其亲友、故交等各种途径、各种渠道,越全面越好。最耗时、最费力、最艰苦的工作是资料的分类、甄别和遴选,它体现了编著者的眼光、立场、态度和学养,决定了研究资料的分量和品质。典型性、历史性、多元性是我们选文的基本原则,力求覆盖作家不同时段、不同类型、不同风格的作品,兼顾专家批评和新锐批评,体现不同时期的文学生态和文化场域。总之,整个过程没有捷径可走,全是笨功夫、苦功夫。尽管如此,其疏漏之处肯定不少,恳请专家学者批评指正。

本研究资料共分四大部分,即作家"自述·访谈·印象记"、"研究论文选辑"、"作品年表"、"研究资料索引"。"研究论文选辑"以时间为线索,以"问题"为中心,先总论、后分论,同一"问题"相对集中,体现逻辑性和层次感,并努力体现作家作品研究的历史进程。对入选的文章,为了出版方便,作统一技术处理,删减了摘要、关键词,注释一律改为脚注,除对一些明显的文字和标点符号的疏误作订正外,其他方面包括注释的不完整、不规范,词语使用的不当等,则依旧保持原貌。"作品年表"部分按时间顺序排列整理收录,截止时间为2014年7月。只列入作品的首发、首印,作品的再版、转载不列入年表,海外翻译版本尽可能列入年表。期刊、著作均按年、月排序,报纸具体到日期。重要散文、发表的重要演讲等列入作品年表,但作家编辑的书目、研究资料等均不列入。"研究资料索引"包括单篇学术论文索引、学位论文索引、研究专著索引三部分,截止时间同样为2014年7月,均按刊发/出版时间先后顺序编排。

需要特别说明的是,由于各种原因,编委会没能与选用论文的作者一一联系,丛书出版后,将赠书一本,以表歉意和谢意!且本书用于学术研究而非商业目的,想学界前辈、同人亦能理解支持。在此真诚致谢!如需稿费,请与编委会联系。

编委会
2014.10.31

总　序
程光炜　吴圣刚

　　新时期以来,中国当代文学呈现为多样、多态发展的趋势。在当代文学的版图中,"文学豫军"或"中原作家群"早已成为中国当代文学的重要现象和重要构成。之所以称之为"文学豫军"或"中原作家群",是因为它呈现出群体性,是一个集合的概念。但是,这绝不意味着这个群体中的个体是孱弱的,没有独立呈现的分量。相反,正是一个个有分量的个体组成了一个有广泛影响的作家群体:姚雪垠、叶楠、白桦、李准、张一弓、南丁、田中禾、张宇、郑彦英、李佩甫、二月河、周同宾、刘震云、阎连科、周大新、刘庆邦、李洱、柳建伟、孙方友、墨白、邵丽、乔叶、计文君等等,每位作家都有不凡的创作业绩,每个人都有自己的独特之处,都是文学中的"这一个"。

　　地处中原的河南,在当代中国政治、经济版图上不是核心地带,但在历史、文化地理图上却是积淀深厚的重镇。这里也在接受全球化的荡涤,也在搭载现代化的快车,但这里与中国当下的经济前沿存在着距离,呈现着现代化的滞后性。因此,河南在时代的节奏中存在着"时间差"。这使得中州大地在现代化的浪潮中还氤氲着农业文明、历史文化的气息,也使得中原儿女在这种相对的"慢节奏"中对历史、现实和文化进行思考,精神和灵魂回归这片土地,并以中原文化的思维方式进行着多种表达。走进历史,走进中原文化,是豫籍作家的共同选择。无论是身居河南的作家还是移居他乡的作家,他们的灵魂仍然栖居在家乡故土,并用他们敏感的触角细腻地联系和感受着中原文化,中原文化是他们精神发生的原点,河南历史和家乡生活是他们创作的源泉。对于这些河南作家来说,似乎只有这片故土和其中的点点滴滴才能够激活创作的灵性。正如阎连科所说:"我家住在一个镇子上,那是一个很大的村庄。那个村庄是我写作取之不尽的生活源泉、情感源泉、想象的源泉。一句话,是我写作的一切的灵感之源。那个镇子奇妙无比,任何现实中的一件事情都可能是荒诞的、合理的。"[①]正是在这种表达中,作家们完成了自己的一部部皇皇巨著,成就了当代河南文学的气象大观。

[①] 阎连科:《我的现实,我的主义》,http://v.book.ifeng.com/book/ts/7332.htm。

"中原作家群"不仅是河南的文学现象,也是全国的文学现象;产生于中原大地的河南文学,早已超越了这一区域空间。无论是二月河、李佩甫的作品红遍全国、传播域外,还是刘震云、阎连科、周大新、李洱的作品的海外影响,都说明豫籍作家的作品是全国性的,也具有世界性的分量。这足以构成河南自己的文学史。关于河南文学和"中原作家群"研究,近十年来,随着作家作品的动态性呈现,更多表现为个案化的文学研究,而当代河南文学的整体性、系统性研究则不够。这一方面与河南的经济实力及其对文化提升、带动能力的不足有关,另一方面也与学界、文学界对河南文学在当下中国文化地理学上的地位认识不足有关,特别是与本土学界的研究、推介的成绩有关。弥补这一不足,是一项浩繁的工作,但起步必须从基础开始。

资料整理无疑是学术研究中最基础性的工作。学术界目前关于河南作家的研究资料,主要是上世纪80年代出版的《李准研究资料》、《姚雪垠研究资料》等有限的几种。相关研究主要体现在两个方面:一是关于"文学豫军"、"中原作家群"的正当性和合理性的阐述,这方面的研究成果主要有孙荪的《文学豫军论》等,该文系统性地评述了"文学豫军"的由来、构成及文化特征。二是"中原作家群"形成的历史文化原因以及具体作家作品的研究。刘增杰主编的《精神中原》以论文集的形式综合了学界对于中原作家群整体把握和作家研究的成果;张鸿声主编的《河南文学史·当代卷》则是系统描述当代河南文学发展的第一部史著;梁鸿的《"外省笔记":20世纪河南文学》以"外省"的视角考察河南文学,从文化的角度寻觅和审视河南文学;何弘的《超越还是重复——中原文学论稿》试图对"中原作家群"或中原文学作出一个整体性的描述。这些研究对于解说一种文学现象的发生、发展是必要的,但都是初步的,特别是对"中原作家群"形成的历史文化原因和整体性特征的研究,远未形成对"中原作家群"完整的、核心的解说,更没有评估、揭示出"中原作家群"的应有价值。因此,就需要有人真正深入下去,沉入到纷繁的资料中去,耐心、细密地梳理,把那些能够反映和体现作家创作实绩、作品价值和当代河南文学整体面貌的资料整理出来,形成完整、系统的当代河南文学的资料体系,为文学史的生成奠定坚实的基础。

信阳师范学院文学院的一些老师近年来致力于河南文学研究,逐渐形成了自己的方向和领域,引起了学界的关注。作为一所本土的有长期人文积淀的高校,研究河南文学、推动河南文学发展是应有的责任。2013年起,文学院整合文艺学、现当代文学和写作学等学科的十几位教授、博士组成研究团队,集中开展当代河南文学研究。这个团队以博士为主,中青年结合,队伍整齐,潜力很大。他们首先从资料整理开始,扎扎实实开展研究工作。第一批选取"中原作家群"中影响最大的15位作家,经过近一年的努力,整理出《白桦研究》(陶广学讲师,扬州大学博士)、《张一弓研究》(吕东亮副教授,武汉大学博士)、《田中禾研究》(徐洪军讲师,上海大学博士)、《张宇研究》(杨文臣讲师,山东大学博士)、《李佩甫研究》(樊会芹讲师,江苏师范大学硕士)、《二月河研究》(吴圣刚教授)、《刘震云研究》(禹权恒讲师,武汉大学博士)、《阎连科研究》(方志红副教授,四川大学博士)、《周大新研究》(沈文慧教授,华中师范大学博士)、《刘庆邦研究》(杜昆讲师,南京师范大学博士)、《李洱研究》(王雨海教授)、《墨白研究》(杨文臣讲师,山东大学博士)、《邵丽、乔叶、计文君研究》(李群副教授,河南大学硕士)等13卷,资料选编力求翔实、准确、有代表性。第一辑告罄之后还会启动第二辑,甚至第三辑,目标是把"中原作家群"主要作家的资料完整、系统地拓展出来,真正为当代河南文学的深化研究做些基础性的工作。

由于编选者的眼界、学识、水平有限,疏漏、不足,甚至差错定然存在,敬请学界批评指正。

目　录

1　编选说明
1　程光炜　吴圣刚　总序

自述·访谈·印象记

3　田中禾　从《沙恭达罗》到《第二十二条军规》
8　田中禾　个人——文学的至高无上的主人公
10　田中禾　二十一世纪我在怎样生活？
13　田中禾　商业时代的文学
18　田中禾　因文学而幸福——《明天的太阳》代序
20　田中禾　何向阳　文学与人的素质
28　墨　白　田中禾　小说的精神世界——关于田中禾长篇新作《父亲和她们》的对话
33　苗梅玲　田中禾　在文本现场自由行走——田中禾访谈录
42　李　勇　田中禾　在人性的困境中发现价值与美——田中禾访谈录
47　南　丁　浪漫的田中禾
54　刘学林　田中禾——探险的故事或在路上

研究论文选辑

61　吴秉杰　发现一片新大陆——田中禾近作片谈
68　陈继会　对文化失范的困惑和忧思——田中禾近作的意义
76　段崇轩　田中禾和他的"人性世界"
82　段崇轩　合金式文学——谈田中禾小说的艺术表现
87　王　敏　变革时代中国农村的深刻剖析——试论田中禾的小说创作
92　梅蕙兰　母亲：永恒的生命底色——田中禾创作论
101　张书恒　非先锋的先锋性——论田中禾九十年代的创作转型
107　陈继会　曹建玲　历史·人性与诗性眼光——田中禾的文学世界
117　刘永春　乡土情感与人生况味——论田中禾的民间书写
125　刘海燕　当幻想气息渗入写作者的血液

129	李 勇	思想者的苦恼和艺术家的逍遥——论田中禾的小说创作
135	周立民	大地上的禾苗
139	霍俊明	他是一个持续性的"少数者"——田中禾近作与"当代"写作的难度
142	李丹宇	面对现实的思考——漫评田中禾的《五月》
145	宋遂良	沉沦·困惑·悲愤——评田中禾近作三篇
150	张德祥	时代氛围与农家院里的悲欢——评田中禾的中篇小说《枸桃树》
154	张德祥	现实变革与理想人格——评田中禾的两部中篇
158	曹建玲	自由无羁 纯真自然——田中禾《落叶溪》的美学特征
162	杜田材	《匪首》：一片新的艺术天地
168	何向阳	感性历史的文化复述——《匪首》：一次放逐的体味
175	巫晓燕	民间神话的审美呈现——简评田中禾的长篇小说《匪首》
182	刘 军	负重隐忍与自我删节：《父亲和她们》中的两位母亲形象
191	刘思谦	"她们"中的"这一个"与"另一个"——田中禾长篇小说《父亲和她们》中"两个母亲"人物谈
205	黄 轶	身份：二十世纪的"中国结"
211	刘宏志	话语嬗变与革命叙事的转型——田中禾《父亲和她们》对传统革命叙事的突破
219	刘 军	十七岁：个人切片与历史还原——田中禾《十七岁》阅读札记
225	苗变丽	"青春之歌"的多重变奏曲——田中禾《十七岁》成长叙事研究
233	刘 军	取法乎下与随心见性——评田中禾散文

作品年表

239　田中禾作品年表

研究资料索引

251　田中禾研究资料索引

258　编后记

自述 · 访谈 · 印象记

从《沙恭达罗》到《第二十二条军规》

田中禾

鲁迅"只读外国书不读中国书"的话对我年轻时的阅读兴趣肯定有很大影响;年轻人都喜欢标新立异、离经叛道的言论,鲁迅这老夫子成为几代青年心中的偶像,就因为他的反叛精神。如今骂他也好,护他也好,谁能如他那样敢说这样偏激的话?敢这样对几千年博大精深的中国文化这么不恭敬?——其实他不过是强调中国青年一定要走出封建文化的套子,开放胸襟和视野,把全人类的精神财富当作自己的营养。无论是在想做奴隶而不得的时代或是做稳了奴隶的时代,优秀的世界思想文化成果对我们民族的强大与发展都是不可或缺的。然而真正使我爱上外国文学,是一本印度古典神话诗。读《沙恭达罗》的时候,我刚十六岁,正是青春萌动、多愁善感的年纪,一夜读完,激动不已,直到现在每每想起,那优美的情愫、纯洁的爱情仍然使我深深感动。虽然在此之前我已读过不少诗,也写了不少诗,甚至还为自己编了三四本诗集。可《沙恭达罗》使我明白了什么是诗,明白了什么是文学的魅力,我于是告别了曾经非常喜爱、曾经非常崇拜的马雅可夫斯基和郭小川,整个暑假都沉浸在印度文学里。《摩诃婆罗多》、《罗摩衍那》、《新月集》、《飞鸟集》、《游思集》把一个耽于幻想的男孩带入一个比天堂更美好的世界。泰戈尔的诗很难读懂,但那字里行间涌动的激情撼动我少年的心,世界在我面前一下子变得如星空一样深邃辽远、绚丽多姿。生活是这样可爱,人生是这样美好,生命是这样美丽。我每天都想作诗,每天都想唱歌,每天都想读书。如果那时有摇滚,我肯定会跳上台去大声向人们喊:"世界呀——我爱你!人们呐——我爱你!""世界上的一队小小的漂泊者啊,留下你们的足迹,在我的集子里。"泰戈尔这句诗成为我多年来日记扉页的题记。在苦难岁月里,在流浪的日子里,打开日记读到它,心底就会有热流涌动,心田就充满湿润。迦梨陀娑和泰戈尔用诗歌为我打造了一艘诺亚方舟,使我在此后二十年的沉沦中不消沉、不气馁,保持着不息的热情。这是真善美的力量,人的激情与尊严的力量。迦梨陀娑和泰戈尔把我带入到海阔天空的世界文学中来,使我在高中的三年里结识了雪莱、拜伦、惠特曼、歌德、席勒、海涅、密茨凯维奇……那年夏天我开始迷上莎士比亚。他的十四行诗让我一唱三叹,终生难忘。一口气读完《罗密欧与朱丽叶》、《哈姆雷特》、《奥赛罗》、《威尼斯商人》,诗与历史、故事与人生在语言的力量里被溶化为甘醇的美酒。文学因而成为人的性灵的光辉。

爱上普希金和莱蒙托夫则是一九六〇年之后的事。一九五九年,高中毕业前夕,我的处女作长诗《仙丹花》出版,我那痴爱文学的二哥被划为右派分子。在被发配到塔克拉玛干大沙漠边缘去劳改的时候,什么也来不及收拾,他却在匆忙中把那些曾经引他误入歧途的一捆书寄给我。收到这些书的时候,我自己也正遭遇人生的第一次危机。心高气傲的我因为二哥的株连而未能升入理想的大学,头顶那片灿烂的天空一瞬间变得阴霾迷离。二哥的书成为那颗骄傲、孤独的心的最好的安慰。《普希金文集》、《普希金诗选》、一套淡绿封面的"普希金叙事诗"丛书、《波尔塔瓦》、《青铜骑士》、《茨冈》……在那样的年头,这些书实在太珍贵了。不惟市面上难以寻觅,书上还留着随处可见的红蓝铅笔圈点的笔迹,那是二哥留下的纪念,它使我清楚地想见他读这些书时的激动心情。"不!可怜的人世并不值得蔑视,虽然我们的生只是短暂的梦,虽然我们的死只是断弦一声。"莱蒙托夫以他明快的语言拨动我忧愤的心弦。第二年我自作主张离开学校,开始了自己对自己的放逐。在饥饿与恍惚中读普希金和莱蒙托夫,俄罗斯文学的悲愤、苍凉与那时的环境和心情十分吻合。虽然真善美仍然是我心灵向往的天国,而人世的忧烦与苦难使我结束了童话时代,我觉得自己已经长大,成为一个忧患意识深重的青年。由俄罗斯诗人进入外国小说,大约正如王国维所说,是主观诗人进入客观诗人的必然吧。

此后我开始了二十年的漂泊生涯,也开始了对外国文学的系统阅读。郑州市图书馆、河南省图书馆的编目索引卡片成为我自修大学的提纲,按照这些卡片的指引,我一个专题、一个专题,一个作家、一个作家地研读,还做了读书卡片和笔记。白天参加生产队劳动,晚上读书写作,有了《初恋》、《父与子》、《罗亭》,住在生产队的车棚里,生活依然温馨。屠格涅夫使我入迷,是因为他那贵族气质和充满怜爱之心的温情。接着是一本又一本的巴尔扎克,犀利的文笔、铺陈的描写、粗鲁冷峻的目光与屠格涅夫的高雅、纯粹和温和形成鲜明的对照。左拉、福楼拜使我明白了如何面对真实的人性,在情与欲中窥见人性深处的奥秘。老托尔斯泰以他巨匠般的气度使我懂得了巨与细、事与情、叙述与描写的关系。"文革"中找不到书读,有位朋友私藏了一本《复活》,它便成为我日日研磨的范本。前后封皮破损了,我不得不用牛皮纸把它重新糊好。聂赫留朵夫第一次叩响玛丝洛娃房门的夜晚,玛丝洛娃雨夜私自到车站迎候情人的焦灼、绝望和悲伤,使我乡村生活的夜晚弥漫了细雨般的浪漫。从此我更加坚信,氛围、细节是文学的生命。

当我结束二十年的漂泊,重新开始写作时,比我年轻的一伫人已经成为名家,我自己却还是一个怀抱文学梦的业余作者。一个偶然机会读到一本介绍西方现代派文学的小册子,发现自以为靠外国文学营养走上文学道路的我,原来对二十世纪的世界文学知之甚少。正当苦于找不到要读的书时,在我们文化馆那个小小的图书室里我居然发现了一本《第二十二条军规》。这本书真把我震撼了。卑琐的人物,荒唐的行为,混乱不堪、不可思议的人生故事,卑劣、贪婪、自私,人生的丑陋被赤裸裸地展现在眼前。几十年建设起来的以真善美为追求的文学观一夜崩塌,正如有阳光就有阴影,有英雄主义就有非英雄主义,有理想主义就有非理想主义,《沙恭达罗》的真实是少男少女的真实,《第二十二条军规》却是成人世界的真实。《沙恭达罗》使我感动,《第二十二条军规》使我觉悟。如十六岁时的饥渴一样,《第二十二条军规》引起了我第二次阅读饥渴。如果说那一次是求知的出征,这一次则是一个过久滞留于荒岛的流浪者对一个陌生世界的认识。从波德莱尔、艾略特开始,我又像从大学退学刚刚下乡时那样,一个专题、一个专题,一个作家、一个作家地阅读。虽然二十年没有写作,写东西的愿望很强烈,我还是把时间划成三份,三分之一读书,三分之一跑社会,三分之一写作。从补课到更新知识、更新观念,心情由紧迫而从容,外国文学的阅读再次成为人生的乐趣。对我帮助最大的是海明威、福克纳。不只是他们的才华、勇气、看取生活的目光给我以鼓舞,那流畅、结实、归真返璞的语言也特别使我感奋。诺贝尔奖授奖词里称赞福克纳的语言像一颗颗钉子,真是恰如其分。归根结底,文学是语言的艺术。到了二十世纪,小说不仅是讲什么,更重要的是怎么讲。用一句简明的话说,小说是讲一个新鲜的、有趣的、有意思的故事;二十世纪的小说是如何把有意思的故事讲得新鲜、有趣。《百年孤独》使我丧气,外婆和母亲对我说的那么多神神鬼鬼的故事一下子都不能用了。本来也许我会写出魔幻来,不幸被加西亚·马尔克斯抢了先。我从不认为博尔赫斯有那么重要,尽管他被尊为拉美文学爆炸的先驱,我觉得我还是更喜欢加西亚·马尔克斯和巴尔加斯·略萨。我承认他的智慧游戏能启迪人的心智,开发人的精神,但兜不出花园里那条交叉的小径,文学很难有大气象。正如我很赞赏卡尔维诺的智慧和创意,但我觉得也许他是缺乏构思的魄力和耐力,不得不干脆以破碎代替完整。卡夫卡是不可学的,尽管二十世纪中叶寓言小说盛极一时,但小说不可以都变成寓言。新小说派反映出现代审美更重视感官效果。《弗兰德公路》里纯描写的场景俨然是电影画面,巴尔加斯·略萨的《绿房子》几乎是电影脚本,罗伯·格利耶干脆声称自己写的是电影小说。

作为一个中国作家,对外国作家眼里的中国当然更加敏感。这种双向交流能使我们知道哪些东西是我们应该珍视的,哪些东西是值得警惕或扬弃的。西方现代派无论在观念上还是手法上都从东方文化汲取了营养,博尔赫斯对中国的向往不是偶然的,他在中国文化中发现了自己的文学感悟,在发掘精神境界,张扬人的想象和虚拟上,中国古典文学中有成熟得令他振奋的创作实践。至于庞德在中国诗里领悟了象征主义和印象派意境;布莱希特从梅兰芳那儿看到了戏剧的间离效果和抽象手法,找到了打破西方戏剧三一律的根据;卡夫卡的寓言有明显的中国志怪小说的影响。美国一位叫刘若愚的教授写了一本《中国文学理论》。他对中国文学的精髓是"玄学论"的论述非常精辟。他认为实用主义文学观从唐、宋以降日渐强大,逐渐成为文人的济世工具、统治者的精神武器。"文以载道"的"道"遂与魏晋"天人合一"的"道"大相径庭。但以宇宙、自然和人为主体的"玄学论"一直是中国文学的灵魂。西方人对中国人乃至中国文学有一个潜意识的定位。赛珍珠也好,杜拉斯也罢,他们是以一个文明人看待愚昧民族的目光来看我们,同情、怜悯之心溢于言表。这很难责怪别人。如果说中国老百姓的奴才心理情有可原,那么我们那些自命为优秀的知识分子,又是如何呢? 去年,一位从中国大陆移民美国的华人作家用英语写了一本小说《Waiting》(等待)获得了美国国家图书奖。故事、主题应该说对于八十年代以来的中国文学早已不再新鲜,而那书的封面却是一条纵贯页面的长辫子。这是美国眼中的中国人的最生动的写照。在西方人眼中,我们仍然是大清的遗民、"老佛爷"的奴才。长辫子虽然从脑后消失,但它根深蒂固地垂在中国人的心里。它使我想起近几年外出游历的观感。在巴黎,一个外国人开的中餐馆,为了证明它的正宗,一进楼厅,迎面供奉着康熙皇帝的画像。在悉尼,听说有个中华文化博览馆,费了很大劲找到它。进去一看,空空的房子里摆放着一条龙。而不远处最繁华的维多利亚大厦里,陈列着八国联军从北京掠夺的慈禧太后乘坐的玉车。一边是极尽豪华荣耀的维多利亚女王蜡像,一边是大英帝国的战利品——李莲英的蜡像躬身伺候着老佛爷玉石镶缀的车辇。最发人深思的是,陈水扁当选后,北美的华语电视台煞有介事地播放着记者到陈水扁家乡实地采访的报道。镜头对着陈家门口的水塘,说一百多年前有人预言这里要出真龙天子,清朝皇帝命人用一个大石沉在塘里,压着这里的风水。镜头转向塘边的大石,说这就是打捞出的那块镇石,上边还有文字。看来,在号称民主选举的台湾,要说服民众,还须抬出真龙天子来。大约这就是中华龙文化?——以皇帝和奴才构成的图画,印证着带着文明眼镜的西方人的目光。而中国的电视、传媒和一窝蜂的莫名其妙的评论又在响应着这目光。有时,一些文化现象使人简直不敢相信这是二十世纪末的知识分子的所为。

任何一个作家都不能不面对民族与人类、继承与创新、精神与现实的矛盾。拉美文学的冲击激活了中国八十年代的文坛,大约因为索因卡出自尼日利亚这个黑非洲不发达的国家,尽管他已经获了诺贝尔奖,却很少有人注意他。这位约鲁巴族黑人作家对乡土的热爱、对民族的热爱和他对民族文化的审视与挖掘,对我们中国作家应该有很好的启发。希姆博尔斯卡走过的道路值得思索,她是怎样从社会层面走入人性层面的?沃尔科特对民族文化与殖民主义文化的矛盾情感使我感同身受。"我曾诅咒大英政权的喝醉的军官,在非洲与我爱的英语之间/我该如何取舍?"进入二十一世纪,面对犬儒主义、享乐主义泛滥的潮流,思想正被小品文化消解,精神遭遇着双重危机。如今读书,不只是写作的需要,更多是出于习惯。如果读书不能拯救自己,起码它能让你逃避。何况世界文学如运转的宇宙,每时每刻都在变幻着不同的精彩,那是人性的运动,生命的灵光。那里边不但能发现中国,也能发现自己。虽然上帝变乱了人的语言,害怕我们会同心协力修出一座上天之梯,可他忽略了人类有诗,有文学,有艺术。那是人类这个生物种群的共同语言。中国作家以民族的、现代的、审美的精神来表现自己,沟通并不困难。

原载《世界文学》2001 年第 6 期

个 人
——文学的至高无上的主人公

田中禾

人类的语言真了不起,人类用自己的语言为自己创造一个精神环境,让自己生活在语言编织的虚幻、温馨、激情、冲动、欲望、贪婪、偏执、阴谋、背叛、理想、虚妄、美好、苦难、欢乐、悲伤、理性、睿智……的生活中,人类的生活是由人类的语言创造出来的。在这个意义上,只有当下瞬间是真实的,只有语言是真实的。作家这个职业的魅力正是人类语言的魅力。作家以语言的魅力来寻找一种情感,创造一种诗意,来沟通被变乱的人类语言。

因而,重要的是作家写作的立场,他站在哪儿说话?里尔克曾经质疑历史,他说:"这是可能的吗?过去是虚假的,因为人们总谈论它的大众,正好像述说许多人的合流,而不去说他们所围绕着的个人,因为他是生疏的并且死了?"当下,二十一世纪,在全球化的背景里,在经济洪流的滚动中,在物欲横流的时代,我们的文学所关注的、所热衷描写的难道只是大潮、主潮、群体意识?对于我们中国作家,难道个人真的生疏而死去了吗?个人的被忽视,固然是人类文明史的普遍谬误,对于中国,又有我们特殊的文化背景。既然普天之下莫非王土,率土之滨莫非王臣,对于中国人,个人只是黔首,是奴隶,是奴才,个人怎么可以成为教化世人的文学的主角呢?所以宋代大儒朱熹就叫我们"存天理,灭人欲",视一己之私为鄙劣。赫尔曼说,中国的文化是"就范于政治文化,从而无法摆脱政治文化的模式"(《德国思想家论中国》,江苏人民出版社)。他这话是十八世纪说的,正当我大清乾隆年间,离现在有点远。被我们中国人十分崇拜的萨特夫人波伏娃说中国的文化"实质上是文官和朝臣的文化"(《西方人谈中国传统文化》,《读书》1996年第1期)。她是二十世纪说的,近一点。二十一世纪我们的文化是什么呢?权力文化?政治文化?不管什么文化,个人,仍然被忽略着。如果说被政治忽略倒也罢了,不幸的是,它被我们的文学忽略着。二十一世纪的中国文学,仍然风光于社会层面,风光于主流意识形态的大旗下。不仅如此,甚至连上世纪八十年代的激情和生气也看不到了。我们的文学真正阳痿了,只能让少数另类女作家偶尔爆点性感。在这一点上,鲁迅老夫子觉悟高,他早说过,中国只有两个时代,想做奴才而不得的时代和做稳了奴才的时代。无论做不做得了奴才,我们这些作家士子们,骨子里的奴才自我价值感是无师自通,不需要别人教的。跟着感觉走,闻香知名利,权力和金钱,傍上两头最好,傍上一头也不错。自我价值能实现,无可非议。

我的稿子没什么卖点。说穿了,它不过只是满足了我自己的述说欲。我写作唯一的好处是让我自己逃避了尘世的喧嚣,在沉溺于文字中让自己的心不随浮躁的时代起舞。谁来读它,也只能无奈地以平静的心去读。没什么宏旨,仅仅是个人的述说,个人的家事。所以,我要说,在文学中,个人高于一切,不过是为自己的平淡造一点声势吧。

原载《作品》2007 年第 4 期

二十一世纪我在怎样生活?

田中禾

二十一世纪之初我退休了。本意是厌恶场面上的热闹,想要早点回归自己喜欢的状态。岂料由于提前了一点,反而受到组织照顾,享受了更好的待遇。这让我每每谈论知识分子的独立人格时感到碍口。一个跻身既得利益集团的人有什么资格高谈阔论,说什么作家应该自觉站在体制之外,站在民间立场,坚持边缘写作?这番高论对那些受了二十年寒窗之苦过着蚁族日子的一代后生青年,岂止是虚伪,简直是欺骗。于是我忽然想到那个寒冷的春天的夜晚,一群大学生提着行囊、网袋,簇拥着一个面目清俊的小伙子,走进兰州东站的货运闸口。他们沿着在黑暗中闪闪发光的铁轨,找到东去的列车,在车厢前喧哗,祝福。小伙子安放好行李,伏在车窗上与同学挥手告别,满脸喜气,兴头十足,像一个仗剑远行的侠客,飞出樊笼的小鸟……这情景历历在目,仿若昨天,尔今,那个为了追求自由毅然离开大学的热血青年,他在哪儿?二十年漂泊,走过贫困的乡村、叵测的市井,领略了苦难,享受了自己制造的牢狱的自由,曾几何时,追求自我价值的人生之路弯进某个办公室某把椅子,蓦然回首,五十年岁月像兜了一个圈子,"这个圈子,我兜得可真不小!"①当年那个为了作家梦,想要逃避体制分配而离开大学的青年,不但回到体制之内,而且享受了某个职级的待遇(连那二十年流浪岁月也被补为工龄,使我比同届同学提前参加了工作),像一个富有讽刺意味的荒诞寓言,令人暗自嗤笑。这结局当初他肯定不曾想到。也许,这便是《父亲和她们》的结尾为什么会出现了一个中国结——中国人的宿命,无论怎样绕来绕去,最终还是绕在一根绳上。

然而,现在我倒真可以让自己民间化、边缘化,不须花费当年那样沉重的成本,也无须承担那样难测的风险。出走的下场其实很难料。我的中国结也许最终结在爷爷生活的小村,父亲生活的小街。我在那里经历了难忘的岁月,领教过生产队和街道干部的厉害,深知一个身处底层的小百姓兼灰色人物的境遇。所以,我应该庆幸自己在很低的概率下演出了中国传统剧目里的喜剧结尾,对退休生活感到满意知足。二十　世纪让我体会到一种幸福——此前孜孜矻矻

---

① 这是《父亲和她们》中某一章的章题,是这部小说主人公的感叹。

走过的几十年间从没有过的自由,让我懂得了自由是世间最奢侈的东西。自由不只是对必然的认识,它既要物质的保证又要精神的支撑。当衣食无忧,没有养老抚小的压力的时候,有没有自由,就决定于自己看待世界的态度了。

平生讨厌开会,现在首先获得了不开会的自由。在中国,开会的最大意义就是磨钝个性,损耗智慧,摧毁独立思考能力,最终以消灭独立人格为目的。在无奈中我常常带一个笔记本。看着讲话人的影子,打开笔记,用红蓝铅笔在上面勾画。那是我的读书笔记。我趁此工夫复习一下读过的书,巩固一下心得,也多少保护一点性灵。如果我讲话的时候别人这样对我,我会对他刮目相看,这个人还没被体制完全同化。现在我不必这么作假了。我只需管好自己,不受虚荣的台面、饭局、礼品、红包的诱惑,就可以安心坐在书斋里。开始人们不太习惯一个经常在各种文学集会上抛头露面的人突然消失,后来他们发现这位先生上山了。谁想邀请他参加什么活动,他会客气地回答,很抱歉,我在山上,一时下不去。于是有人说,某某人退休后深居简出,淡出文坛了。

鸡公山是大别山的余脉,20世纪初被外国人发现,在海外大肆炒作,成为有名的避暑胜地,吸引了二十多国洋人来建别墅,建教堂,办教会学校。这里林木茂密,沟壑清幽,蝉鸣噪耳,异国风情的建筑在云雾中隐现,红色、绿色、蓝色、白色的屋顶从郁郁葱葱的山林间透出,把清凉世界装扮得浪漫、风雅。我租的这栋别墅是上世纪初一位美国传教士修建的,坐落在宝剑山口背后山脊上。仰脸走上一道高高的台阶,绿荫里突然闪出一栋红屋顶、长回廊的小房子,绿树环抱,一棵佶屈苍劲的枫杨树罩着门前石阶。为了不至于太孤单,我和墨白两家共住。墨白远没到退休年龄,当文人们都对职务、官衔非常在意的时候,他能和我一起远遁世外,毫不留恋城市的繁华、场面的热闹,让我对他肃然起敬。

清晨,二位太太提着篮子,沿石阶翻过对面山冈,到南街去赶早集。雨过天晴,云雾涌进回廊,掠过饭桌。我和墨白坐在廊下喝着小酒,在满眼绿树和云雾中聊天,谈文学,说最近读过的书。然后各自回屋,打开电脑,在窗外的蝉鸣声里写作。整个别墅只有风吹动纱门的嘚嘚声。晚饭后,两家人一起散步,逛山,到大东沟悬崖边赏月。夜雾从峡谷里升起,黑黝黝的谷底像洪水涌动的大河,雄伟的大别山渐渐融入夜雾,变成月光下的云层。那一刻,我的心像刚从山溪里打捞上来,洁净,鲜活,滴着晶亮的水滴,纤尘不染。原来人的心可以这样轻松、自在、无忧无虑。不必像弗洛姆所说那样进入冥想,也不必像佛经里要求那样历经九重天的修炼。偶有文友来访,美国楼前那棵大树下就会摆上一张大圆桌,小饭店的主人殷勤地泡上鸡公山毛尖,大家在山野的凉风里喝酒、划拳,滋味与山下完全不同。《父亲和她们》的主要章节都是在这儿完成的。如果你留心,定会在字里行间读出绿树、山风和蝉鸣的痕迹。

其实,"深居简出,淡出文坛"并不真实。淡出的只是主流社会的舞台,不淡出就不能更深地进入文学。尽管每年夏天都上山,热闹场合不再掺和,可朋友聚会并不少。小时候常跟母亲到戏园去看戏,对戏曲有一份特殊感情。在生活无着的岁月,一位亲戚曾介绍我到剧团去谋生,装模作样给他们写戏,谱上曲子蒙人,可惜一直没能混进戏剧界(那时戏剧界是文人最能出人头地的地方,一炮打响说不定能混个部长什么的干干),所以对戏剧耿耿于怀,多年不看戏,看了也是爱恨交织,语出惊人。"要振兴豫剧,必须首先振兴祥符调,振兴豫剧流派,制止戏曲歌谱化,粗俗化!自作聪明的音乐设计们正在肆意破坏传统,败坏豫剧,用一道汤的歌谱代替演员的个性发挥,以粗俗代替艺术。"热爱豫剧的一批文化人以纪念豫剧大师陈素真冥诞为由头,策划了祥符调后继者的大聚会,在省会演了三天折子戏,反响热烈,盛况空前。我放下手头正写的长篇,一连三天去看戏,鼓劲,写文章叫好。于是博得了祥符调弟子、戏迷和研究者的支持,常有免费戏看,偶有戏剧界朋友吃饭、喝茶,还特意去参加了桑振君的弟子苗文华的收徒拜师仪式。为祥符调摇旗呐喊,推波助澜,是退休后做的最惬意的事,让我体验到不含功利目的的民间活动的愉快。也更让我相信,艺术在民间,在边缘,不在主流。民间对艺术的再生和衍生能力远远胜过主流的金钱、权力的扶持。

两部长篇写了十年,不是太认真,不是太怠惰,只是太由心性。找不到感觉不写,缺乏激情不写,没想好不写,身体不适不写。还有一大毛病,忽然看到一本好书,打开必须看完,记了读书札记,才肯放下回到小说里来。小时候喜欢美术,流浪落难的时候,曾经靠画伟大领袖的伟大形象把一段困苦日子变得潇洒,尔今对美术也像对戏剧一样难以忘怀。突然兴来,会对莫迪里阿尼、康定斯基、马克·坦西、奥尔芙……发痴,读了他们的画,不由得再想翻查些资料,最终觉得不写点小文满可惜,就随手写上一些千字文,拿去发表,算是聊慰寂寞。自由真的太奢侈了,它要以寂寞为代价。于是,就不能不偶尔约朋友去唱唱歌,蹦蹦迪,喝喝咖啡。"唱歌的时候,人最纯洁。唱歌的时候,人最真实。"这不是谁的名言,是我自己的话,为了给自己的狂放装饰点文雅。其实本无须文饰,我一贯的人生哲学是:健康开朗地活着,人生才有意义,自由也才能被思考。无论怎样的生活,健康快乐是第一位的,正如同小说,有趣、美,是第一位的。没有有趣和美,宏旨也无所依附。

原载《小说评论》2012 年第 2 期

商业时代的文学

田中禾

诸位朋友上午好！很荣幸,也很高兴,与诸位在这里相聚来讨论文学。在当下这个经济社会里,能相聚在一个房地产开发项目的营销部来讨论文学,共度一个文化周末,是很奢侈的事,也是令人欣慰的事。清华城举办这样的文化讲座很有意义,可以说,它是后改革时期的一个象征。我用"后改革"这个词儿,指的是中国改革从摸石头过河的初期阶段进入了深化改革的艰巨阶段,三十多年的改革,使我们进入了商业时代,商业时代带来了物质的丰富、物流的畅通,也带来了精神的贫困、道德的缺失。法国作家巴尔扎克曾经用三个短语形容他所处的时代是"信仰崩溃,道德沦丧,人欲横流",这是对资本主义初期社会的最准确的概括。我们现在正处在这样的时代。清华城文化讲座标志着非理性、无文化的掠夺式经营阶段已经结束,更高层次的理性的、与消费者合作、向社会回馈的商业理念正在兴起。物质生活改善之后,人们必然要求精神生活的提高。这是人这个动物种群与其他动物的区别。人不但要有物质生活,更必须有精神生活。清华城提供住房,为人们兴建物质的家园,现在又举办文化讲座,这是为人们构建精神家园。这体现出商业理念的进步,是后改革时代商业理念转变的标志。我今天要讲的话题是"商业时代的文学"。我讲一个小时,留下半小时咱们互动交流。

一、对于商业时代,文学有什么用

我想延续上面的话题谈谈文学的功能。法国作家萨特说:"对于饥饿的人,文学有什么用？"类似的话鲁迅也说过,鲁迅认为文学是吃饱肚子之后的事。今天,我把这句话改为"对于商业时代,文学有什么用？"的确,文学不当吃,不当喝,不能当房子住,它有什么用呢？我上大学的时候,《文学概论》教材第一章就讲文学的三大功能:教育的功能、认识的功能、审美的功能。这三大功能好像都对,可我却一直持怀疑态度。我没在大学上到底,中途退了学,这也是原因之一。我认为,文学的教育功能是有限的,甚至是无用的。恶人不会读了文学作品就变好,贪官不会读了反贪作品就不贪。我倒是同意宋代理学家程颐的看法,他有个名言,说"文艺乱性",主张禁止人们读文艺作品。他站在教化的立场,用道学的观念去要求社会,这个要求很极端。不过,他确实看透了文艺的本质(待会儿我们专门讨论这个问题),他看到了,文学作品里的价值观与现实世界的价值观是背道而驰的,一个人如果按照文学作品中的价值观去生活,现实世界必然会被搞得一团糟,他自己的人生也必定会很惨。以文学名著《红楼梦》为例,宝、黛是作品里的正面形象,代表着纯洁的爱情,读了书我们会很赞赏他们。书中的贾政、王熙凤,甚至薛宝钗都是反面人物,令人讨厌。可是,宝玉整天泡在女儿群里,不读书,不求上进,是你的孩子,你不头疼吗?他父亲贾政教育他,开导他,帮他走好人生的路,有什么错?黛玉弱不禁风,心胸狭小,脾气坏,不会料理家务,不会处事,嘴上不饶人,这样的女孩子现实中会讨人喜欢吗?你要找媳妇,找黛玉还是找宝钗?这样作品与现实价值颠倒的例证很多。《苔丝》、《红字》、《安娜·卡列尼娜》、《复活》……这些世界名著无不表现出对现实世界价值观的反叛和批判。至于认识功能、审美功能也都经不起质疑。如对历史的认识,对美的认识,不同时代、不同立场,都是不一样的,现代文艺作品里本能与理性、感情与道德的冲突都使认识和审美出现巨大的分歧,读了《查泰莱夫人的情人》、《包法利夫人》、《恶之花》……你会对真善美和假恶丑感到迷茫,色情与爱情的界线到现在仍然是文学艺术界不断争议的话题。在文学作品里,私奔是追求自由与爱情的美好行为,可在现实里,谁愿意这种事发生在自己家里?

  那么,文学究竟有什么用?萨特的回答是"文学就是白日做梦"。我的回答是:"文学是抗衡人被社会异化的精神支柱。文学要为人性构筑一个温柔的港湾,为人类构建一个精神家园。"这个功能对于身处商业社会的我们,对于在商海大潮里拼搏的人,尤为重要。随着市场经济的建立,全球一体化,乡村城市化,农民进城打工以后农村的空壳化,我们现代人丧失了故乡家园,就迫切需要一个精神家园,让故乡老家存活在虚构世界里。走过人生,每个人在追求事业成功的过程中必然会失去纯洁的自我,被职业异化,经营项目,赚钱,当官,搞文学,最终都异化了,到哪里还能寻找到本真的自我?那就是文学、艺术,是白日梦。因此,一个人可以不做作家、艺术家,不可以不爱好文学、艺术。文学艺术是你疲惫的心灵的温馨驿站,能让你的灵魂得到滋润,使它不至于荒芜、干枯,使你的人生不至于沦落为经济动物、职业机器。人不能没有梦,也不能没有浪漫幻想。保持童心、保持浪漫,人才能热爱生活,才会有创造的激情和生命的活力。给人浪漫,就是文学的功能。

二、我的文学观

　　由此不难看出我的文学观,我用几个短语来概括我对文学的认识。我认为,文学必须站在人性立场,具有忧患意识、批判意识和创新意识。如果站在人性立场去看世界,去写作,教科书上说的文学的三大功能就可以做出完全不同的理解。教育功能,是让人明白,无论在怎样的环境里,无论从事什么职业,无论事业成败,都要清醒地保护心灵的湿润和自我的人性。认识功能,就是要做一个理性的人、有尊严的人,必须清醒地认识到人性的缺陷,面对人类世界的丑恶和不完美。审美的功能,就是要善于发现生活的诗意,享受人生的美好,爱惜生命自身的美丽。

　　作家必须站在人性立场上写作,读者必须站在人性立场上去读书,文学才具有陶冶心灵的作用。鲁迅引用日本作家德田秋声的话说:"文学就是巨大的慈悲感和怜悯心。"我赞成他对文学的概括。慈悲感和怜悯心,就是忧患意识和批判意识。刚才我在上面举例的《红楼梦》等一批名著,和鲁迅的作品,都是以慈悲感和怜悯心看待人类社会,因此能打动人心,成为不朽著作。

　　这里必然牵扯到文学与生活的关系。文学不是对生活对历史的再现,也不是对生活的干预,不是对人的说教,而是对生活、对历史的发现和重构。作家不是政治家,政治家站在社会立场,作家站在人性立场,只有站在人性立场,文学才有存在的价值。作家不负责为社会开药方,他以忧思、批判来提醒社会,提醒政治家。在社会与人性的冲突中作家永远站在人性一边。文学是一种艺术,语言的艺术,它的魅力在于不断创新的形式,能把陈旧的往事讲出新鲜。因此,创新意识也是文学必备的品质。

三、商业时代文学的特点

　　商业时代的文学与商业时代本身密切相关。商业时代与农耕时代的一个根本区别是:金钱的力量改变了社会格局,结束了权力至上的地位。过去,权力是绝对的,没什么可以向它挑战。生产队长可以决定社员的命运,停他的工,扣他的工分、口粮。今天,这种权威不复存在。腐败,正是金钱向权力挑战的表现。在金钱面前,权力不再是铁板一块。这是社会的进步。在商业时代,为权力服务、为政治服务不再是文学的唯一选择。无论在创作内容还是创作方法上,与社会的价值观一样,文学的价值观已经转型,发生了翻天覆地的变化。文学出现了这么几种走向:

消费化——文化(包括文学)成为消遣品,成为消费的商品;

大众化——商业文化和现代科技的发展,使每个人都有了发挥文学表现的机会,文学不再是少数精英的专利,博客、微博、手机短信、微信,都成为大众参与文学的手段;

个人化——自我价值的觉醒使文学逐渐远离宏大主题,变成个人宣泄的寄托,许多人写作不再是为了社会、为了读者,而是为自己。

这三化带来的正面效应是,文学不再是政治的工具;文学更开放,更人性,更民主。负面影响是文化的垃圾化。快餐文化、商业利益、低俗化,把我们带入了垃圾文化时代。王蒙最近在一篇文章中讲了对商业时代文学艺术的担忧:"市场营销与传播造势的成功有可能替代思想与艺术的成功成为艺术从业者的首要追求,金钱与公关有可能左右传播舆论替代与弱化艺术评论……"其实,早在二十世纪六十年代,欧美国家的精英们已经提出了这种担忧,进行过一场"关于艺术的未来"的大讨论,跨学科的各门类学者发表了见解,有些意见很尖锐。对低俗大众化批判最激烈的是法兰克福学派的哲学家马尔库塞,他认为艺术的本质是反叛、激情,是对自由的渴望。艺术的基本功能是对现存状态的批判,对现行秩序的拒绝。他一针见血地指出,当代艺术的庸俗大众化取消了艺术的反叛精神,使艺术成为"与现存秩序同流合污的操纵意识","是一种麻醉剂","用一种幸福意识取代了忧患意识,用麻木和屈从取代了觉醒和反抗","私人家庭为无孔不入的舆论所侵犯,卧室向公众媒介开放"。在强大的灌入式文化的改造下,当代人不但失去了自由的空间也失去了自由的思维。

当前我国文学的现状与国家社会的状况是一致的,正在经历价值观重建的混乱过程。商业时代的文学艺术面临着西方国家曾经经历的局面,中国文学的现状反映出了这种趋势。主流文学要么媚上,要么媚俗,为自己猎取名利、改善处境服务。发达国家商业文化经历了初期阶段后,重建了自己的艺术价值观和审美观,我认为,我们也会随着商业文明的成熟,重建文学艺术的价值。去年,莫言获得诺贝尔文学奖就是一个信号,对中国文学艺术是一个启发和推动。回顾历史,主流从来没有艺术,构不成民族文化精神,中国的文学史都是由民间、边缘文人的作品构成的,诗经、汉乐府、魏晋文人、唐代传奇、唐诗、宋人评话、宋词、元杂剧是落魄文人在社会底层为戏班写的剧本;明清小说到现在还要考评施耐庵、曹雪芹、兰陵笑笑生是谁,当然都不在主流;像陶渊明、蒲松龄这也是隐逸民间的文人。只有唐宋八大家是为官的人,但他们写出的优秀作品也都是失意之作。回顾文学史,我们就明白了只有边缘、民间才构成民族文化,就是因为边缘、民间更多自由,更能站在人性立场去观察、表现人生和历史。

根据 2013 年 12 月 7 日郑州清华城文化名家讲座整理,
来源于新浪网作家田中禾 BLOG

因文学而幸福
——《明天的太阳》代序

田中禾

  我一直觉得自己是个幸运的人。上帝把我造就在一个历史悠久的小县城，生在一个不富贵也不贫穷的小商人家庭，让我有一个智慧而坚强的母亲，两位具有文学天赋和浪漫性情的哥哥。在我成长的过程中，总能得到长者、仁者的支持、关爱和帮助。我在娇纵中前行时，上天及时降磨难于我，赐给我丰富的人生，把二十年底层生活变成我写作的宝贵财富。多少次，当我在困厄中看到一条可行的路时，上天总会无情地把它堵上，它对我说，你只能走这条路——为写作而活着，因文学而幸福。

  大哥其俊是我的文学启蒙者，他影响了我和二哥。其瑞二哥是新中国培养的第一批专科学校毕业生，当他满怀热情走向工作岗位，全家人捧着他从边疆寄回的照片沉浸在自豪与喜悦之中时，他却因爱好文学，参加同学组织的文学社，在反胡风运动中受到打击，不久之后被划为右派，开始了一生的沉沦和苦难。在他被送往南疆劳动改造的时候，他来不及向亲友告别，来不及给我写一封信，却把他珍爱的文学书籍打包寄给我。受二哥右派的影响，我走入人生低谷，在社会底层漂泊。二哥的书成为我流浪生涯里的精神港湾，在艰难岁月里，给我的心灵以滋养和安慰。书上留下的红蓝铅笔圈划的印迹让我触摸到二哥的心迹，激发了我对文学的向往和崇敬。其瑞二哥，是我的文学殉道者。他为文学牺牲了自己，成全了我。我所做的，不过是继续两位哥哥过早断却的文学梦罢了。

  引导我走上文学道路的是我初中的老师杨玉森。她出身名门，是县城第一代新女性。她上语文课，不拘泥课时计划，经常一连几天给我们朗读小说。她赞赏我的文章，常把我的作文、周记拿到课堂上去读，在她的热情怂恿下，我开始给杂志投稿，直到有一天，出版了自己的书。

  那是高中三年级的事。在一个星期日，我拿着我的童话长诗去拜谒心中的圣地——坐落在工人新村的河南省文联。在那里，我遇上了值班的丁琳老师。她给我讲了一阵卞之琳的诗，把我的长诗留下来。一星期后，我接到河南人民出版社的信，说他们已经决定出版这本书。从那时起，我就与河南省文联结下终生情缘。

　　为实现作家梦想,也为了表达我受二哥株连不能进入理想大学的愤懑,我离开大学,在乡村和市井流浪,居无定所,连个固定的通讯地址也没有。写了一篇文章寄给《奔流》,结识了时任副主编的庞嘉季先生。至今忘不掉第一次去见他的情景。他那满头银发的长者风度,爽朗的笑容里饱含的关爱像阳光一样照亮我。在我最困难的时候,嘉季老师看着我的眼睛说:"你是个很有才华的人,不管有什么困难,你一定要坚持下去啊。"他那诚恳的神情让我感动至今。

　　1985年,我复出文坛,发表了短篇小说《五月》,当时的文联主席南丁对我说:"你写个申请,调省文联来吧。"那是我第一次见南丁,此前没和他攀谈过。当时很惶恐,不知该怎样写这个申请。他夫人左春老师在旁鼓励说:"把你心里的最高愿望提出来。"我说:"我最高的愿望就是到省文联来做专业作家。"于是,我如愿以偿地调到省文联,做了专业作家。其间南丁费了不少周折。苏金伞老师在会上多次大声疾呼说:"你们一定要把田中禾调来呀!"其实,那时我还没加入中国作协,除了《仙丹花》和《五月》,几乎没什么作品。与苏老也只是见过一两次面,连深入地交谈都没有,他那样为我卖力呼吁,我心里除了感动,就是暗自加油自勉。

　　现在有句时髦话叫"感恩"。虽然我们不能因为感恩而忽视个人价值,不能因为感恩而放弃独立人格和独立思考,可在编这本集子时,我心里不能不充满感激之情。知恩图报,仍然是我的人生信条。我把自己的创作当作对支持我、帮助我,在困难时刻给我鼓励和安慰的人的答报,当作对故乡的报答、对亲人的报答、对亲爱的母亲的告慰。这套书由我敬爱的恩师杨玉森的儿子夏挽群来编辑,这不是巧合,是我与老师在冥冥中有约。

　　编这本书的时候,恍然悟到自己已经七十岁。岁月的脚步如此匆促,为什么我竟毫无觉察?"发愤忘食"倒不至于,"乐以忘忧"却是真的,读书、写作给我快乐,给我激情,让我童心永在,"不知老之将至"。心里想的总是很多,能够写出的却很有限。如果有人问我,下辈子你选择什么职业?我会毫不犹豫地回答:下辈子仍然当作家。我知道,再有三生五生也还是读不完想读的书,写不完要写的东西,尽管我亲爱的二哥为文学跌倒,折损了一生,可我还是认为作家是人世间最幸福的职业,我别无选择。

选自《明天的太阳》,河南人民出版社,2014年

文学与人的素质

田中禾　何向阳

　　时间:1995 年
　　地点:郑州

　　何向阳:文学与人的素质这个话题大而宽泛,与其他学科、领域交叉点也多,社会学、文化学、人类学角度考察文学均绕它不开,近代哲学、心理学更是与之关系密切。可以说,与素质相关的动机、本能、特质等理论观念织就了我们身处其中的文化历史,形成了文化中的集体无意识,也决定着一个民族的价值取向。但总的来看,这个命题包含两方面内容:一、文学对他人(读者)素质的作用及影响力,这是这个命题的外指向涵义;二、作家(创作者)自身的素质,这是这一命题的内指向涵义。以往文论多集中于对前者的强调重视并将之意识形态化;不可否认,文学对国民整体素质的提高确起有重要作用,鲁迅 20 世纪 20 年代即讲过:"文艺是国民精神所发的火光,同时也是引导国民精神的前途的灯火。"现、当代文学理论与史实都证实了这一点。这里,我们想偏重于后者——作家自身素质做一讨论,几十年来的文学与理论也同样证实了前者对后者的遮蔽。

　　田中禾:这个问题现在提出比较适时,特别在世纪之末对中国文学意义很大。前一段时间作家议论比较多的中国作家未获诺贝尔文学奖的问题,国外的一个讨论会提了三条理由:一、认为中国作家作品数量不多,创作时间不长;二、认为受社会环境制约;三是汉语带有很强意象性,不容易翻译,也翻译得不够。表面看这三个原因都对,同时又都说明不了问题。拿第一个原因来讲,加缪、马尔克斯创作数量都不多,卡耐基就更少,写作历史也不很长,像这样的作家获诺贝尔奖的还有不少,所以,这个理由不能成立;第二,前苏联与中国同属社会主义制度,却有三个作家先后获奖;第三,泰戈尔和川端康成,也同样面临翻译问题。尤其川端,其创作声望达到一定程度时,国外研究者专门组织一个班子翻译他的作品。这说明了什么问题呢?归根结底,中国作家还没有写出真正让世界承认的,达到相当文化档次的作品,而未写出这样作品的根本原因,是中国作家文化人格建设问题,即作家素质问题。

　　何向阳:似乎当代中国作家已习惯也愿意更乐于默许将原因归之外部,而避开自身的省思。这种心理定势妨碍了作家创造力的进一步发挥,而自省素质的缺乏,也造成了一种文化的恶性循环,即作家不仅自认可置于责任(道德)之外,而且,客观历史与现实原因的环境也在允许他游离于省思(良心)之外。对于文学,对民族心理文化的生成而言,这种膨胀到畸态的自负相当可怖。作家素质中内省意识的缺乏,似乎也是当代文学研究中的一个盲点。

田中禾:现在不少人谈人文精神,对当前文学提出一些质疑,特别是1992年以来中国经济改革开放推进同时,大家产生忧虑,目前这也是社会的普遍忧虑,忧虑随着社会的商业化我们的文化产品会商业化,以致严肃、高雅文化受到冲击,导致一个泱泱大国文化精神的失落。这个担忧,我以为同样可以予以反驳。作为一种文明进程,很多国家都经历了商品化过程,如美国,高度的商品化并不影响它涌现一代代文学巨匠,社会商品化环境并不制约它的文化,相反,美、法、德作家获诺贝尔奖人数最多,这说明高度商品化不一定导致纯文学的沦落;日本、韩国等亚洲国家同样如此,实际上,在日本,作家不仅备受尊重,读者市场也很广泛。所以,我感到这种担心,包括对作家下海的焦虑都不必要。几十年形成的作家队伍其实经不得一个根本问题的拷问:是为文学而文化,还是将文学作为达到某一功利的目的的手段?如果跑了的是后者,少了滥竽充数的人,那对文学再好不过。现在我们提出人文精神,似在担心人文精神的沦落。人文精神从哪里来?它还是从人(作者)那里来。归根结底,还在于作家的人格建设。

何向阳:首先,我认为,真正的人文精神尚未生成,衰落的只是被误认为是人文精神的另一些知识者已习惯依附的思想传统,错把它当作人文精神是有害的。其次,文学通俗化、娱乐化带来的消遣消费倾向确实存在。但正如您所说,内因不在商业文明,时下文人将文学低谷的责任一股脑推向社会、经济、商品、时代,从而对文学衰微持以既无奈又愤慨的旁观的此种情状,也印证了上面说的作家内省意识的薄弱。缺乏内省意识,这恐怕也是中国文学作品缺少宗教感的原因。另外,这里还有一个两极思维模式问题,非此即彼。像改革与文学的对立看法,就反映出知识者文化结构中两极思维模式的传统,从古代文人面临"穷—达"即上达与失势两极处境的截然不同的人生应对方案,到本世纪初"为艺术"、"为人生"两种艺术观争论中的各执一端、水火不容,再到眼下"边缘—中心"话语态度所含有的明誓式的绝对性,说明文化观念的两极划分,已经越过看问题的范畴而渗透沉淀到作家、知识者人格内部。这种两极模式总在要求作家担任一个角色,将作家思维重复地引入到对策、方法、形态、角色等"失我"的文化被动层面上,定位于一极的作家或知识者在此情形下反被引发出很强的对抗性,以做他个性的发泄渠道,靶子是显而易见的。这种对抗并非发自内心生命刨生需要的寄生性质,决定了只会生成从一极到另一极的阶段性文学,或过渡性产品,一种似乎永在踟蹰的循环文化。近年理论思潮的急速更迭交替和创作上各领风骚没两年的短命,是一个例证;认识上的两极也同样限定了文学中对真理的追寻与形而上的灵性。

田中禾: 也就是说,就目前来看,我国当代作家的文化人格还不够丰富、强旺和博大。

何向阳: 作家文化人格问题,近两年也愈来愈引起作家自己的关注,譬如陈村近期一篇谈顾城的随笔中谈到的"少年时代所欣赏的暴力"和一代人成长期的教育,梁晓声"九三杂感"的自我解剖与现实忧患,王蒙几年前有关"作家学者化"的呼吁,都从不同角度完善着作家人格。相应地,新时期"文学是'人学'"命题的演进也为作家人格研究提示了广阔的主体——心理层面,"文学是由带有人类共性与作家个性的人写的"这种观念已获公认。其实,注意的话,就会发现我国三大文化哲学思想在此达到的惊人的一致,儒家的"达则兼济天下,穷则独善其身",若抛开穷、达两极性不谈,其中也隐喻了文人素质的最低准则;道家的"我命在我不在天"与"天人合一",都有强悍的主体中心意识,而非一般理解的单纯师从自然的退隐或消极;释家佛学更是讲究修身养性、超尘拔俗。超脱轮回与无常的宿命之外仍含有极浓烈的主体选择性,释家为印度传来,暂不论,前两种本土文化哲学合并起,正是内圣外王的思想内涵,"内圣"的核心,便是素质,所以不能武断地讲我国文化对主体性不重视。相反,正是当代文化史中主体性被几遭宣布入黄昏,新时期"文学主体性"讨论的巨大歧义与不了了之,似乎现出华夏传统另一面的对主体的隐讳与忧惧,文本研究与解释学批评的兴起,又使人本主义层面的讨论成为过眼烟云,这是一个很有意思的对比。我们再来看居于这两者中段且影响较大的一种与素质建设有关的理论:作家世界观的改造,在政治文化格局转型中它确起到一定进步作用,这是我们对它的历史理解,但也不能讳言它在实施中的偏差很大程度上毁坏了它的本意。比如将重心放在物质层面,重在"劳其筋骨",在精神层面并不尊重作家主体素质的自然生成,代之以个性剥夺、由外向内的硬性输入与居高临下的教育方式,诸种做法伤害了作家,反过来也损害了理论本身。在新的历史背景下重新评定和看待"改造"理论,关系到创作与理论的双重发展,也就是说,我们能否从以往的理论与经验中找到真正促进作家素质良性发展的方法并不断剔除它妨碍素质发展的部分,是作家文化人格能否健康健全的关键。

田中禾: 我想问题是这样的,刘勰《文心雕龙·原道》曾讲:"道沿圣以垂文,圣因文以明道。"其中,"道"指的是宇宙原理,"圣"指作者主体,"文"就是文章,也就是说,道,宇宙原理、具体事物借作者(圣)而形成文章,作者(圣)借文章以表达自己对"道"、对世界的感悟。可以说,中国文论从古代到近代包括当代都是很强调作者主体即"圣"的素质的。拿当代文学中社会主义现实主义文艺理论来讲,它也相当重视和强调作家素质的建设,比如强调作家的世界观,但是它过分倚重于改造,也就是说,同是强调作家素质,其中也会有文学观念上的差异,从而造成对作家素质要求的思路也各不相同。刘若愚《中国文学理论》中将中国文论多区分为"玄学论"和"实用论",我觉得很有道理。实用论所代表的文艺理论是要求教化的,为社会政治服务,要求作家改造世界观,包括体验生活,要求作家被生活所改造。从这个意义上讲,这是对作家的共性要求,同时也极大地抑制了作家的个性,对纯文学发展不但无益而且有害,对作家本人的人格建设也起着消极作用。我觉得,不仅对作家,就是对一个不从事创作的一般的人也是无益的。在他的生命中,建设他的个性和直觉智慧都是非常重要的。我们讲人格萎缩,就是说直觉智慧的萎缩。中国作家在这个问题上表现得比较突出。作家要有丰富、博大、强旺的人格,我认为是两个方面:一是激情与幻想,这是诗人气质,也是文学的浪漫本色,同时也是一个人活着的最好方式;第二是智慧与精神,一个人应当有他自己的哲学与美学。如果综合起来讲,这种人格体现了文化的先锋意识与超越民族的人类文化的兼容性。因此,如果说建设作家素质,根本问题是建设作家的直觉智慧与文化个性。

何向阳:您所说的直觉智慧,我理解,与泰戈尔讲到的"亲证"有相通的地方。泰戈尔讲"亲证",即强调人的直觉作用,亲身证悟人生的真谛,主张在自然万物中发现内心,在对方中体验自我,在自我内在的个体灵魂中亲证最高的灵魂,这种在人类精神与宇宙精神间和谐根基上的观察者与内视者的合一,不仅使作品充满神性,而且有效地保持了创造的个性。

田中禾:王国维讲"主观诗人不可多阅世"、"客观诗人不可少阅世",也是这个意思,要我说,他说的"主观诗人"指的是纯文学作家,"客观诗人"是指严肃文学作家。纯文学作家不可多阅世,是说纯文学作家应更注重对世界的感悟而不仅仅是对世界的观察,正如你所说的内视,也是亲证,重在解悟人生的真谛,这也是他的创作身负的使命,这个使命国外一些作家是相当清醒的。

何向阳:另外,我还注意到中国文学"人物—作者"对位关系的匮乏。比如我们拿不出俄狄浦斯、奥德修斯到浮士德、堂吉诃德、纳尔齐斯、歌尔德蒙以至卡赞扎基斯的耶稣等代表民族精神素质的个体人物形象。我们能举出屈原、司马迁、陆游、鲁迅等很多创作者的名字,却较难在文学作品中找到一个代表我们民族人文精神的文学人物形象。鲁迅先生《故事新编》中《铸剑》里黑衣人身上有一些他的影子,还有他散文里一再提到的刑天,都可视作其精神形象的外化,但现代文学史却未给我们留下一个完整的,与鲁迅先生灵魂世界相对应相匹配的人物形象。几年前读到冯雪峰一篇回忆片断,讲到1936年6月鲁迅大病前后屡次提到中国知识分子问题,冯说到鲁迅先生应写一写他所深知的四代知识分子即章太炎先生一代、鲁迅一代、瞿秋白等一代和冯雪峰同龄青年一代,鲁迅当时说:"倘要写,关于知识分子我是可以写的,而且我不写,关于前两代恐怕将来也没有人写了。"这是否可理解为当时鲁迅先生已意识到"作者—人物"对位关系的重要,如果不是死亡隔断,那么延续国民性批判的确应是知识者自我批判之上的自我塑造,"连自己都烧在那里面"正是这个意思。屡被死亡、战乱、运动中断了的这个富含深意的目标,在当代文学中有了它可实现的机会,但是又缺少先生那样人格的伟人。当代写知识者的自谑、黑色幽默喜剧式的消解轻盈抹去了沉重本应引向的崇高,"作者—人物"对位问题仍未解决。而之所以强调这种"对位",是因为我觉得检验一个民族作家精神素质的最便捷方法,就是看它的文学中知识者的自我形象如何,比如浮士德与歌德的关系。

田中禾: 后代人评价鲁迅,总有一个不可逾越的障碍,就是,鲁迅应该像他那样做一个时代的呼号者,或者说,是革命家、思想家形象的作家,不是以作家形象出现的革命家、思想家,究竟应是一种什么形象,一直未有逾越。有人认为革命性冲淡了文学性,妨碍了鲁迅本应有的文学造就,另一种看法认为鲁迅的声望正是他的革命家思想的社会形象带来的。我个人认为,鲁迅是在中国特殊政治历史背景下产生的人物,作为历史人物,我们无法要求他该如何,但与歌德对比,思索一个作家的出路、走法和人生状态,看来还是有启迪的。比如,歌德作为世界文化名人,他使德国闻名全球,他对德国文化做出的极大贡献即在于此,他既具天真未泯的诗人性,又保留正义感与热情,他未投入政治,是一个清醒的诗人。他牢牢把握这一点。在这一点上,西方作家与中国作家有区别,中国作家首先是做一个忧国忧民的正直之士,西方作家强调的是他自己的艺术事业。这涉及中国文化的位格问题。在漫长、悠久、强大的封建主义文化长河里,中国的科技、文学没有独立位格,艺术家职业化不如西方那样被社会公认,文化人不能意识到自己具有独立品格,没有人肯为艺术而献身。改造国民性,首先是我们的文学艺术出现了征服人心让民族骄傲的文学作品,它能引导欣赏阅读和民族的心理取向。国民性改造对文化人和政治家来说,思路与表现形式是不一样的。文化艺术是社会政治的不可缺少的必要补充,没有文化艺术的自在状态,就没有一个健全的社会环境,反过来也是一样,没有清明的政治,社会就会处于黑暗与混乱状态。

何向阳: 可否这样看,改造国民性与塑造国民性或说是富于个性的民族精神,是一个历史发展的链型过程,缺一不可,后者是前者的递进,是共性建设当中对个性、对人的素质首先是塑造者素质即作家素质的更高强调,这也是鲁迅未竟的事业,而要完成它,是要有如先生一样的勇敢、襟怀和素质的。而当代知识者人格结构并不让人乐观,我曾在别的场合讲到过当代作家人格范型的几种向度的异化,比如代表人格自卑一极的殖民人格、自负一极的专制人格,后者多反映在作者与读者关系中的权力话语的滥用。现在我觉得还有两种人格范式妨碍着作家素质的生成,它们是逍遥人格和职业人格。前者似在自觉疏离主流文化以求生存形式行为的自由洒脱,却少有人追究它的遁逃性质,其对社会承担的巧妙放弃被远离是非道德的文学逍遥时尚掩盖了,它解构了文学的批判精神;职业人格的一极,是关切悬置后作家关怀者角色向被关怀者心态、角色的悄移,在知识者与平民价值取向拉平的情形下,同样少有人指出他文化人格的萎缩,它解构了作家的反思意识,这些都表明了当代作家的人格定位远未完成。同时作家人格力量的不够强大,也造成当代文学相对繁荣的同时内涵的贫弱。多有合乎人性、心理意义的形而下、形而中的挣扎,却少有超越人性的心灵意义的形而上拼杀;多道义伦理的探索,少人道天命的穷究;多人性意味的唖摸,少人格意义的塑造;多人在情欲性爱苦海里原始的浮沉与痉挛,少见人在教义、信念择选上最内在苦痛与灵魂承受此痛的撕裂的战栗。这也使当代精神呈现出一些怪异的现象,如一方面,声言知识分子要关心国家事务参与社会公务,并重新审定"知识分子"这一定义的内涵,一方面又提倡"边缘意识",其狭义化的岗位制为自扫门前雪的蜕变提供了口实。这都反映出作家乃至整个知识层传统、矛盾的一面,也是脆弱单薄的一面。所以,当下最紧要的是知识层作家确立自己根性而不是位置的时候,相对于在岗位还是在广场、于中心还是于边缘等外部形态问题,我觉得,人格素质,这是作家首要应考虑的问题。作为人文文化的承担者——作家避讳不谈现实是可悲的,默认首肯哪怕是阶段性的恶更是可耻的,那么我们作家最根本的素质应该是什么?我觉得,有否一颗人道心,是视一个作家素质优劣的分界岭。

田中禾: 我们谈作家素质问题,并非一定要做作家的老师,因为任何一个作家,他害什么病,只能自己医治,当然前提是他必须是健康的,还有医治能力的作家。文学是心灵的声音,我们讲的不过是想要强调向 21 世纪前行的作家应该具有的素质,比如张扬个性。当我们发出担忧、呼吁时,我们提倡个性和倡导主体意识同时,也不能够再规出一个领域来限制别人。这样的话,反从另一方面堕入抹杀个性的怪圈。另外我觉得 80 年代至今文学在几方面也是具现代性的,即使被指斥为调侃的嬉皮士文学,也是现代性的一个表现,人们已厌倦了加在文学之上的非文学的东西,它们就表明自己的并非无动于衷,正如魏晋南北朝文人和列入《滑稽列传》的人物,从广义讲,也是社会文化开放的标志。世界的千姿百态导致文化的千姿百态,多方位、多品种、多领域的文学是开放的社会要求的开放的文化。问题不在于搞哪一领域哪一品位,而是在此中是否充分发挥了艺术个性并张扬了主体意识。如若这样,中国文学肯定会色彩纷呈。但是多元化背后,确有一个为文的标准,如你所说的人道心。比如,文学的基本功能问题,不能以政治来疗治政治,其结果只会导致恶性循环。文学的根本任务是作为文明史对人的异化的抗衡力量而存在的,它不是具象地矫正道德、教化人伦,严肃文学担负着抨击现实的任务,而纯文学应比之高一哲学层次,它应是站在天性、人性层面的崇高。所以我们常能联系到俄罗斯作家,从沙皇时代开始,俄国作家都是反体制的,普希金、索尔仁尼琴、帕斯捷尔纳克,其反体制与中国作家性质不同,并非为一具体政治目的,而是为心灵的自由与正义的召唤。文学代表着绝对的正义,而中国历代文人反体制往往服务于具体的政治目标,甚至为了达到个人政治目的,这就使其行为既带有悲壮色彩,又带有世俗色彩而不是哲学色彩。

何向阳:这就引出了一个问题:教育。我常常惊异于我国当代多数作家强烈的反学院情绪。在我们蔑视正规教育并认同于"大学中文系培养不出作家"口号的同时,20世纪世界许多杰出作家非但受过大学教育,而且许多都是有硕士博士学位的专家教授。学院,确是个人素质培养的最好基地,其间氤氲的反专制、反暴力、反权威的自由空气与民主意识确实最利于人道精神的生成,而人道与自由,这是一切文学的心灵基础。我向来以为,低道德水平、低文化素质和低教育水准是相对应的,所以我们谈个性张扬,也不应抛开人格、尊严教育,理性、信仰教育,道德、情操教育等素养健全的前提,个性只有是在民主性上长出的个性,才值得张扬,才能避免它因外力环境变化而异化为病态个性或恶劣个性的可能。无论承认与否,寄存于作家个体内部的人类精神的质与量都要通过他的作品体现出来。我注意到您在《在自己心中迷失》这篇长文中的结语,对博尔赫斯一句话的引用:"我要重说我们不应害怕,我们应该把宇宙看作我们的遗产。"我觉得这句话很有分量,它提出了一种在个性、民族性倡导的同时反对将之狭隘化的思想,更表明了对富含人类文化精华的大教育概念的重新认定。

田中禾:个性与世界性是并行不悖的。我们看最近几年获诺贝尔文学奖作家的情况,有一倾向是,文学愈来愈趋向于全人类化,趋向人类文化的融合,如近年获奖的两个诗人——帕斯、沃尔科特,还有黑人女作家莫里森。拿沃尔科特与我国素质很不错的一些作家对比,其实我所尊敬的一些个人文化素质很好的作家,恰恰是在狭隘民族主义这一点上局限了他的视野、胸怀和才华。沃尔科特是具非洲血统和荷兰血统同时又有英国正统的少数民族,他使用五种语言创作,包括英语、本地土语、西班牙语等,他本身是无民族文化的民族的一个作家,而且长期受殖民者统治,他的诗表达出的情感,作为民族情感说,表达了他对殖民者和西方殖民文化所持的敌对态度,但同时,他的教养和他生活的文化环境又是英国式的,这造成了他的混血。他的诗句说:我曾诅咒大英政权的喝醉的军官,在非洲和我爱的英语间/我该如何取舍? 我们对比一下他和我国某些作家的态度,他就不是仅用一种简单的态度来对待文化和侵略者的,他一方面诅咒大英政权的喝醉的军官,另一方面他又非常热爱英语也就是西方文化。他并未因诅咒侵略者而对西方文化持敌对态度,同时也没有因为热爱西方文化而抛弃本民族的血统与民族感情。帕斯也是这样,还有莫里森,她是黑人血统作家,但长期担任"兰登书屋"的高级编辑,她一生致力于非常西方化的艺术,她用西方文化视角写她的黑人民族,结果创造出了为整个人类所重视的优秀作品。因此,中国作家克服狭隘的民族主义与狭隘的爱国主义也是相当重要的,实际上,这个问题,毛泽东早就指出并批判过,而一个世纪以来,我们也在不断地批判着中国的狭隘的民族主义情绪,在走向21世纪时,恐怕这对于中国作家、对于中国每一个文化人都是一个重要课题。我们的确应该具有全球意识,我们不能老把自己当作这个地球上的弱小民族,我们也是这个地球的主人。

原载《文学世界》1995 年第 1 期

小说的精神世界
——关于田中禾长篇新作《父亲和她们》的对话

墨 白 田中禾

墨白:《父亲和她们》写得开阔而厚重,它不仅通过一个知识分子的情感历程展现了20世纪的中国历史,更重要的是通过几个血肉丰满的人物传达出对中国民族文化和民族人性的思考,以四个主人公的象征意义揭示出人性被改造的沉重主题。索尔仁尼琴因流放而写出了《古拉格群岛》,他的文字由于对精神苦难的揭示而焕发光芒;《父亲和她们》所讲述的故事,所表达的深邃思想,和您自身的经历与磨难、您对传统文化的理解和认识是不是有着密切的关系?

田中禾:正如我在书后附言里所说,《父亲和她们》里的人物来自我的故乡县城,来自我身边熟悉的乡邻、亲友。我曾经和他们一起生活,一起度过中国历史上举世瞩目的几个转折时期的难忘岁月。他们曾经是我少年时代的偶像。他们年轻时都曾满怀激情,意气风发,追求自由和梦想。几十年后,我发现他们不但回归了现实和平庸,而且变成了又一代奴性十足的卫道者。他们的人生,其实就是大多数中国人的人生。这不能仅仅归结为极左政治,它其实是中国传统文化的问题。中国人的人性被强大的传统改造,中国人的创造激情在这改造和压抑中受到制约,严重影响了民族的活力。这不光是我个人的人生感受,我相信也是大多数中国知识分子的切身体验。

墨白:比如"我母亲"林春如,我觉得她在书中象征着现代,而"我娘"肖芝兰则象征着传统。我一直想找一个恰当的比喻,把您小说里人物的象征意义概括进去,我想到了大地、河流和植物。中国的传统文化是土地,这是我们感受到的一种强大的力量,土地上的植物最终必然要被它改造,就像您曾经说过的:把一个不听话的孩子改造成又一代奴才。而在这个比喻里,象征着现代精神的林春如就是河流,她和肖芝兰所代表的传统文化之间发生了一场战争,这两个持有不同价值观的女性之间的战争的主体,最初是马文昌,后来又延续到下一代。为了争夺下一代"我",她们征战的硝烟从未停息。荣格说,不是歌德创作了《浮士德》,而是《浮士德》创造了歌德。《浮士德》是什么?它本质上是个象征。它所表现的只是早就存在于德国人灵魂中的一个影子,歌德只不过是帮它产生出来而已。您小说里所表达的这种改造,就是我们的生活现实,用荣格的哲学来说,是"集体无意识",可怕就可怕在这个"集体无意识"上。用翁贝托·埃科的话说,人民是罪恶的同谋。埃科的话用在您小说的"改造"主题上,是十分准确而恰当的。在您的小说里,传统文化无疑成了胜利者,那么,您怎样看待现代精神在中国土地上的遭遇?

田中禾:对于一个有着几千年历史的民族,传统文化既是我们的财富和骄傲,也是我们的精神负担和灵魂枷锁,它使中国进入现代社会的步履格外沉重。传统文化是无法用政治斗争去改变的,而政治斗争则往往以传统文化为后盾。诚如你所说,当我思索"父亲"、"母亲"和"娘"的一生时,我清楚地看到,宽容、善良、坚韧的娘,其实扮演着政治上对父亲改造的帮凶的角色。她对父亲的改造深深植根于传统观念之中,它渗透于我们的日常生活、伦理道德甚至我们的潜意识,以人本主义为中心的现代思想找不到向它进攻的突破口。"娘"对父亲这个大孩子和"我"这个小孩子的改造,是以没有底线的爱和不计利害的奉献为武器,这就使"母亲"对娘的战争无法取胜。弘扬个人自由,提倡独立人格和独立思考,提倡人本主义,才有希望冲破集体无意识这张无形的天网。然而,独立人格、个人自由,这看似简单的观念对于我们中国人,可以说一直是可望而不可即的梦想。

墨白:《父亲和她们》其实就是一部有关自由的书。书中两个象征着大地上的植物的男性形象,为了自由的梦想经历了种种生存危机,为维护自我,他们进行了各种各样的挣扎和拼搏。父亲一生都想要冲破围困他的传统势力,而最终像小说里的故事那样,在家庭与社会的夹击下,他的人生圈子越兜越小,最终把自己织进一个茧壳里。马文昌由追求自由到丧失自由的人生轨迹,成了由一个接受过现代启蒙、具有独立人格与自由精神的中国知识分子如何被传统文化改造成驯顺自觉的奴才的典型。我注意到您把全书的叙事背景放在了大洋彼岸的异国他乡,这是否象征着"我"这精神迷茫的一代,为了寻求自由而采取的更大胆的突围出走?

田中禾:父亲的出走,如第三章的章题,"为了爱情,为了自由,到那边去!""那边"就是解放区,是延安,是他们那代人心中的圣地。经历了"文革"的"我",热血沸腾上山下乡,然后又为回城心力交瘁,他们没有延安可去,在那个禁欲的时代,爱情和自由对于他们遥不可及。我把"我"的重要情节都留在了幕后,一本书的结构无法包罗两代人的人生。"我"这个被改革开放唤醒了自我的一代人,比上代人有更强烈的反叛意识和挣脱传统枷锁的决心。然而西方世界并不是他们想象中的圣地,在那里,他们被主流社会排斥,成为没有根柢的飘蓬。出走与反叛使他对人生的意义、对人性的弱点有了更深的思考和体验。对于一个个体生命,无论在东方还是在西方,都不可避免地遭遇到社会的挤压、体制的愚弄。"我"的讲述背景也许是又一个象征,象征着人性与社会性纠缠不休的困境。

墨白:这是一个人类学的话题了。虽然改造的主题是对中国传统文化的批判,但您却是从文学的本质出发,站在个人立场,从人性的视角来关照自己的写作。我记得您曾经说过,只有从人性出发,才能超越意识形态与政治评判,达到民族文化和民族人格的思考。不错,小说不是技巧的游戏,也绝不是只关注社会问题的工具,小说是关系到人生、人性,关系到人类文明存在的一种存在方式,小说的文本意义和建立在文本之上的社会学意义是小说的两翼。一个作家,他只有站在人性的角度,才能建立平等、自由、仁爱的道德观,才可能使自己的写作获得思想深度,才能深刻地表达人类的生存苦难和精神痛苦。就您的感受,这种写作,对当下的中国文学有怎样的意义?

田中禾:虽然我们的大学教科书一直说"文学是人学",可我们中国作家的写作却一直站在社会立场,站在主流价值观的立场。个人被忽略,人性被漠视。这与中国文化传统、道德规范密切相关。唐宋以降,实用主义一直是中国文学的主流价值观,宋代大儒周敦颐、朱熹提出"存天理,灭人欲",把七情六欲当作祸害人伦的罪恶。在极左政治当道的岁月,在禁欲的时代,文学只能为政治服务。这种依附于社会政治的观念影响至深,多数作家一直逃不出歌颂与批判的政治的巷道。正如里尔克所说:"这是可能的吗?过去是虚假的,因为人们总谈论它的大众,正好像述说许多人的合流,而不去说他们所围绕着的个人,因为他是生疏的并且死了?"个人和人性本来是文学的本质,是文学的至高无上的主人公,却在中国文学里几乎从来没站到应有的位置上来,中国文学与俄罗斯文学相比,缺少的正是人的精神苦难的揭示和心灵自由的追求。

墨白:我历来认为小说里的思想都要靠小说的文本来承载,文本本身营造着一个精神世界。文本的创新决定了小说的精神世界的广度和深度。《父亲和她们》有着强烈的文本意识,小说的多角度叙述拓展了故事的丰富性。"娘"、"父亲"和"母亲"三条各自独立的叙事结构像一面三维的多棱镜,不但把陈旧的故事变得鲜活,更充分揭示了不同个体视野里的历史。这部小说的创新在于加入了一个主持人,以"我"这条暗线为纲,把另外三条平行线巧妙地编织起来,构成了一个复杂的开放式的叙事结构。像电影蒙太奇,镜头随时拉进拉出,使故事的讲述获得了最大程度的自由。您说这部小说构思了二十年,在文本的探索上肯定花费了不少工夫吧?

田中禾:我认为,一部好小说就是两句话:讲一个新鲜的、有趣的、有意思的故事;把一个故事讲得新鲜、有趣、有意思。我把《父亲和她们》作为小说这三元素的试验文本。这个题材在我心里酝酿了不只二十年,可能更多的是出于对文本的思考。从 1995 年开始,每章用一个叙述方式,试验性地写出了三十来万字,一些章节已经以中篇小说形式发表,最终还是觉得不满意,就索性放了几年,到 2003 年重新拿起来。不能说现在这个样子就是最满意的,但起码它把我想要表达的文本有了一个整体相对和谐的展现。把一个陈旧的故事、大多数中国人感受过的岁月,以诗性的、鲜活的、隐含着人生朴素哲理的形式讲述出来,算是差强人意吧。

墨白:在叙事里,口语化和诗性的叙事语言的结合,历来都是让作家感到棘手的问题,而您在这部小说里,由于网状的叙事结构,使得"娘"的口语、"母亲"与"父亲"的口语和"我"诗性的叙事语言有机地结合在一起,达到了出神入化的境界。除去我上面说到的口语化问题,您这部小说,叙事语言还有如下几个特征。一是叙事语言的准确性;二是叙事语言所传达的丰富的信息。以上两点只有在读您的小说时才会有强烈的感受。第三就是人物语言的个性化,这一点,在"娘"的讲述和"父亲"的讲述里最为鲜明,你能从他们的讲述里感受到人物的身份、文化背景和他(她)所处的叙述环境。第四点是叙事语言的转折所留给阅读者的空间感。比如在楔子里有这样一句:"带你去个地方,听听音乐。"您没有接着描写怎样去酒吧,而是笔锋一转,就是"他带我去的酒吧,正是我进入美国后一直梦寐以求的地方"。在这里,语言构成了叙事的张力,有太多的过程,您是不是有意留给了读者?

田中禾:我首先承认自己仍然属于写实派。我的优点不在夸张、变形、超现实主义。我只能把白描、写实的功底尽可能发挥好,使它上升到诗性的层次,以具象的氛围制造出抽象的想象空间。

墨白:在拥有了生活经历之后,作家依靠的就是他的想象力和创造力,这要看一个作家的精神自由达到什么样的程度。伯恩哈德说:"只有真正独立的人,才能从根本上做到真正把书写好。"我理解的伯恩哈德这句话的真正含义不光是我们常说的不媚俗、不迎合市场、不逢迎权势、不为名利所诱惑,还指一个人的精神独立,无论在何时何地,他都是一个能发出自己声音的人。在我的理念里,文学精神是由精神的自由和独立的人格所构成的。用二十年的时间来构思和写作一部小说,就是您对文学精神的一种坚守。布罗茨基说,无视文学倡导的准则而过的生活,是卑琐的,也是无价值的。在这里,文学对提升一个民族的精神层次的作用,是否已经显现出来?

田中禾:我不敢说对提升民族精神有什么宏愿,我只能说我是个很看重心灵自由的作家。我非常赞同你上面所讲,没有自由,就没有想象力和创造力。对于中国知识分子这一点尤为重要。我们习惯了体制内的意识形态,自觉或不自觉地变成了马文昌,自愿地放弃了独立人格,对犬儒主义角色习以为常。我所坚守的是我的文学观,我心中的上帝——文学的根本精神就是对个人与人性的关怀。而人性和自由则关乎人类文明。就人格意义而言,文学也是对作家自身灵魂的救赎。

原载《文学报》2010 年 10 月 14 日

在文本现场自由行走
——田中禾访谈录

苗梅玲　田中禾

时间：2012年2月19日上午10点
地点：田中禾书房

在众多的河南作家中，田中禾绝对是非常独特且个性鲜明的一个。别的不说，就其敢于从重点大学退学这一件事，其魄力之宏便无人能及。先生不但英俊潇洒，而且多才多艺，每每有文学采风活动或者聚会，只要有他在场，气氛一定格外活跃。无论经典名曲、流行歌曲，还是豫剧、地方戏、山东快书，都能被他演绎得生动活泼，水准不亚于专业。还记得2002年我在省文学院作家班学习，只要田老师来给我们授课，班上就总是座无虚席。他学识丰富，博闻强记，口才又好，下了课和同学们一起吃饭、唱歌，大家都很喜欢他。一位男同学不禁感叹：田老师不但人长得帅，作品写得好，连歌也唱得这么专业，一个人怎么可以如此完美，让我们怎么活嘛？惹得大家好一阵笑。转眼十年逝去，先生虽已年逾古稀，却依然保持着英姿勃勃的状态，两年间推出了两部长篇小说《父亲和她们》、《十七岁》，引起文学界广泛关注，让我们这些后生晚辈不得不心生敬佩。壬辰龙年，阳春岁首，我去采访田老师，看到他的一刹那，让我想起一个词：玉树临风。先生风采依旧，风度依然。

田中禾，1941年出生于唐河县城的一个小商人家庭。三岁丧父。中学时期，受爱好文学的哥哥的影响，开始接触外国文学，从此对文学产生了极大的兴趣。1959年出版处女作童话长诗《仙丹花》，高中毕业后，考取了兰州大学中文系。然而大学生活却让他失望，他不顾家人的劝阻，毅然退学，到郑州郊区当了农民。经历了二十年漂泊，直到1980年才在他的故乡进入唐河县文化馆搞创作。1985年，他以短篇小说《五月》一炮走红，引起文坛关注，并荣获了1985—1986年全国优秀短篇小说奖。接着便佳作频出。1987年调入河南省文联。此后担任省文联副主席，省作协主席。田中禾的作品富有哲理，表现形式新颖，语言质朴优雅。作品多以故乡为背景，个人情感为题材。浓郁的乡土气息，丰厚的地域文化，人性的关怀，优美的文笔，诗意的氛围，形式上的开放、创新，构成了田中禾的艺术特色。

苗梅玲：田老师，能问问您最近在写什么吗？

田中禾：在写一部长篇。

苗梅玲：我知道您去年刚出了一部长篇小说《十七岁》，前年在作家出版社出版了长篇小说《父亲和她们》，现在又开始创作新长篇了。您退休这十年，真是丰收的十年啊。

田中禾：前几天我回想了一下退休这十年，感到挺欣慰。写了七部中、短篇，两部长篇，四十万字的散文随笔（已由河南大学出版社结集《在自己心中迷失》出版，近期就能面市）。最让我欣慰的是读书。文学方面差不多世界上有影响的作家的作品都读了，有的作家做了专题阅读，艺术方面——音乐、戏剧、美术、电影、历史、宗教、哲学、政治经济学等等，读书笔记做了几本。连我自己也没想到，在写作间隙里还能读这么多书。

苗梅玲：我看这跟您的精神状态有关。

田中禾：是啊，我常谈论自由，退休这十年是我最自由的十年。我一生都在追求自由，从大学退学，从省城到农村，为梦想付出了二十年时光，最终又回到省城，像中国的一代青年一样，在追求的过程中被异化，被改造，最后把你放到某个位置上，你便没有了自由。

苗梅玲：就像你在《父亲和她们》里写的那样。《父亲和她们》就是中国知识分子在追求自由的过程中被改造的故事，对吧？

田中禾：自由不但需要付出代价，还需要物质和精神条件来保障。我现在上不必养老，下不必抚小，衣食无忧，不再受体制的支配，身体还不错，艺术和生活的准备也比较充分，只要自己不贪恋什么，就有充分的自由。

苗梅玲：网上有人评论说你退休后进入了又一个创作高峰。对于一个追求自由的作家来说，这也是您付出大半生辛苦之后很享受的十年，收获的十年吧。

田中禾：准确地说，我进入了一个更自由的创作时期。写作上不再有功利压力，可以放松地写，悠然自得地写。

苗梅玲：还记得读了《文苑英华》里选编您的一个中篇小说《明天的太阳》，之前读过您的系列短篇《落叶溪》，感觉您那个时候的作品非常诗意，很感性；现在读《父亲和她们》，虽然也是诗意的，但语言背后更趋于理性化。我就想知道这种变化是刻意的，还是写作过程自然过渡的状态？

田中禾：《父亲和她们》是长篇，容量更大，应该有更深的历史感，包容更多的思考。当然也有作者本身的变化，随着年龄、阅历的增长，随着时代、思潮的变迁，思想的深度肯定要有所拓展。

苗梅玲：诚如您刚才说，这十年您在更深入地思考自由的问题，这本身就更具理性,更有思想深度。

田中禾:我指的自由,是精神状态的自由,创作思想和创作状态的自由。写作的过程应该是感性的、审美的。创作是对历史、对生活的一种诗意的发现和重构。《明天的太阳》是一个中篇,不能要求它承载过多的容量。《父亲和她们》寄托了我对历史、人生更多的思考,同时,也在形式上进行了更多的有意识的探索。这个长篇看起来是我这十年当中写的,其实从酝酿到脱稿差不多有将近二十年了。故事早已想好,就是找不到一个好的形式去讲述它。1995年开始写,当时是一章一个叙述方式,一章一个不同的文本,写了二三十万字,其中一些章节已经当作中篇发表过,可整体上还是没找到感觉,就放下了。后来觉得还是要重写。

苗梅玲:记得您在文学院进修班给我们讲课时反复强调过,写小说,就是讲什么和怎么讲的问题。

田中禾:故事新鲜、有趣、有意思很重要,怎样把故事讲得新鲜、有趣、有意思更重要。当代小说主要是怎样讲的问题。

苗梅玲:看来你很重视形式,很重视创新,对吗?

田中禾:不在文本上下功夫,没有创新意识,就不可能写出有新鲜感的好小说。长篇小说的结构很重要,《父亲和她们》之所以徘徊了那么久,就是想找到一个最适合的、最佳的结构形式。这本书开始重写的前两年,基本都耗费到讲述方法的试验上了,找到这个叙述方式本身是费了很大精力的。不管别人怎么看,《父亲和她们》现在的面貌,我认为是找到了一个能够较好传达故事所包容的历史广度和思想深度的讲述方式。

苗梅玲:我在阅读《父亲和她们》时,感觉您的叙事像纺线一样,先一条线一条线地拧动、旋转,最后把好几股线集中拧成一股,这种叙述方式是否是您的独创?

田中禾:我吸收了现代小说的多种表现手段,同时又照顾到传统读者的阅读。一开始,有些编辑不太接受,想让我改一下,我说这是这部小说的特色,是它的生命力所在,绝对不能改。作家社一位编辑喜欢它,给它很高评价,把书拿去出了。如我所料,书出版后,它的叙事文本、结构手法成为文学界关注的焦点。山西大学的评论家王春林把它总结为双重后设结构,复调、多角度叙事。他对这部小说的叙事艺术论述得比较到位。

苗梅玲:这个过程很不容易。毕竟写作不是一件容易的事情,它需要很长时间的精力投入。为了找到一个适合的形式,你把之前写的几十万字扔掉,这是需要极大勇气的。

田中禾:局外人会觉得这样的写作过程一定会很痛苦,其实不然。实验的过程就是创造的过程,它给你一种探险的快乐。你不断把思考的问题、构思的故事砸碎,糅合,再去想怎样把它编出花样来,这创造过程给你激情,文学对你才能保持新鲜感。一个作者如果不把自己的写作设置到一个难点上,他就不可能获得创造的愉悦和征服之后的幸福。

苗梅玲:就是说作家写作决不可以避重就轻,而是要有探险精神。我就发现您的中、短篇几乎是一篇一个样。比如《五月》、《明天的太阳》、《落叶溪》,现在又看《父亲和她们》,我就很奇怪,找不到一个很准确的词来总结您的写作特点,甚至放在一起都有种不像是一个人创作的。

田中禾:九十年代有位评论家朋友半开玩笑地对我说,你的小说形式变幻太快,让评论家失语。评论家的任务就是要从你的创作中归纳出规律,然后给你贴一个标签,装在一个匣子里。在这一点上我很清醒。有一段时间他们说我是"新写实主义",后来发现我不再写现实了,《匪首》、《轰炸》、《落叶溪》之后,又有人把我归入"新历史主义",我又不写历史了,写了一组《城市神话》。结果,直到现在我也没个固定派别可以概括。

苗梅玲:不愿囿于一种特定的创作模式,这也是您这么多年来创作过程中努力的一个方向。

田中禾:逃避被评论家套住,同时也是逃避自己的创作模式化。回首半生的创作,最令我欣慰的就是我在不断探索,从没停止过文本创新的脚步。你读过《落叶溪》,这样的作品后来我为什么不写了?因为美国有位评论家曾讲过这样一段话:"《落叶溪》是改造本土小说成功的范例。"这句话反而提醒了我,我认为我不是要改造本土小说,而是要创造新的小说,所以我就停下来,不再写了。

苗梅玲:其实《落叶溪》给人的是一种极优雅的感觉,那种情感真挚,沁人心脾,有美好的画面感,后来您的作品就很少运用这样的表现形式了。

田中禾:刚才讲到的那位美国评论家对《落叶溪》的评论,给我的启发是双向的。正向的启发是证明了我对文学的理解、我所选择的创作立场是对的,文学必须站在人性的立场而不是社会的立场,作家必须摒弃意识形态的影响,保持艺术纯粹性。这位评论家编过多本中国大陆小说选,他没有把在国内引起轰动、也被国外介绍的《五月》当作我的代表作,而把《落叶溪》当作重点去研究。大约就是因为这个系列讲述的是人性的诗化的乡土故事,它更超越政治,更贴近文学的本质。《落叶溪》在国内并没有引起太多的关注,说明我们国内的文学界更重视作品的社会效应。负面的启发就是他给《落叶溪》的定位让我警惕,《落叶溪》之后,我写了一系列实验小说,就是为了证明我的创造性。从九十年代到我退休后,我写了另一个中、短篇系列《城市神话》,七部作品七种手法,彻底打破《落叶溪》的风格。《杀人体验》是幻象意识流;《姐姐的村庄》是回忆与现实穿插;《不明夜访者》以虚拟对话讲述亦真亦幻的故事;《黄昏的霓虹灯》是行动与闪念的碰撞;《来运,好运!》从梦境开始,以黑色幽默的方式展现一个残酷的现实悲剧;《进入》是最长的一部,三章用三个人的回忆构成;我最喜《诺迈德的小说》,把写作者的现实生活与他正在写的小说交融在一起。

苗梅玲:这就是那种元叙事手法吧?

田中禾:评论家称为元小说。小说的主人公与他笔下的主人公不断互换、交流。他写的小说就是他的生活,他虚拟的生活又变成他的小说。

苗梅玲:这类小说是在挑战读者的阅读力和想象力。

田中禾:也是调动读者对文本的参与。

苗:这样的作品会不会因为远离大众审美被评论界冷落呀?

田(笑):这十年的探索的确使我游离出评论界的关注区,王春林评论《父亲和她们》的文章第一段就说我有一段时间淡出了他的视野。用另一位朋友的话说,它严重影响了我的知名度和关注度。其实我自己觉得,恰恰是这一段不被关注的作品标志着我艺术上的成熟。我相信将来历史会证明这一点。这一组东西全部是写底层小人物在经济大潮中的生存困境,精神压抑、扭曲的现状。承袭了《五月》的忧患意识,深化了社会对人性的摧残这个主题,对主流文学、主旋律做出了更彻底的背叛。这是一种无功利写作。艺术上更纯粹,思想上批判性更强。我认为只有在边缘,自由度才会更大些。淡出了主流文坛,才会有更多的自在和自由。

苗梅玲:所以我都觉得您的思想特别怪异,好像您总是和一般人的思维模式不一样。比如我看《明天的太阳》,很多人描写春天,把春光写得非常美好,春天给人一种希望,一种寄托,但《明天的太阳》通过它的女主人公把春天写得很灰色。"我们并不喜欢春天。虽然这一年的春天来得很早。巷子里没有阳光,冬天落下的雪先变成污秽的冰堆……整个春天,巷子就泡在泥水里。"这种反常态思维无论是您的小说也好,散文也好,都透出这种痕迹,总能给人出乎意料的效果,不知你是如何给自己设置这种思路的。我觉得你的作品总是把生活的阴暗面展现得很充分,让人感到无奈、无望。

田中禾:可生活本身就是这样啊!我并不是悲观主义者,相反,正因为我是一个乐观主义者,所以我正视人性的不完美、人生的无奈。在这个世界上,生存的苦难和精神的苦难是正常的。人类迟早会把地球毁灭掉也没什么了不起,上帝会再造一个地球,再生出人类,人类还会生存繁衍,还会创造文学艺术。达观地看待苦难,才能看清人世的不平。苦难本身就是诗意的人世的底色。苦难是我们生命力、创造力、意志和智慧的原动力。

苗梅玲：那就是说，从您开始创作到现在，您最满意的还是最近十年的作品。

田中禾：只能说这十年的作品艺术上更成熟，包括《十七岁》和《父亲和她们》。"我最满意的是下一部。"这句套话也是我真实的想法。

苗梅玲：能否透露一点您现在正在写的下一部是什么？

田中禾：书名基本定为《模糊》，是计划中的三部曲的第二部。

苗梅玲：您一般是先写小说，还是先定书名？

田中禾：不一定。一般是先想到书名。写的过程中或是完稿后，又会根据作品的实际面貌改变。比如《父亲和她们》，在《十月》发表的时候是《二十世纪的爱情》，后来一琢磨，还是不想往大众娱乐去靠，作家社的编辑也赞成这个想法，就改成了《父亲和她们》。这个书名更适合这本书的叙述风格，从容，大气些。我很感谢这本书的责编，她支持改这个更文学的书名，不在意它会影响市场营销。

苗梅玲：我个人也认为这个书名比《二十世纪的爱情》要好。能给读者留下更多想象空间，更有张力。我觉得这部小说在二十一世纪的长篇里是不会被忽略的。它不仅在艺术上有探索，思想上有分量，我认为最值得肯定的是对自由的追求，对自由的认识。这是我们当下社会最值得关注的主题，也是当前主流文学最缺失的主题。目前，这部小说的反响很不错，可是，我查看了一些评论家、小说家对这部作品的评论，有点失望，我说这话也许会得罪他们，我觉得十几篇文章里没有几篇能写得通透、到位，相对来说，对小说的批判精神、自由思想把握得不是很全面。我觉得我们的评论家在更多时候是站在主流意识形态立场上发言，实际上，您的作品里有许多反讽的东西，他们是没有看到呢，还是看到了不愿去说？

田中禾：这不能怪他们。身在体制内，长期受主流意识形态的熏染，他们自觉、不自觉地形成了主流意识的习惯思维和话语方式，没法超越；中国知识分子尤其是理论界有一种习惯性恐惧，哪些话题不能触碰，变成了他们的潜意识，形成了评论话语的默契。我们的评论家，自身利益靠体制支持，中国知识分子的做官情结又很重，独立人格、独立发现、个性话语也就特别难能可贵。即使有见地，也只能绕着圈子说话，把锋芒藏起来，把观点埋在一堆废话里。

苗梅玲：其实他们超越不了体制也就是超越不了自己。这也影响了评论的公信力。评论家的文章往往还不如普通读者看得更直接，理解得更深刻。

田中禾：（笑）这部小说并不深奥，谁读了都会看得明白。它就两个特点。一是它触及了这个民族的每一个人的自由被剥夺的过程，而这个主题是我们迄今为止的文学作品还没有触及的。这是它思想上的价值。再一个是它在艺术上的探索,这种长篇的结构也是没有的,双重后设的,复调的,多角度的。这两点是这个小说存在的价值。一部小说的价值,在于它能不能为小说的发展提供一点新东西,如果没有,它就会湮没在作品的大海里。创作,就是永远要别开生面,力求非同寻常。

苗梅玲:看来您骨子里就有一种叛逆性格,所以总把个性和自由看得那么重要。

田中禾:大概是母亲把我惯的。我幼年丧父,是兄弟姊妹中的老小,一家人都娇惯我、呵护我,使我的天性没有受过任何压抑,从学生时代就追求个性和自由,我行我素,任意妄为,捅过很多娄子,给家人惹了很多麻烦。中学时期就迷恋外国文学,受外国文学影响较深,对个性与自由的追求更自觉。

苗梅玲:您阅读了这么多外国作家的作品,比较推崇的有哪些作家和作品?

田中禾:早年喜欢诗,给我留下第一印象的是印度长诗《沙恭达罗》,接着就是普希金,特别是他的叙事诗,小说有托尔斯泰的《复活》、《安娜·卡列尼娜》,屠格涅夫的《初恋》、《罗婷》,八十年代我恶补了十年西方现代派,现代派里我比较喜欢海明威、福克纳、马尔克斯、略萨,近十年的作家奈保尔、库切、帕慕克,我更喜欢能够驾驭叙事能力的作家。咱们中国有一批人非常崇拜的几个作家我并不喜欢,虽然我也读。比如卡夫卡(他把小说写成寓言)、卡尔维诺(他用破碎的片断代替故事来掩盖自己叙事能力的不足)、博尔赫斯(沉湎书中的联想和幻想,缺乏历史感,不可能成大气候)。他们的作品也能给我启发,但不能震撼我。

苗梅玲:这些作家对您的创作有什么样的影响?

田中禾:一个根本的影响是对一个人的创作自由和想象力的启发,在文学观念上影响了我。比如形式,文本意识,人性立场,批判意识。回顾我的创作,我一直坚持个人的视角、个人的发现,不受意识形态和主流思维左右。

苗梅玲:您写了这么多年,每篇都在追求不同的叙述方式,能具体谈谈您在小说语言上的追求吗?

田中禾:在观念上我始终站在人性的立场,在艺术上我坚信文学是语言的艺术。我从来都是用非常恭谨的态度来写作,把叙述质量当作文学质量的主要标尺。别人说我的叙述风格优雅、从容,也许是因为我一直使用白描手法,保持了语言自身的质朴和诗意。语言的修炼有三个层次,第一个层次是直觉的层次,说"他哭了",只是直觉,没有修饰。第二个层次,说"他耸动着双肩,喉咙里响着抽噎,泪水像断线的珍珠,闪闪发光地沿着他的双颊滚下来",这是修饰的表达。第三个层次是抛弃浮华修饰,再把它变回来——"他哭了",结果比第二阶段的描写更有感染力。表面看它又回到了第一层次,实际上它是经过很多的文学选择之后选择了回到直觉。这就是白描。它语言的张力更大,想象空间更大,却是最难的一种叙述。因为,并不是所有的直觉语言都可以随便使用,如果是那样,文学就被取消了。要找到一种既纯朴又准确,又有氛围感的直觉语言是很难的。纯朴的直觉本身具有很丰富的诗意,用最纯朴的叙述表达出的诗意,是内在的诗意,它的境界也更宽广。

苗梅玲:您的作品既有乡土题材也有城市题材,但代表作几乎都来自于乡土。这和您年轻时的个人经历有关。其实您青少年时期是坎坷而传奇的,这些都会成为后来创作的积淀。您出生的唐河县城有着非常深厚的文化底蕴,加上您个人对艺术的感悟力,比如您音乐方面的天赋,这些对您后来创作作品都有非常大的影响吧?

田中禾:青少年时期的储存是一个作家文学基因的本源。我从小喜欢音乐、喜欢美术、喜欢戏剧。青少年时期爱好广泛,在无意识中奠定了个人的艺术修养。现在还常在屋里唱唱歌,唱唱戏,翻翻画册,偶尔也参加书画界的活动。

苗梅玲:您对音乐、美术、地方戏剧等爱好如何影响到您的作品呢?

田中禾:这也是一种潜移默化的影响。语言的音乐性、节奏感、色彩感,作品的画面感、氛围感,都是艺术的影响。内容方面,《明天的太阳》就是写一个戏曲世家的家事,《落叶溪》里写到不少民俗方面的东西,长篇小说《匪首》、《父亲和她们》里也有大量的民俗文化,这些民俗文化并非是着意去写的。我在乡土文化的滋养下长大,它是我的精神背景,与我的故事不可分离,必然会自然而然地出现在作品里。

苗梅玲:看来您的故乡给了您不少好东西,前前后后出这么多作品,都离不开家乡的风土和家乡的记忆。

田中禾:我觉得自己很幸运,生在县城,生在一个小商人家庭。小城故事多,县城是乡村与都市文化交汇的地方,是人性表演的很好的舞台。生在小商人家庭,从小在柜台边长大,看来来往往各种人的行状,听市井里各种各样的传说故事。我的很多小说都来自母亲的讲述,来自街坊邻里、店铺伙计们留在我童年里的记忆。家乡县城给了我丰富的文学资源。

苗梅玲:凡是和你接触的人,都感到您是个非常乐观的人,开朗,阳光,童心未泯,可您的作品基调却很低沉,故事大多是悲剧,读起来很沉重,甚至有些写得很绝望。这似乎是一种矛盾,为什么会有这样的矛盾呢?

田中禾:前面已经说过,我有幸是家里的老小。父亲早逝,给我的童年打上了悲悯的烙印,使我对世界很敏感,多愁善感、悲天悯人成为我性格的底色。在全家人娇纵下长大,又形成了桀骜不驯、骄矜自若的个性。为实现文学梦想,自我放逐了二十年,经受了底层的磨难。——这也是我需要感谢的。没有这二十年的流浪生涯,我的作品绝不会有这样深痛的沧桑感。正如前面所说,其实我并不悲观,也从不绝望,我只是在阅历丰富之后能够正视人间的不平和苦难,有了更强烈的批判意识而已。

苗梅玲:《父亲和她们》的结尾,主人公死在电视台直播间里,为了他的信仰破灭激愤而死。一个追求自由的人,最终成为一种体制和意识形态的殉葬者,让我内心的悲凉久久难以平静。

田中禾:人类生生不息,世界就在这人性编织的看似无望的灰网里前行,一刻也不停息。正如论语里的一句话:"逝者如斯夫,不舍昼夜。"

苗梅玲:你只是把生活最本质、最真实的一面呈现给大家,小到一草一木,大到一个国家一个民族的兴衰,都不过如此,是这样吧?田老师,让我引用《明天的太阳》的结尾作为我们这次交谈的结束语吧,"我知道,不管怎样,明天还会有太阳升起,照耀我们的城市,照耀拥挤喧闹的人群。明天的太阳同今天一样明亮。"这就是你看待人类苦难和世事沉浮的态度吧?

在长诗《仙丹花》的结尾一页,我看到田老师写的这样几行字,介绍他是如何得到灵感,写出他的处女作《仙丹花》的:"1957年的暑假,我还是一个戴着红领巾的中学生,假期的唯一乐趣就是下乡,回到那凉爽的被绿叶覆盖的父辈们生活的小村庄,到开着美丽的莲花的池塘里去捕鱼捉虾,那是多么令人缅怀惬意的时光啊……"落款是1979年,离《仙丹花》出版的1959年已过去了二十年。今天我翻开它,时间的指针又过了三十余年,加起来,便是半个世纪了。半个世纪,田老师的创作好像仅仅只是一个开始。我真心希望田老师永葆青春,做一棵文坛的常青树。

原载《东京文学》2012年第3期

在人性的困境中发现价值与美
——田中禾访谈录

李 勇 田中禾

李勇：田老师您好，非常高兴采访到您！首先祝贺您一年之内推出了《父亲和她们》、《十七岁》两部长篇。读过之后，感触良多。两部小说叙事手法迥异，一个延续了您一贯的忧患写作，但是更老到、大气，形式更富于创新；另一个则非常不同，对时间和记忆的书写诗意而伤感、沉迷又超脱——我觉得，对您过去的整个创作，这两部长篇构成了新的爆发力，不但没有陈旧、乏力的迹象，而且更具现代性、更有活力。这里便有一个特别想问的问题：中国作家随着年龄的增长，创作力往往会日渐衰退，您现在看来却似乎相反，我想问，您写作的激情来源于什么？不断超越的创造力是怎么保持的？

田中禾："因为好作品还没写出来，所以不敢老。"我常用这句玩笑话回答别人关于"老"的提问。今年总算把写了十年的两部长篇拿出来了，可文学对于我还像初恋的情人，我觉得自己依然是个初出道的文学青年，我所做的一直是在为写点好东西做准备。人生的准备，学养的准备，艺术的准备。转眼人就老了。人老了反而有更多优势。阅历多了，社会俗务少了，功利心淡泊了，不再有养家活口的压力，更有时间读书、写作，如果能保护好一份童心，人会更纯粹。也许退休后才是一个作家最好的时光。读书、写作本身就是激情的源泉。语言是一个浩瀚绚丽的世界，它激发你历险的激情。

李勇：国内外对您影响较大的作家和作品呢？能不能回答？

田中禾：恐怕我也很难回答。中国作家我最崇敬鲁迅。他骨子里的反传统，对现存体制与秩序、道德的不妥协的批判精神，文字的辛辣、尖锐、幽默，艺术上的先锋迄今无人超越。在犬儒主义泛滥的今天，在精英向权势、金钱投降，向庸俗大众化靠拢的潮流中，鲁迅精神更加可贵。我是相信了鲁迅的话，从中学时代起就注重读外国作品，诗歌、小说、戏剧、哲学。俄罗斯诗人和作家，普希金、莱蒙托夫、托尔斯泰、屠格涅夫、肖洛霍夫、帕斯捷尔纳克、索尔仁尼琴都对我有很深的影响。最近十年获诺贝尔文学奖的作家我比较喜欢奈保尔和库切，拉美作家中我更喜欢略萨。虽然我也读了不少冷僻的作家，一些另类的作家，他们给了我很多启迪，可我更喜欢历史感、人性感、忧患感强的作家和作品。这跟我的文学观有关,我不保守,也不先锋。我崇尚超然的、坦荡的自我状态。

李勇:从您的文章里可以看到,您对中国文化尤其是传统文化、中国人尤其是中国知识分子的人格和命运有非常深刻的认识。但作家的理性能力、批判意识对写作来说并不一定都是有益的,您认为呢?您觉得自己的创作偏于感性还是偏于理性?您又是怎么处理二者关系的?

田中禾:你提出了一个对于重视思想、理性的作家至关重要的问题。作家不能靠理性去创作。作家不能靠理论来支撑。文学作品不是政治、文化论文,如果不把思想融入情感,化为艺术,理性就成了作家的制约。我不很喜欢萨特,他作品里的思想驾驭了他笔下的形象;我也不怎么喜欢卡尔维诺,他美丽文字中哲理的闪光并不能掩盖他叙事艺术的乏力;中国作家大多崇拜博尔赫斯,可他的交叉小径的花园里的智慧,不如马尔克斯对拉美历史的奇幻讲述更大气。然而,中国作家的确缺乏萨特的思想修养、卡尔维诺对表象世界的哲理表达、博尔赫斯对内心智慧的开掘。作家不靠理性写作,却不能忽视自身的学养建设。批判意识是文学的本质,是文学的价值所在,作家必须有批判意识,但不能靠批判、靠政治来支撑。像库切那样既有宏大的对人类、人性、现存世界秩序与体制的深刻理解力与批判力,又能把思想融入感性的生活故事,以形象与情感诉诸读者,他就是处理思想与艺术的成功的范例。他的近作《凶年纪事》胸怀宽广,批判人类体制和西方政治锋芒锐利,情感故事又很流畅,构思巧妙。我把一部好小说归纳为:讲一个新鲜的、有趣的、有意思的故事;把一个故事讲得新鲜、有趣、有意思。尽管新鲜、有趣、有意思是一部好小说的基本元素,但我主张宁可没意思也不可乏味、落套。我认为,文学作品的感性是第一位的,美是第一位的。有趣、新鲜,比有意思更重要,虽然我更欣赏有思想内涵而又唯美的作品。

李勇:在《父亲和她们》中,您对"娘"是持批判态度的,说她代表着"传统",但作品所表现出来的"娘"却是慈悲善良美好的,寄寓着强烈的情感认同。您否定"娘",其实否定的也正是这种"情感认同",也就是说,您在作品中实际上也在否定着自己。可以这样理解吗?

田中禾:批判,是一个思想者的知性;文学形象,是一个作家诉说历史的感性。"娘"的形象也许正好回答了你刚才的问题,我是怎样处理理性与创作的关系的。作为我在思想上的批判对象,呈现于读者的并不是一个理论概念。我们的传统文化的可怕,正因为她有自己的人性逻辑、伦理原则、善恶是非,她是中国母亲的典型。在写作中我对她投入了深厚的感情,理性上却不能认同她的人生观、价值观。我认为她就是社会体制改造自由思想、消灭个体价值的帮凶。社会体制使用的是政治高压、思想扭曲,而"娘"用的是忍辱负重的生存哲学,几千年中国儒家奴化教育的行为方式。"娘"的感人之处正是传统文化的强大和不可战胜的力量所在。政治高压、思想禁锢最终必然会被新一轮的思想解放冲决,传统文化却无法用革命来改变。传统深入我们的道德、行为,它的再生能力、衍生能力无法遏制,所以,"娘"是这部小说里唯一的胜利者,她始终占据着道德的制高点。

李勇:"父亲"马文昌左突右冲最终还是回到了"娘"身边,以致他忍不住感叹自己是在"兜圈子"。马文昌的处境是不是也是您的、我们大家的处境?我们都摆脱不了"娘",摆脱不了传统——您是否感到了绝望,当您谈论"自由"的时候?

田中禾:《父亲和她们》是一部对自由和人性被改造的思考的书。人性被改造的历史不自马文昌这一代始,人对自由的追求也不会止于马文昌这一代。人的自由与个人价值的追求如人类文明史一样是一个混沌运动,它在旋转回荡中前进,看似轮回,其实是在前行。历代作家不断重复这个主题,因为人类面对现实从未绝望。揭示无奈、无望,是一种念念不忘的追寻。用一句流行歌词说:"至少我们还有梦。"自由,对于人类是个永恒的梦。

李勇:您强调文学的"激情与幻想",是不是因为它们可以帮助您实现自由?如果我们只能在幻想中获得自由,这是不是一个悲剧?即使文学帮助我们实现了某种自由,对自由的焦虑其实仍然存在。您让儿子"我"漂泊海外,大约是想要象征下一代追寻自由的空间更为广阔吧?

田中禾:"出走"与"回归"是现代人的两种精神选择,也是当代作家的两大梦境。回归自然,回归纯朴,回归传统,是疲于奔命的现代人在精神焦灼与物欲横流的世界里的梦想。"外面的世界很精彩,外面的世界很无奈",出走后的漂泊感让现代人怀念精神家园,回归就成为自由的憩园。《父亲和她们》由身在异国的"我"来讲述,以一个美国小镇为讲述背景,"我"的怀旧、思乡的情调,的确就是对现代人宿命的隐喻,暗含了回归的情感。然而,对于现代人,出走和回归都只是白日梦,只能在文学里实现。连续多年,以写非洲、怀念非洲来批判西方现代文明的作家特别获诺贝尔文学奖评委们的青睐,戈迪默、莫里森、莱辛、勒克莱齐奥……都因对非洲的饱含怀恋的描写而获得诺贝尔奖,可他们当中没有一位作家真正回归非洲。库切离开非洲,移民澳洲,然后又把澳洲批得一塌糊涂。随着全球化、城市化进程,我们不但丧失了精神家园,连物质家园也不复存在。弗洛伊德说"文学就是白日做梦",让人在文学里为自由出走,让人在文学里为厌倦回归,这正是文学的真正使命。

李勇:如果说《父亲和她们》是出走,您的另一部长篇《十七岁》是不是可以看作回归,故土家园的情感回归?全书在写您的个人记忆,非常个人化。小说对"时间"的描写非常动人,"过去"和"现在"相隔大半个人生,隔着这样大半个人生去回望青春和过往,它的写作过程和写作感受与《父亲和她们》肯定大不相同。

田中禾:《十七岁》没什么深意,谁都读得懂。它是情感的吟哦,生命记忆的弦歌。我希望它在喧嚣的社会潮流中构筑一片小小的清幽天地,让人的心灵在这里找回温情和宁静。发表之前,我曾经把它命名为《乐园》,记忆的乐园,失落的乐园。我认为这种境界更接近文学本质。由于选取了中国革命的一个特殊时期,《十七岁》的记忆不只是我个人的,它其实是民族记忆的一个切片,是大时代的个人印记。

李 勇:《十七岁》和《父亲和她们》,一个温馨一个厚重,两种完全不同,甚至截然相反的风格,您更钟情于哪一种?以后会继续顺延着写下去吗,还是……?

田中禾:从《匪首》到《十七岁》,这几部长篇有着各不相同的结构手法和叙述方式,思想上却只有一个主题:人性在体制与传统力量作用下的境遇和困惑;艺术上也有一个共同风格:以饱含民间智慧和书卷气的叙事,充分发挥写实艺术的魅力,诗意地展现苦难人生。我一直在努力以文学手段在人性的困境中发现价值与美,这是我毕生的主题,我会沿着这个主题继续开掘。我认为写作应该跟着感觉走,我会不断变换结构和叙事方式,根据要讲的故事内容来决定怎么写,不会遵循固定程式。

李 勇:您一直强调写作者的"慈悲感和怜悯心",这似乎是您小说中总出现那些美好善良女性的原因,这好像也跟您的成长经历、母亲给您的影响有关吧?您的小说总透出一种多情、温暖的个性;而河南作家,相当多的却是笔力"凶狠",比如阎连科、李佩甫,好像是阎连科说过的吧——这跟河南人的生存环境有关。您怎么看?

田中禾:每个作家都有自己的写作哲学和风格,这与各人的性格、经历、童年记忆有关。我对生活的理解是诗意的、多愁善感的,值得热爱和珍惜的。温柔敦厚之道,是中国传统写作的标准要求,我这个骨子里反传统的人,笔下的作品却大体符合这个要求。这与儿时的教育有关。《十七岁》可以看作我的自传。你可以从中看到我的童年,因而窥见我内心成长的经历和写作风格形成的精神因素。

李 勇:大家经常谈论"河南作家群",您认为河南作家的共性是什么,有什么共同的优长、欠缺?

田中禾:我不赞成作家群的提法。文学艺术的灵魂是个性,什么军,什么群,有意无意抹杀了个性,给作家画地为牢。博尔赫斯曾经批判一些阿根廷作家的意识只属于地方,不属于人类,自甘于一个地方作家,这种情况我们中国作家和理论界尤为严重。我们不会把歌德看作魏玛军,把鲁迅称为浙军吧?正如我上面所说,同一个地域的人千差万别,同一个地域的作家更是千差万别。以比较文学的眼光,我们可以从地域的自然条件、历史文化传统找出一些作家背景研究的课题,在艺术上,我更重视各自的不同。

李勇:您强调文学的"慈悲感和怜悯心",对当下流行的"苦难叙事"、"底层写作",您有什么看法?忧患意识强,对作家不一定是好事,您似乎也这么说过,但是当下的中国现实,确实不能不让忧患意识强的人有所忧患。您认为,这样一种忧患意识下的写作,应该如何才能做到不让人遗憾?

田中禾:我的确曾经告诫一位朋友,不要让忧患意识拘泥了情感和视野,但忧患意识、批判意识是作家的基本品格,没有忧患意识的作家不过是一个文学投机者。即使是通俗文学,也应该以忧患和人道主义为基本精神。我的劝告是作家不可沉溺于苦难而使艺术的翅膀过于沉重,局限了想象力和激情的发挥。超越苦难才能审视苦难。用超越的态度去写苦难,苦难才能呈现出更深刻的意义。如果审美是第一性的,我们就应当在苦难中发现美。爱因斯坦说他反对宗教迷信,但他主张人应该有宗教意识。我觉得这个论述也可以用来论述忧患,我反对忧患遮蔽审美,但主张审美应该有忧患的底蕴。慈悲感和怜悯心,是鲁迅引用日本作家德田秋声的话,我记不起出处了。它比忧患更宽阔,忧患只是慈悲与怜悯的一个方面。我最近重读了法兰克福学派的一些论著,回头看马克思,觉得他是一个非常令人敬佩的知识分子,坚持站在利益集团的对立面,坚持为劳苦大众的利益写作。而我们中国知识分子大多已变为既得利益者,接受利益赎买,与利益集团沆瀣一气,甘做他们的吹鼓手和卫道者。作家的忧患写作就显得更为重要,坚持清醒的边沿写作、民间写作、底层写作,更显得难能可贵。

原载《小说评论》2012 年第 2 期

浪漫的田中禾

南 丁

1959年春天,郑州七中高中二年级学生十七岁的少年田中禾出版他的童话长诗《仙丹花》的时候,二十七岁的我正在大别山里劳其筋骨,对这个少年的得志和风光一无所知。对他从二十岁这个青春年华开始的长达二十年的浪漫,我当然也无从知晓。我看到他的时候,他已年过不惑,虽比我这个知天命的年轻,可也已到了唱"我的青春小鸟儿一样不回来"的岁月。是十年前那个不冷不热的春天,这有几个河南的作家评论家朋友在一起的合影为证,那时候穿的还多是布料中山装,远不是如今这般新潮多样。可那照片上没有田中禾。那时候彼此还不熟悉。十年前的那个春天,河南省文联和河南省作协在洛阳召开全省农村题材小说座谈会。写农村生活是河南小说创作的一个强项。就是想提供一个会,将诸位写农村的写家聚到一起交流碰撞。也请了评论家。还请了首都文学界的一些朋友。会议还安排请一位县委书记讲农村改革,还有参观项目。我是赶去看了与会诸位朋友,参加了开幕式,就又赶回郑州。我那时好像挺忙乎,如今想不起来当时在忙乎些什么。座谈会上的那顿午饭同桌的正好有田中禾,就一边吃饭一边说闲话。田中禾的个头算是挺拔,留着平头,戴着眼镜,谈吐文雅,话不多,深沉状。洛阳会前,我读过他在《奔流》上发表的短篇小说《大牌坊轶事》,觉得小说的文学品位挺够档次,曾经打听这位作者,知道是唐河县的,就觉得唐河县这地方日怪,出过冯友兰、冯沅君、李季,都是大学者大作家大诗人。50年代时还出过一个农民作者李文亢,也红火过。那时还没去过唐河县,不知道是什么样子。有时就想,田中禾出生在那么个日怪的地方,看他能日怪成啥样子。那时事多,想想也就算了。洛阳见那一面,田中禾给我留下的也就是那样淡淡的印象。

洛阳会后的翌年,1985年初夏时,田中禾在《山西文学》日怪出一篇小说《五月》,那人物、视角、叙述、图像都给我一种新鲜的感觉。果然不凡。这年的秋天,山西做东道主举办第一届黄河文学笔会,河南组团,就请《五月》的作者田中禾参加,一起到山西走了一回,与黄河流域的文学同行们欢快地聚会了一段时光。1986年时,河南做东为第二届黄河笔会,也请田中禾与会。这次笔会,拟对黄河流域的文学创作现状做些探讨,那天田中禾发言,对在河南一向叫好似有定评的一些写农村生活的小说、戏剧进行了猛烈地抨击,坦陈己见直言不讳,感情激越,可以听得出有深思熟虑的理性思考在支撑着他。这好像是第一次听田中禾发言,觉得这个人有些独特的想法,不媚俗,不附和,有点意思。这发言给我留下印象,至今我还能想得出他发言的内容和溢于言表的雄辩姿态。那时正在着手调整充实河南专业文学创作队伍,田中禾是物色的对象之一,中禾本人也想能来省城搞专业创作,两厢情愿,不久,他就到河南省文联来做专业作家。文联大院里未能给他提供住房,他住在远远的西郊,交往不多,串门也难,多是开会时见面。每年春节前,他和他的爱妻韩瑾荣总要到年长的我的家里来小坐一会儿,和我和我老伴说会儿闲话,这就算互相拜过年了。我女儿何向阳是研究当代文学的,中禾和她说起来倒有许多共同感兴趣的文学话题。他在西郊的家我也去过一两回两三回,六层楼爬起来挺费劲,路远楼高,就未多去。但毕竟在一个城市一个单位,就日渐了解了这个看不出浪漫的男子汉的浪漫。

1988年春天,中国作家协会举办第八届全国短篇小说评奖,我是这个评奖委员会的委员,为评奖事两次去京,第一次协商预选篇目,第二次正式投票,其结果是田中禾的《五月》被评选为第八届(1985—1986)全国短篇小说十九篇获奖篇目的榜首。原来说评选二十篇的,第二十篇票未过半,只好割爱。议论时,评委会里的作家评论家编辑家们对其他篇目多有争议,对《五月》却交口称赞,其全票当选列为榜首就是当然的了。这届评奖,同时当选的河南作家的作品还有乔典运的《满票》、周大新的《汉家女》,评选结果出来后,河南作家的作品占了相当大的份额,评委会副主任上海的李子云女士好像刚醒过来那样说,田中禾也是河南的呀?也许她是故意这样说的。

田中禾的浪漫全是为了文学。他少年时出版的第一部长诗《仙丹花》就是一个浪漫的童话。1958年暑假时他回唐河度假,去看一位正在生病的堂伯母,那伯母正咳嗽着发着烧,却高兴地捧出个黑瓦盆,里边漫起像污水桶里结的污垢那种东西。堂伯母说,这是肉峨,管治百病,是从黄河里采来的。她还给这位堂侄娓娓地讲了个神秘的采药故事。她相信自己的病可以用肉峨治好。伯母不久就去世。田中禾眼前老是晃动着伯母那瘦削枯皱的脸,那只黑瓦盆,那恶水似的神药,拂之不去。寒假时他写出1200行的童话诗《仙丹花》,写一个少年在村里瘟疫蔓延父母病逝后,决心寻找仙丹为乡亲治病,这少年靠着善良勇敢战胜风暴严寒战胜贪婪歹毒的恶人,取来仙丹花,使全村人得以康复。这其实是诗化了的少年田中禾的善良心地和美好愿望。1959年的郑州市新华书店门前的广告牌上大字写着:迎接六一儿童节,新到童话诗《仙丹花》,情节曲折,语言优美。我前面说过少年的风光,这就是。后来,这部诗于1961年再版,被选送到巴黎国际儿童读物博览会展出。又被收入河南十年儿童文学选。那时,田中禾正坐在兰州大学中文系的阶梯教室里听老师授课。这次成功鼓舞他生发出新的梦幻。他原来有许多梦幻。他在高中二年级时,已写出两部长诗,四本抒情诗。对国画和素描也同样入迷。且觉得做电影演员更为合适。又郑重选定要做天文学家。他如今却极想编著一部中国儿童文学史,最渴望的又是到农村生活中去当一个抒写当代农民生活的作家。他无法坐在那明净的教室里安心地听课,他以为老师们那些正儿八经的讲授,他都曾经阅读过了。正在读着大学三年级的兰州大学中文系学生田中禾郑重地认真地提出退学的请求,他要去追寻他的仙丹花,他执着地认为他的仙丹花不在大学校园里,而在田野上。这是个不好理喻的行动。田中禾回忆当年与一位青年教师的对话:

"你不可惜文凭吗?这是一所重点大学呀。"

"文凭?哧——"

"你打算——?"

"我要当作家。我相信像这样读下去根本当不了作家。这样下去我就完了。我一定要当作家,我能成功。"

"系统的教育也是必要的。"

"我会坚持把大学课程修完。我到生活里去修,不坐在这里死泡。如果坚持到毕业,我就失去了选择的自由。我可能留校,也可能分到杂志社报社,分到不知哪一个机关。只能听从命运的安排,而不能由自己安排自己。"

"既然你打定了主意,最终当不当作家也无所谓。"

班主任、系主任、教务长、校长、学生处长、干事,都像是对待一个无理取闹的上访无赖一样冷眼看待田中禾,他装出一副可怜相每天去与他们磨蹭,终于得逞。田中禾说,在他们的记忆里,我当然是一个调皮捣蛋令人厌恶的坏学生,他们不知道我是多么聪明可爱深沉而智慧。在精神上孤僻而又傲慢的田中禾,平时与同学们相处并不亲密,他离校时还是有许多同学送他去火车站,他就着昏暗的车灯给同学们写了首小诗算作告别,那首小诗写道:夜已密缝/我醒来时将看到故乡的太阳。

1962年太阳辉煌百花烂漫的明媚春光中,田中禾带着擅自转到郑州郊区农村的户口回到郑州,使母亲和大哥惊愕不已。他和新婚的妻子韩瑾荣坐着马车提着简单的家具到葛砦当农民去了。田中禾当时很以此为骄傲,他给同学写信说,他是彻底靠工分吃饭的农民,而不是以什么身份来体验什么生活。从一个大学生变成了一个农民,田中禾开始了他在大地上的浪漫的寻找。韩瑾荣这个比田中禾年轻一岁的小姑娘在气质上与田中禾相一致,真是不是一家人不进一家门。她在新婚时曾赋短诗数首,其中有《寄桃花二首》,写道:"离了枝儿薄了命,从此枯在荒草间。"是嘲讽追逐世俗时尚者的。这对年轻的夫妇就是要超越世俗,到世俗的生活里去寻求超越。这种寻求命定要伴随着许多苦涩。

如今田中禾回望那岁月,总是对他的爱妻韩瑾荣深感愧疚。在葛砦时,他们喂了一群鸡,长大了二十二只,到下蛋时却接二连三地死去。那天,田中禾到黄河滩去割草,收获甚微,回来时,一边吃着妻子煨的鸡一边训斥妻子对鸡不操心。他们夫妻拉着架子车去给借的几分地送粪,田中禾驾辕,韩瑾荣拉边套,上坡时怎么也上不去,他嚷妻子,你怎么不用劲呀?其实,妻子正怀着他们的大孩子,她弯不下腰,她用不上劲。他们在葛砦原借住在去了陕西的一户农民家里,妻子将临产时,那户去陕西的农民回来,他们只好临时搬到队里的车棚去住,雪扑进门里,冻成溜冰。在葛砦两年多,除了母亲给送了次肉送了次肠子,他们没吃过肉。靠挣工分吃肉,并不容易。妻子进了次城,回来时伤心地哭,问为什么,说是将攒了半年的十块钱丢了。田中禾此刻表现出了大丈夫的大气魄:"傢什!没它照样过。"

在葛砦的生活还是过得充实而有滋味。田中禾写作至每个夜半,凌晨即起去套车,跟着车把当二把,赶着马车进城去送菜,卸完车喂了马就到大同路图书馆去借书。按照大学高年级的课程设置,田中禾为自己设计了一套进修课程表,将中外文学名著作为主要阅读对象。在夕阳中的马车上,他读完了中外文学史,并专题阅读了莎士比亚、拜伦、托尔斯泰、屠格涅夫、巴尔扎克、泰戈尔等大家的许多作品,并做了卡片。他写了两部长诗:《贾鲁河的春天》和《金琵琶的歌》,三本短诗集,还有一部长篇小说的片段。田中禾与车把成了好朋友,从车把那里听到许多乡间轶闻和他自己的风流韵事。他们的简陋的小屋成了村里年轻人的俱乐部,田中禾弹起秦琴,他们一起唱歌,自在而快活。

支书队长伙同市里的一个厂里的供销科长,套购出工业酒精当白酒卖,田中禾揭发了这件丑闻。他成了报复的对象,无法再在葛砦待下去。乡邻用架子车装上他们简单的行装,送他们离村,仍是那旧床旧桌方凳一纸箱书,只是车上多了个孩子,这时他们已为人父母。他们去了信阳,田中禾去投奔在信阳工作的姐姐。

这是1964年的盛夏,他们在信阳六里棚村安下了家。所谓的家就是从队里的牛屋夹出了一间,将牛隔在藩篱外,吃饭时,牛掉过屁股擦着锅台就拉下异常壮观的一串尿,那声响和气味也颇具刺激性。他们大妇当代课教师。田中禾办农中,被抽调去参加社会主义教育工作队。他们夫妇将他们住的牛屋办成了文化室。他们双双成为市里的学习毛主席著作积极分子。田中禾受命到郊区各生产大队去作学习毛主席著作的巡回辅导报告,他穿着对襟布扣的土布褂,土头土脑地特农民化,讲得绘声绘色,很能吸引人打动人。他当然还坚持他的文学创作,还写诗还写小说,还读名著。"文化大革命"来了,田中禾这个戴着眼镜的装扮成农民的一心想当作家的退学的大学生,就被作为文艺黑线的黑苗子挨批斗,这好像也没有什么奇怪。"四清"时田中禾参与整治过的那个贪污分子反过来对他进行疯狂地报复。批斗是没有什么文明好讲的,田中禾的眼镜被打掉,失掉眼镜的近视眼,看那人群看那大地看那天空都是模模糊糊的苍茫一片。他们寻求不到保护,田中禾的姐姐和姐夫在"文化大革命"中的处境也艰难。韩瑾荣机灵,在田中禾挨批斗时她迅即将他的手稿坚壁了起来。农中的部分学生及学生家长同情田中禾。田中禾怕因为自己引起群众间的尖锐对立和冲突。他们此时最好的出路就是回故乡去。

1968年他们回到故乡唐河县城,正赶上"我们也有两只手,不在城里吃闲饭"的城镇人口下乡热潮,就去了老家大张庄(侉子营),这时,他们的大女儿已经一周岁,女儿被放在粪堆旁边的墙角里,这小女孩鼻涕顺嘴流下,在飕飕的冷风里望着来来往往的陌生人哭泣,韩瑾荣只有在做农活的歇息时才能跑过来逗逗女儿,给女儿擦擦鼻涕眼泪,这位做妈妈的自己的眼泪却不禁夺眶而出。一个工分才二分钱。韩瑾荣表现出中国女性的坚韧,她铲草晒干当柴烧,她笆豆叶当柴烧,日积月累,田中禾眼看着自家的柴草垛成了很大的一个垛子。

田中禾的母亲此时住在唐河县城的老庄子里,城镇人口下放时她坚持将她的户口保留在城里,落实市民下乡政策时,田中禾夫妇因而得以回到唐河县城。他们夫妇当代课教师,韩瑾荣月工资25元,田中禾26元。小儿子也在回城前出生,奶奶抱不动,就将小孙子拴在桌子腿上。日子虽然贫困,却还平静。田中禾却又闯了祸,他在给同学的信中有不同意毛泽东思想为马克思主义顶峰的内容,被发现,因而被作为攻击毛泽东思想的现行反革命分子抓了起来,关押审查了二十余天,被教育释放。被抓起的当时,田中禾甚至一闪念:这一回我可以有一个体验观察监狱生活的机会了。代课教师田中禾、韩瑾荣申请转正,田中禾因有"前科",不但未能转正,反而连原来的代课教师的职位也丢掉了。当然也会影响到他的妻子。韩瑾荣表现出女性的非凡的勇敢,据理力争,终于转正,月工资由25元增到31元。一家六口,靠这31元当然难于糊口。男子汉田中禾只好流浪去湖北,靠画毛主席像写毛主席语录推煤烧锅炉跟剧团拉琴办街道小印刷厂等等赚钱贴补家用。在异乡山城的河滩上,他将李白的诗句"天生我才必有用,千金散尽还复来"写在秦琴的琴鼓上,并大声朗诵出来,听众是那小河流水是那蓝天白云。

就是如此的浪漫,伴随着苦涩的浪漫。这是田中禾在浪漫之初未曾想到过的。直到1981年的春天,田中禾才得到平反,才得以在唐河县文化馆谋得了一个拿工资的职位。这年他四十岁。

田中禾常想起在葛砦时那个身穿蓝土布褂头发蓬乱时时笃笃敲响手中的木板声音洪亮走过村街的女人,这是个女卜卦人,村里有不少人请她卜卦,田中禾那天偶然碰见也凑热闹让她卜卦。那女人说田中禾:"你父母不全,儿子能干大事。"田中禾问她:"我呢?"那女人答道:"你呀?过了今年到明年,再交好运十八年。"父母不全,还真叫她说准了。田中禾三岁即丧父。至于儿子能否干大事,能干成何等样的大事,暂且不表。再交好运十八年,也是让她说准了的。共产党人田中禾不是宿命论者。但他仍不能不常想起这个神秘的女人对自己命运的预测。

田中禾对他母亲的亲情里充满着敬重感佩,他敬重母亲勤俭大度的人品,他感佩母亲对他的养育之恩。他的漫长的伴随着苦涩艰难的浪漫史,如果没有母亲的支撑,那是不可想象的。因言罹祸,因文遭灾,母亲决断地烧掉了儿子的文稿,母亲又不断给儿子讲述故乡小城的逸闻轶事,使儿子始终沉迷在神话传奇般的文学氛围里。

韩瑾荣与田中禾始终患难与共相濡以沫,一起度过了那段浪漫时光,无怨无悔。

母亲和妻子,是田中禾生活中和事业中两个伟大的女人。

八十年代初中期之后,我就主要是从田中禾的作品中认识田中禾的了。除《五月》之外,他陆续发表的中篇小说《枸桃树》、《明天的太阳》、《轰炸》等,短篇小说系列《落叶溪》等,长篇小说《城郭》(发表于《花城》,上海文艺出版社出版时更名为《匪首》,我只读过《城郭》,据中禾告诉我,出版的《匪首》他据《城郭》改动了约三分之二篇幅)等,据我看来,都是上档次之作。今年以来,他在潜心营造名为《瞬时过程》三卷本的长篇小说。他告诉我,他企图摒弃叙述,而以画面展示,写了改,改了写,进度甚慢。第一卷《少女的风景》的两个片段已见诸今年《莽原》第4期,取名为《浪漫种子》。我觉得这个标题用语有点意思。

田中禾说,多梦的季节已经逝去,已往已成为逝梦。我说,那时光并未消逝,那浪漫种子正在生长茁壮勃发,如今正是收获那浪漫的季节。

有时去参加一些活动,会碰见田中禾,有卡拉OK时,他必卡拉OK,从《星星点灯》到《莫斯科郊外的晚上》,他无所不唱,有时还用俄文唱那《莫斯科郊外的晚上》,挺像那回事。遇到跳舞的场合,他就和夫人翩翩起舞,夫人不在场时,他多是扭动起迪斯科,扭动的力度还是有的。且不评论他的唱歌跳舞水平如何,这时,我总是接收到我这位年过半百的朋友不知天命的信息。

田中禾说,一个作家不追求不朽,是不可原谅的。追求了而没有达到,是可以原谅的。

他仍在追求。

他能追寻到他的仙丹花吗?

1994 年 8 月 4 日,酷暑中的郑州

原载《中国作家》1995 年第 1 期

田中禾
——探险的故事或在路上

刘学林

我是先读到田中禾的作品然后认识田中禾的。那时田中禾在唐河县文化馆工作,还没有调到河南省文联,我则在《奔流》杂志社当编辑。

我读田中禾第一篇小说叫《山这边》,发在1985年第10期《奔流》上。小说文笔简约、灵秀,却又蕴含丰厚,把南阳旧县城文化氛围中的人物写得栩栩如生,呼之欲出。那其实是一个中篇的素材,甚至可以说是一个长篇的素材,田中禾却把它凝练成了一个短篇。《山这边》还不是《落叶溪》系列中最好的,难怪《落叶溪》系列一问世就引起了海内外文化界的广泛关注,一位美国评论家说其"注重意境,讲究笔墨,是改造本土小说成功的范例"。在《奔流》编的田中禾的第二篇小说叫《椿谷谷》。《椿谷谷》没有引起文坛关注,我却认为是一个富有艺术魅力的好短篇。在乡村诗意情调伴奏下,田中禾不动声色地写出了对人性的摧残、人性的压抑和抗争,读来让人内心隐隐作痛。

在第八届全国短篇小说评奖中,田中禾的《五月》赢得满票,名列榜首。此前的文坛很少人知道田中禾,就觉得其人颇有几分神秘,怎么不声不响就弄出这么好一篇小说?确有几分神秘,尤其是他的半生经历。田中禾在郑州七中上学时就出版了童话长诗《仙丹花》,毕业后考进兰州大学中文系。当时的田中禾认为大学的课堂出不了作家,为了当作家,他未经家庭同意中途退学,并自作主张把户口落到郑州郊区葛砦村,从此开始了他长达二十年的曲折、坎坷,饱经沧桑又不乏浪漫色彩的文学苦旅。辗转,流浪,当过农民,当过代课教师;也曾作为"学习毛主席著作积极分子"作过巡回辅导报告,还曾作为"攻击毛泽东思想的现行反革命分子"被关押审查;之后便成了职业流浪者,为了生活,到湖北画毛主席像,写毛主席语录,随县剧团拉胡琴,画布景,编剧本,办街道小工厂,直到1981年平反后才算在唐河县文化馆有了一份正式工作。真可谓是"从小卖蒸馍,啥事都经过"了。

《五月》获奖之后,田中禾调到省文联当专业作家,我与田中禾日益熟识并成为朋友。沿着《五月》阳光明媚的道路走下去,田中禾一定还能写出更好的作品。出乎人们意料之外的是(仔细想想,就其性格而言也在情理之中),在发表了《春日》、《秋风》几篇小说后,田中禾像他二十多年前毅然放弃窗明几净的重点大学不上而下乡当农民一样,又毅然放弃了《五月》的创作路子,再辟蹊径,开始了新的追求和寻找。

那么,田中禾究竟在寻找什么呢?

和《五月》等作品比较,同是以农村青年为题材的中篇小说《坟地》、《南风》、《枸桃树》,不但写作手法已发生了明显变化,且笔触已探进了他们的心灵。《明天的太阳》是田中禾创作上的第二次变化,题材上转向了关注城市青年的命运,发表之后颇受文坛好评,被《小说选刊》选载并获"上海文学奖",有评论文章把《明天的太阳》和池莉的《烦恼人生》等归进了"新写实主义"小说。田中禾不愿意被人框定在什么主义之中,在写完《一样的月光》之后,再一次放弃,变化,探索,寻找。

《轰炸》、《天界》等中篇,是田中禾试图在讲好一个历史故事的同时,而进入人生、人性的深层次,比起前边的变化,其创作手法的探索性更加明显,可以说离传统的现实主义越来越远了。

《匪首》是田中禾出版的第一部长篇小说。这部着眼于民族文化环境和人性状态的文化小说,以审美价值和艺术创新为追求。富于寓意的人生故事,特色鲜明的民俗,散文式的语言,具有印象主义色彩的意境,象征主义的表现手法和崭新的结构形式,使这部长篇小说具有很高的艺术品位。那么,《匪首》是田中禾继《五月》之后寻找到的又一枚结晶体? 一次超越?

就在这时候田中禾当上了河南省文联副主席。"要毁掉一个作家,最好的办法就是叫他当官。"这句话是谁说的记不清了。田中禾会不会在还没有寻找到所要寻找的之前就被毁掉呢?

田中禾还兼任河南省作家协会主席,此后的田中禾具有了两种身份,两种角色,一个是省文联副主席田中禾,一个是作家田中禾。应该说,田中禾的头脑还是比较清醒的,他并没有把自己的领导身份看得太重,仍然把自己看成一个作家,也因此老是进入不了领导的角色。在需要扮演领导角色的一些场合往往忘记自己的身份,尤其是作为领导"讲话"的时候,开始客客套套还挺像,讲着讲着就露出了狐狸尾巴,随意指点江山,激扬文字,且言语直率,不披不藏,甚至有点"童言无忌"。1999 年年底,河南省作协、文学院召开了一个长篇小说研讨会,来自全国各地的近百位专家、学者与会。最后一天田中禾与陈继会主持研讨,因为时间关系,每人发言限制二十分钟。一位德高望重的老先生发言,时间大概多了点,田中禾便予以提醒,然老先生意犹未尽,就说不想听我发言,我可以退席。田中禾说关键是时间不多了,不少人还没有发言。老先生说那好,我现在就退席。田中禾说我们可以欢送。气得老先生拿起帽子就走。这件事在河南文学界传得沸沸扬扬。有的人认为田中禾是在耍领导的威风,其实恰恰相反,田中禾又忘记了自己正在扮演的角色,只是把自己当成了一个一般的与会作家,并且"三不讲"的毛病只说不改,又"二"起来了。

田中禾写过一篇散文,叫《融入尘世》。作为河南省文联副主席,田中禾属于有资格坐小车的阶层,然而他更喜欢别人称他"作家",很怀恋过去骑自行车的日子。"对于一个骑自行车的人,世界是亲近的,直感的,它美丽,开朗,热闹,有着明确的方位和丰富的色彩,道路给你方便,给你自由,你想停就停,想转就转,想走就走。"而在小车里,"世界被太阳膜罩在漠然的色调里,我被钢铁包围,不再感受到人群的热闹和亲和。人就这样被现代文明孤立,物化,逐渐丧失掉鲜活的人世。名望、身份和地位将一个人从他生活在其中的生动活泼的人群中剔除出来,让一个有血有肉的生命枯萎在祭坛上。"这是田中禾《融入尘世》中的文字。我也相信这是田中禾发自心灵的话语。田中禾不但是一个有着自己执着追求的作家,也是一个极力想在纷纭复杂的社会环境中,永葆生命激情、永葆鲜活人生和纯真人性的作家。

然而,田中禾又做不来那种"在其位而不谋其政"的官,即便是当一天和尚撞一天钟,也要尽量把钟撞得响一些,用他自己的话说:"我太爱文学了,既然干了,一是不愿意白白耽搁时间,二是想把河南的文学界搞得热热乎乎的。"

在我然诺为《北京文学》写这篇文章之前,我又阅读了田中禾近期发表的几个中短篇,有《诺迈德的小说》、《杀人体验》、《不明夜访者》、《外祖母的驴子和外祖父的棺材》、《倏忽远行》、《姐姐的村庄》等。我感到吃惊。田中禾几乎每写一篇就变换一种手法。《杀人体验》讲了一个看似现实的故事,实则是一个人的心理轨迹;《不明夜访者》写一个人的心理分裂和心理对话;《诺迈德的小说》是梦幻与现实的交叉,虚幻画面与现实人物的契合;《姐姐的村庄》则是此前艺术手法的综合,意识流,自己和自己对话,幻想与现实交融所呈现的似真似幻造成了更真实的梦幻效果,可以看出田中禾是在力求用中国白描手法达到抽象的层次。

读了这几篇小说,我的第一个感觉就是,田中禾还没有被毁掉,不但没有被毁掉,而且还在执着地尝试、探索、寻找、追求。而且我自认为我已经找到了"田中禾究竟在寻找什么"的答案:田中禾在寻找中国的现代派艺术,田中禾在追求成为一个从中国传统文化中生长出来的现代派作家。

再与田中禾交谈,田中禾说,他近年对各种艺术手法进行尝试,也是一种操练,是在为他的长篇做准备。他觉得当代中国的所谓现代派,大多陷入了文字游戏,而忽视了现实主义精神。现实主义手法陈旧,但真正优秀的作品,不能对现实生活中的小人物漠不关心,还是要靠人道主义力量。他要尝试既用现代派艺术手法又富于现实主义精神内核的写作。不过,我还是有点疑虑,尽管田中禾当农民时就读了大量世界名著,新时期又读了大量现代派著作,然而他的成名之作《五月》可是现实主义手法,而且已过了知天命之年,再去追求什么现代派,会不会是舍其长而就其短？田中禾一笑说:创作的乐趣在于过程,只有不断地追求,才能永葆生命的激情;至于年龄,更不是障碍,西方作家越是晚年越是炉火纯青,而中国作家过五十正当阅历丰富的时候,却不写了,似乎把什么都看破了,这其实是中国文人的悲剧,我不会让年龄在我心理上形成阴影。这又让我想到田中禾短篇小说自选集《轰炸》的自序中的一段话:"我仍然像一个孩子一样对文学充满好奇,对于我,文学是一个永远神秘的山洞,它不断向我发出探险的诱惑。如果有谁问我为什么写作？我会回答,因为我活着。写作是我生命活力的象征,幻想激情的寄托。"

田中禾,原名张其华,文坛知者不多。张其华自幼丧父,由坚韧、慈爱的母亲抚养长大。其母姓田,"田中禾"——我猜想也含有不忘慈母养育之恩的一层意思。后问田中禾,果然。

原载《北京文学》2001年第8期

研究论文选辑

发现一片新大陆
——田中禾近作片谈

吴秉杰

1. 关于新大陆：用这样一个题目，并不是执意要抬高田中禾的创作。只是因为在我看来凡是真正有价值的现实主义艺术创造，就必定意味着发现了一片"新大陆"。不是作家心中的"大陆"，而是真实的人世间。

读田中禾的近作时，我联想到了高晓声笔下随波逐流的农民，路遥那十字路口的"人生"，以及王润滋或愤激或凄楚，用现实的形态或幻化的方式陈述的那些"昧良心"的故事。既然在他前面已经有了那么多描写农村社会变化与现实矛盾的创作，为什么我们还需要并如此称赞像田中禾这样的现实主义作品呢？难道是因为前人之作不"真实"或不够"真实"（换一种说法"现实主义程度"不够）吗？既然人们声称，历史每隔二十年就要重写一次。那么，真实性又在哪里？现实主义又如何理解？

现实是不断变化的。而且更重要的，变化着的还有现实（包括历史）与我们的关系，我们对现实的认识、感情与态度。现实不可穷尽。我们用新的观点、发展着的人性的要求，从新的角度看待生活，对现实人生便会有新的审美发现。我们取消一个旧的关于现实的模式，又创造一种新的叙述模式，追求一种新的现实人生价值，又伴随着否定一种无价值的生活。换句话说，"新大陆"并非就是对一种外在于我们的、冷漠的实际生活某一方面的客观再现，而是与主体联系着的，一定价值取向下的一种人生发现。田中禾的短篇《最后一场秋雨》，中篇《南风》、《枸桃树》就是这样的创作。

2. 寻找结合点：田中禾的近作中明显地有着两个世界。第一个世界是农村，它代表一种古老的生存方式。其中有亲情，有愚昧；有大自然的天籁之音，有黝黑的土坯、艰辛的生活；有习惯了的时间年轮对人生的磨损，也有难以忍受的贫困对人性欲望的压抑。第二个世界是城市，或者说新经济浪潮推出的一种新的生活方式。它带来痛苦，也带来欲望。这中间既有现代化的物质文明和享受，以及对这种文明与现代生活的追求；更有调整了的赤裸、险恶的人际关系，以及由此释放出来的种种罪恶。如金钱的魔力，它如风车般旋动，随之又带来一种精神的眩晕。而更重要的是，在这两个世界之间，在它们的过渡关、结合点上,我们看到了善良人的无底陷阱。这便是作者的发现。

具体地说,在《最后一场秋雨》中,丁县长的过去联系着那个农村的世界,这个世界在他的生活中消失了,同时失去的还有他的恋人与孩子,以及他那纯朴的率直与热情;于是,他的心"从什么时间起变得烦琐、麻木、沉闷而厌倦",再没有那种战栗和燃烧的时刻。大凤说,"当官的没有心不黑的",虽然他内心已决定要回到那个失去了的世界,但尘世的物质的诱惑却比它更强大,阻挡了他的义举或行动。《南风》中的石海,面对着的是"另一个世界的诱惑"。他要挤进去"同等享受文明的权利",挤进另一个世界或改变现有的世界;可是,由于他秉性的柔弱,对于人世、人生有太多的爱,这就注定了他在这个现实世界上无法生存。《枸桃树》中的青莲姑娘倒是进入了城市,目睹了另一世界的生活方式。然而"好事生在坏根上",由于她在那一世界并没有"根",她便"被这个世界粗暴地推在无数欲火灼灼的野兽之中",终致人格的彻底毁灭。世界从此不再有温情、有人性、有尊严。我觉得在田中禾的小说中有一种强烈的农民的苦难感,这种苦难感是现实的,也是历史的;既是农民的,也可以放大至我们整个民族。它是如此的沉重,绝不是一些生活外观的变化——飞来横财或几十张簇新的大票子,可以消解与洗刷干净的。另外,在他所发现的"新大陆"——两个世界的转折中,在作者所体验到的苦难感的基础上又表现出了对一种畸形与失衡的心灵的焦灼。它创造的一部分形象,例如石海与《枸桃树》中的大哥想堂堂正正地生活,释放出来的却始终只能是压抑了数千年的心头的苦水,而在另一部分形象如《枸桃树》中二哥、四哥与《南风》中石英那儿,苦水则已经转变成了毒质。于是,这一切又转向了现实生活的结构。田中禾的近作中有着对不公正的命运、不正义的现实的抗议,又有着一种无可奈何之情,以及无可奈何之后欲求倾诉的冲动。这又是作者的思情与他发现的现实之间的结合点。这才有了他一系列撩人情怀的创造。

3. **感情色彩**:感情色彩也代表了主体投入的方式。我从田中禾的小说中感受到了一种混茫、凄苦与抑郁的色彩。当然,不止于此,还有愤怒之情。这种愤怒在《最后一场秋雨》中甚至直接表现为那位县长的一份条款分明、内容尖锐的对于某些权力机构、执法机构本身的"起诉书"。他们以权肥私,坑民害民,制定"政策",掠夺财富,本身已成了阻碍生产、破坏流通、败坏社会公正与秩序的力量。不过,那位与农民有着血肉联系的县长所能施展的影响毕竟是那么微弱,在浑然一体的权力网络面前,他的身影显得那么单薄,最后他一时的义愤也仍只能让位于"告状专业户"虽徒然又锲而不舍的折腾。看起来田中禾这一短篇的贡献似乎在于它重建了一位新干部和农村历史的、生活的感情上的联系。这使我想到不少过去年代的干部在不同条件下也曾有过的那种血缘联系,由于县长的情人仍是一位农村妇女,以及他亲生女儿也难以更改他处在命运划开的另一世界界河的对面,他冲动的心理的动力让人咂摸起来还多少有些发虚。不过实际上,感情的与品德上的描述却并不是最重要的,在抒情的笔致的后面,它进一步让人看到的是我们面对着的现实社会环境,与在这种生活环境面前我们软弱无力的状况,这些真正构成了它与以前不同的现实主义的特色。

"上诉"的冲动,到《南风》中只留下了一缕缕弱音。《南风》中的石海曾到乡政府自荐与自报要改变农村生活现行的运行机制,做一番事业。他"不认命"。最后,直到生命的垂危时刻他在给电台、报社等的信中,才留下了一些忏悔的总结。《枸桃树》中那种"告状"的激情已消失殆尽。虽然借助于莲妮儿几次外出参加建筑包工队而看到两个世界生活的悬殊,有一些火辣辣的语言,却始终无能产生改变这种不公正状态的切实的行动。它像闪电般照亮人生的不平,但也像闪电般短暂,很快转入黯淡之中。

更集中地体现着作品特殊的情感色调,又萦绕迷漫、欲驱更浓的是《南风》中贾老祥悬心迷茫、难得安宁的对于已有生活的联想与意识流动,和《枸桃树》中母亲扑朔难解、忧思不安的作为生活联兆的梦的预告。这两位老辈人都是时间的见证,颠簸的历史和子女所有的不幸都通过他们的心头;而他们心头的凄楚与不解,在剧变的时代面前精神无着落的痛苦,则成为作品的底色而贯串始终。甚至老祥病中也坚持要挂着他的铁锹,他只有这样才感到踏实。因为它是他在这个世界上的身份证。铁锹象征过去,而母亲的"梦"则虚幻地指向未来。《枸桃树》的结尾写道:"老东西嫌她的梦絮烦。她还是照样向他讲,——你让她向谁讲呢?"真实,在田中禾的这三部作品中都有着这样一个让人的心沉潜下去,或黯然神伤的结尾。

4. **故事的功能**:田中禾的这一组农村生活的小说使人感到深沉与博大,这是因为它不仅提供了各种人生形态,而且提供了多方面、不同的观照角度;不仅提供了这些人生的悲剧,而且这些悲剧都不是孤立的存在。这一切都通过它所创造的故事,它精心结构并组织起来的故事的形式展现出来。

《南风》在小说的主体内容之外,另外穿插了三个不同的小故事。第一个故事是关于古秀才携女私奔,要投向新生活,而最终被愚昧守旧的贾家营老辈人活埋的故事。这个故事不仅提挈全篇总纲,以古秀才的遭遇隐喻着《南风》主人公石海的命运,说明文化与文明是一体存在的,而且它也为全篇悲酸沉郁的气氛奠下了基调。甚至于连老坟坡、无花泉、没良心沟等这些地名都有着不可更移的独特的语言色彩。第二个故事已进入大革命时期,虽然写的是一场豆虫引起的灾荒与骚乱,却暗示了历史的得失变化中有着多少偶然与不可捉摸的因素。不过,在夸张的描写中,人介入历史所起的作用及人的生存需要却是毫不夸张、确凿地叠印在过去的历史上的。第三个故事表现的是"文革"时期一个女学生在"教育革命"中投水自尽引起的风波。似乎是要"点化那些书呆子","人身是俗凡物,心是灵台镜,耳目是五根,不可不清净";其实"点化"和喻示的也是正在一个偏出常轨的社会中,面对着异化的组织力量与盲目的群体力量,任何清醒的个人所起作用的无谓与渺小。三个故事短章不仅按历史时序排列,发生在同一地点,而且和作品发展着的主要故事情节有着一种对位呼应的联系。它就像古代话本小说前面的一段"入话",只是不是说明性的,而是隐喻性的。"最后一个故事"(即第四个小故事)则已经和《南风》情节线的终端衔接了起来,融为一体,由历史转向了现实。它告诉我们历史与现实本来就是同构的。

我们注意到《南风》中石英、石海、石秀、石涛各有不同的人生之路,并对生活抱有不同的态度,但他们作为个体相对不同的命运又无不处在历史笼罩的阴影之中。石英因为"恨"而丧失了自我,虽然成为"另一个世界的人",仍不能"转"过"运"来。石秀因为"爱"、因为对生活的依顺而放弃了自我,她安于自己的世界,这个世界便带着她"通向了贾家营古远的历史"。石海既非单向地恨,也非满足地爱,他"心太大",要跨越人群组合上不可逾越的鸿沟,独立地开辟新生活的道路,终于不能见容于这个世界而夭折。看来,只有石涛的闯荡才处处适应了时代并改变了生活,但那不过是他的盲目性正好与这个时代的盲目性合了节拍。田中禾把四个人的人生故事组合起来恰好表达了历史及现实所决定的农民生活的范围,他们改变自己命运的可能性的范围,以及想越出这种范围所会遭遇到的后果。与此相似,《枸桃树》也是一个农民家庭的故事。社会的变化与机遇使这个家庭中五男二女的生活的道路分化,道德情感与人性表现也分化。大哥、青莲以及二哥、四哥、五哥等代表了三种不同的人生取向,其现实的遭际又恰恰与他们的道德成反比,就像《南风》中人物的命运大体和他们的文化程度成反比一样。这使人感到困惑,感到震惊。它使人感受到一种现实的迫力,我们的目光不由自主地从故事的世界转向现实的世界。

5. 叙述方式与视角:田中禾小说的叙述方式通常是由直接的讲述转入间接的显示。它使全知全能的外视角与特定人物出发的内视角结合,使故事的叙述与内心开掘统一,对生活的客观表现与主人公的内心独白统一,不仅赋予了故事丰富的感情色彩,提供了新的时空、新的感觉,而且由于多种叙述角度剪切对比,明叙暗喻,它也使作品内容如多棱镜般地折射出了现实生活的一幅幅画面。

《枸桃树》中有全知全能的第三人称叙述,它被用于交代过程和高视点的全景鸟瞰;有少数第二人称的叙述,它直接代表叙述人的眼光并作一些情感的抒发;但主要的却是人物有限制的视角,即分别从母亲、大哥、青莲三个不同眼光出发的叙述。从大哥角度的叙述如天上缓缓移动的白云,又如雾霭,它以朦胧忧郁的目光注视着世道与人心互为表里的变化。从莲妮儿出发的叙述如沟渠中流动的水,激越翻滚,似极力要冲破生命所受的扼制。母亲的思绪则如梦,使人感到命运的细绳不知维系于何处,充满着不解的忧愁与痛苦。在这些叙述中,我们看到了勤劳、忠厚、本分的大哥生活连连受挫;精于算计的老二,也同样算计着自己的亲人;老四、老五为了报复他,则不惜绑票勒索;一个年轻的农村姑娘,响应自己人性的要求,却又坠入了人性黑暗的深渊。这一系列悖谬的结果,通过不同视角的叙述,如同一场反复的轮奏汇成了生命运动的交响乐章。田中禾叙述结构的复杂性在于,一种对象的意义同时也在另一种对象的参照之中,这是他叙事表意的特色。实际上《南风》中石英、石海、石秀、石涛四个人不同的命运也已构成了互问、互否、互补、互动的关系,形成了一个复杂的故事表意系统。而它所采用的贾老祥与石海交叉转换的视角,则犹如大提琴的低音,伴奏着石海不幸的命运历程。我还注意到,田中禾作品所取的叙述角度,基本上都是生活中"弱者"的角度。这也代表了作者的感情,他的同情是在这些"弱者"一边。因此,在田中禾采用的这样的叙述方式中,实质上也已包含着作者对现实的某种批判态度。

  6. 命运感:田中禾的近作有着一种命运的悲哀,对农民难以挣脱的苦难处境深刻的同情与体验。从某种意义上说,石海、青莲及至石英等要从他们自己所属的那个世界走向另一个新的世界所遇到的种种阻碍与痛苦,是完全可以理解的。因为它要求的是从一种文化个体向另一种不同的文化个体的转换,需要一系列从生活到心理的根本性的调整与改变,这并非易事。他们的失败不仅有社会的原因、传统的羁绊,也可以追溯到他们自身人性的弱点、阴影面与局限的束缚。不过,问题并不在于此,田中禾创作的立意也不孤立地偏向于主体,受"难"的还包括了《枸桃树》中的大哥与各种勤勉、本分、恪守传统道德的普通农民,他们面对被破坏了的家庭生活、险恶的人际关系、混乱的世道与难以把握的前途,无不陷入了精神的困境。而对于如石海、青莲这样想开拓新路的青年来说,还没有迈开步,便已经感受到了生命的压抑。青莲的堕落在于她想和她所见到的世界达成一种平衡,只是她首先需要通过的便是一片充满污泥的出发地,因而险恶的"命运"开始向她招手。石海生命发展的要求是想依靠自己的知识,做一番事业,可他又遇上了权力的重重屏障。于是,这里的"命运"便表现为人与环境的尖锐对立。我觉得,现实主义创作中的命运感与一些现代主义作品中对命运的抽象和带有哲理思辨性质的表现不同,它是把人的具体生命活动和社会—历史—文化的深层结合起来,借此,同时表现出"命运"与现实的本质。

  "命运"中自然也有偶然因素与不可知的成分。《南风》中的贾老祥恍恍惚惚的意识活动中就包括了对"命"的思考,他在赌桌上的"手气"和老林子边上与嘎咕分手所造成的往后人生的差异,似乎便是冥冥之中"命"的差遣;《枸桃树》中母亲关于枸桃树的梦也似乎应验着什么。生命降生到这个世界对个体来说是纯属偶然,但随后它便接受了这一世界的种种限制。虽说人们已习惯于这一说法:"上帝也在掷骰子。"不过掷骰子的毕竟是"上帝",而不是我们自己。这便又有了各种可能性的范围,和以可能性的形式,限制表现的某种必然性。田中禾近作对"现实"的深入发现、发掘,就使他作品中的命运感获得了某种必然性和普遍意义。

7. 现实的两种参照: 田中禾反映现实的两种参照一是自然,二是历史。在田中禾的作品中虽然也一再写到了农村的贫困与这种贫困对人的压迫,但自然却始终是美的。在《最后一场秋雨》中他以充满诗意的笔触描写了大自然:"天显得很高远,旷野显得很清新,土地湿漉漉的。温凉河水像透明的水晶能看到河底的沙石和游动的小鱼……苇叶搔出哗哗的响声,青草灌木绿融融盖满沟坡。"他"听见晚风窸窸低语,温凉河汩汩的水声潺潺。这是大自然的声音,淘涤着人世的喧嚣,宁息着尘俗的忧烦"。这些语句表述了主人公对自然、宁静、和谐的深深眷恋。在《南风》中,作者也描述了石海两种截然对立的情绪。当他从城里满含屈辱而归,痛切地感到自己不过是穷乡僻壤一个农民的儿子,"如果农民称不上是人,他的儿子更谈不上是人"时,他随即又受到了大自然的感染,感到了它的永恒、它的生命力,觉得在这空旷辽远的天地间,"人的天性"应该"同这庄稼一样更加无拘无束"。而在《枸桃树》中,当青莲一旦在城里感受到困窘时,她马上也会想到家乡,想到恬淡和谐的大自然,它显得缥缈、清晰、动人。

这并不是一种"退避反应"。因为这些动人的农村景象的描写,也如同大自然注视着人生的眼睛,探询地望着这变化无定的世界。在作者看来,人性的正常形态总是包含着对自然的感情,而人性的健康发展又总是和追求与自然的和谐联系在一起。难怪《最后一场秋雨》中的县长隐隐若有所失,而《枸桃树》中为了金钱便收掠走了池塘的蛙鸣与"出卖祖宗的山",更成了贪婪与卑劣的行径。

作为对现实的另一种参照,历史也是田中禾作品中的重要线索。不仅有那位县长回溯往事与现实不断交叉的描写,有贾老祥频频涌现的意识流,也有青莲母亲忆及自己当土匪的父亲时,对比披露的那种绑票现象竟又在自己孩子这一代身上重演的情况。使"历史"在人物意识中流淌不单纯是一种手法,它还表明历史对于现实仍然有意义,它与现实有着相互参照的精神上的联系。田中禾作品中的"自然"对应于现实的人性及其变异现象,又借助"历史"的镜子映照现实生活的结构,它倒不一定能说成表现得很深刻,有些地方还显得简单或粗率,但仍体现了作家的用意。

8. 田中禾这些作品的现代性意义：并不是因为它改变了传统现实主义"客观描摹生活"的要求，加入了抒情性与各种主观的角度；也不简单地是由于它采用了多视角、多线条、时空错置、意识流等技巧，现代性意义在于它把特殊的人物的生命活动和复杂的历史现象，人物的心理内涵和社会性内涵结合了起来。从理解主体自身中深化社会矛盾与对生活结构的认识，又从时代生活特征出发把握主体的性质与价值，超越了传统表现中那种单面与简单的"反映论"。从艺术上看，田中禾的创作在故事的表层结构后面又呈现出巨大的隐喻性空间，它让我们深深地体验到这个时代人性的变异、社会的盲目、生活的混乱，一句话：历史的变态现象。这种隐性的潜结构也构成创作的现代性特色。

因此，我想，他发现了这片"新大陆"，便也同时创造了这片"新大陆"。

原载《当代作家评论》1989年第4期

对文化失范的困惑和忧思
——田中禾近作的意义

陈继会

一

我不知道,当你独自一人静静地在喧嚣的街市上走过,听着一扇扇洞开的门窗内竞相播放着那扯着嗓门似唱似叫的"跟着感觉走……"的流行歌曲,看着那些着装入时却又举止粗俗的摩登男女旁若无人招摇过市地从路人身边掠过,你会作何感想? 也许,你会以为这是一个民族走向现代文明历史前行中的必然现象而予以认同;也许,你会为我们这个古老的民族处此文化转型期心态如此浮躁而感到困惑焦灼,因此对于文化失范可能会呈现的社会畸变痛心疾首,神圣忧思。

田中禾是这样的"杞忧"者。他曾不止一次地向朋友们说到他对时下"世风"的感慨,对民族未来文化走向的困惑。轻慢的声调,伴着他那经常性的淡淡的忧思,使你可以清楚地感受到他的真诚;也因他之情绪感染,对生活不觉有几分沉重之感。

获奖的短篇小说《五月》已经标出田中禾特殊的生活视界与艺术品格。他没有随俗地去写变动着的乡村生活,他凭着自己的观察与感觉,极为敏锐细腻地捕捉到了乡村人真实的情绪世界,写出了那希望与困惑、欣慰与辛酸相胶结的乡村生活。如今,我们又在他的近作中读到了他的真诚的思考与发现——对文化失范的困惑与忧思。

田中禾在两条战线上时时作战。《明天的太阳》(《上海文学》1989 年第 6 期)和《枸桃树》(《十月》1989 年第 1 期)向我们展示了都市与乡村两个世界。本来,这是文化形态迥异的两种世界,但在商品经济发展、社会快速转型的共同文化背景下,二者遇到了相同的文化难题:随着非政治化、非道德化的世俗社会的突然发育、膨胀,旧有的文化规范失去了它昔日的神威,严格意义上的新的文化规范并未真正确立,社会似乎一时陷入了"价值真空"、"文化失范"的状态。于是,一部分自以为得风气之先、领导时代新潮流者,以自己这种或那种创造性的行为模式加剧着、强化着这种失范状态。除非生活的麻木者,人们大约都已感到了这种力量的存在——一个强大而又可怕的存在。它令整个社会为之战栗,它使思想者焦灼①。我们在田中禾这两部中篇中,明白地读到了这种焦灼与忧思。

也许是有意为之,《明天的太阳》和《枸桃树》都从解剖一个家庭入手,考察这种失范带给社会的巨大影响。所不同者,前者通过赵氏父子两代人的冲突来完成这种考察,而后者则聚焦于乡村女性青莲,通过她之可悲的堕落蜕变,以及她的兄妹冲突、家庭裂变来完成这种考察。合二观之,它们恰好构成了城乡一体的当今中国社会现实。因社会的快速转型,文化失范导致的"浮躁"心态,已不再仅仅局限于个别文化地带,它弥漫于当代中国社会的各个角落。

常青莲(《枸桃树》)从最初实现自己合理的生命需求开始,到陷于物欲(食、色、财)的迷狂之中,从一个清纯的少女到沦落为娼,其间深深烙印着整个社会文化失范的印记。她从贫穷孤寂的乡村走出,首先打开她眼界的竟是用公款一掷千金式的胡吃海喝和一夜宿费远远超过她数月收入的高级宾馆,"舞台上男人女人像没穿衣服似的跳舞,疯狂地唱歌,感伤地咏叹",让她的心感到饥渴,不能自已。面对亲人的规劝,她充耳不闻,强词夺理,"不许我享受,世界上的快活都是给你们准备的?"因为在她眼中,最亲近的人无一有资格去训诫她。二哥奸猾、精明,日子却过得滋润。为了钱,什么伤天害理的事都可以做出。代销点"处处掺假",坑蒙拐骗,连自己的四弟、五弟也不放过;四哥五哥也非善者,相互为争利大打出手;仍是为了发财,两人又沆瀣一气,合谋将侄儿"绑票",胁迫二哥出钱;她最敬重的三哥,也渐渐变得自私、势利,打着卫生检疫的旗号坑害乡下善良者。常青莲心中最后一片光明终于消失。于是,她在那条无奈也属必然的人生歧途上愈走愈远。诚如一首流行歌中唱道:"外面的世界很精彩,外面的世界很无奈。"以那样一种失范的文化心态去寻找、创造新的生活,没有也不可能出现真正的新生活。等待她的不过是堕落而已。《枸桃树》以毫无讳饰的笔触向我们展示了文化失范带给社会的巨大阵痛,它严肃地提出了我们究竟应该以什么样的人性导向,去规范、重建我们的民族精神。

在我们这样一个有着悠久宗法家族文化传统的国家,家庭迄今为止仍在社会生活中起着重要的作用。家庭成为社会生活的一个重要调节器,而家庭的冲突也最直接反映着整个社会的文化冲突。发生在赵鹞子(《明天的太阳》)家庭内部的"代"际冲突,成为现今社会文化失范、心态浮躁的一个缩影。作为一位名重一时的武功演员,他所信奉恪守的道德规范、价值观念(诸如诚实做人、注

---

① 《上海文学》1989 年第 6 期"编者的话"对《明天的太阳》有过精当的阐释:它同时提供了认识此种文学现象的富于启悟意义的视界。

重名分、珍惜"面子"等等),正像如今自身的处境一样,年老体衰,养闲在家——儿女根本不予认同,失去了它的存在价值。三个女儿不同程度地修正、背离着父亲的道德规范,儿子赵涛则实施着对于父亲的彻底的文化反叛。这个自打小学生起就未曾好好读书的赵氏传人,如今成了彻里彻外的赵家的不肖子孙。而恰恰正是这位赵涛,却在这种失范的文化状态下,活得挺是滋润。

　　商品经济的发展,本来可以为我们长久闭锁的小农自然经济社会注入新鲜的血液,使其发展得更正常更健旺。但由于我们的社会闭塞得太久,突然的开放,人们一时还无法以一种健全的心态去应对这种变化;加之,近几年来的商品经济并非依据自身的规律正常运行而是在畸形发展着。发财的强欲,享乐的渴望,炽烤着人们。于是,处在快速文化转型中的我们这个社会,差不多像一个患了"文化多动症"的儿童,时时在痛苦的痉挛中。这种"多动"、"痉挛"的文化氛围,造就了一批适应这环境的类如赵涛的一大批人,陶铸了他们的文化个性。一切都是短期行为:从戏曲武生旋即转为抽筋舞演员,职业说变就变;朝秦暮楚,爱好时时更新;甚至个体生命中高尚神圣的性爱也被戏谑化、过程化。狂热的消费几乎成为他们生活的全部内容:拼命追求时尚的服饰;舞要舞得倒海翻江暗地昏天,喝要喝得云天雾地天旋地转;赌博、争吵、厮打……一切有价值的东西全在他们的思维模式与行为方式下黯然失色,荡然无存,很有思想的话在他们面前失去了思想,很有分量的话在他们面前没有分量。他们似乎已经彻底冲破了传统道德的樊篱,达到了孔老夫子所说的"随心所欲不逾矩"的境界。非不"逾矩",乃为"无矩"。这自由将会成为令整个社会为之战栗的负担。是的,"对于他们来说,悲剧并不是发生在对传统道德的冲击之时,而是可能在这之后。"这不是耸人听闻的臆断,这是至诚的理性的预言。田中禾在《枸桃树》中以常青莲的堕落以及由此引发的对于社会的危害对上述预言作出了艺术的阐释。《明天的太阳》的思考是真诚的,它的昭示是严肃的:我们究竟应该选择、建构什么样的文化规范,以适应我们这个文化心理正在嬗变中的古老民族。这种艺术探索在今天的民族生活中已经明白地显示出它的意义,其意义也必将在今后民族的文明进程中被不断证明。

二

　　我们肯定田中禾近作的真诚求索,并无意于把它说成是天马行空独往独来式的。事实也并非如此。只要把我们的视界放开一些,即会发现田中禾的这种探索恰恰是新时期文学乃至 20 世纪中国文学已有探索的一个合理发展。差别只在于,田中禾此时此地把问题——对文化失范的焦灼与忧思——思考,表现得更加深刻、突出,因而也更加惊醒于世。也许唯有这样去看,才更见这种探索的意义,因此,它被赋予了"文学史"的意义。

新时期文学发轫不久,当多数作家还在吟唱商品经济带给城乡,尤其是乡村以突变时,少数作家已敏锐地感受到了这一巨大的冲击将会或已经带给社会的文化失调。王润滋、李杭育、贾平凹、张炜等人的作品较早地涉及这一现象。王润滋的《鲁班的子孙》透过老木匠与小木匠的父子冲突,表现了商品经济形势下社会道德的某些令人忧思的变化,颇有几分"人心不古,世风日下"的感慨。木匠父子经营方式的冲突,其背后是两种价值观念、道德规范的冲突。小说中虽然出现过"那个家过去是那样穷而和谐,现在是这样有钱而烦恼"的义愤之语,但它的确写出了金钱对世风、对人们灵魂的腐蚀。应当说,这是较早的对农村刚刚出现的文化失范的一种忧思。囿于当时的批评视界,小说被某些批评文章视为"作品中时常流露有一种很不健康的情绪","扩及到了对于整个时代变迁的怀疑"等等。贾平凹在他的"商州系列"中反复地思考着,"历史的进步是否会带来道德水准的下降而浮虚之风繁衍呢?诚挚的人情是否还适应闭塞的自然经济环境呢?社会朝现代的推衍是否导致古老而美好的伦理道德观念的解体或趋向实利世风的萌发呢?"他的长篇小说《浮躁》更着意于此,为"浮躁"的民族心理雕像,惊世骇俗,在更高的层次上表达了忧患意识。李杭育正是忧思于世风的倾颓,他才在小说中从过往的历史躯体上吮吸营养,然后往葛川江吹进淳厚、苍劲、粗朴和不随势而颓的豪放之风。那"最后一个"的形象(《最后一个渔佬儿》)分明显示着作家的痛苦思考。张炜的《古船》在更为广阔的文化历史背景上,在隋家与赵家宗姓的冲突中,在隋抱朴与其弟的比照中,从否定与张扬两个向度上,沉思民族文化心理的失范与再造。

新时期文学向后发展,在近两年里一批可以称为"世俗小说"的创作,把上述考察从乡村向着城镇,从劳动者向着城市市民、知识者的领域拓宽了。方方、王朔等人的小说以城市个体户为描写对象,表现了这种文化失范带给社会的阵痛。像《明天的太阳》中的赵涛,不管是武汉汉正街的"骑士"(方方《风景》),还是北京东、西单的"骄子"(王朔《橡皮人》、《顽主》等),以他们"用后即扔"的一次性的消费方式,以他们喝得倒海翻江、舞得暗地昏天的如此这般的短期行为,委实使社会不胜负担,为之蹙颦(应当指出的是,在这部分作品,尤其是王朔的作品中,的确不乏忧思,但其间似乎多了几分赏玩的味道)。另外一部分作品将这种失范的忧思投向了知识界。刘恒的《白涡》无疑是一篇值得推重的作品。喧嚣的都市,开放的潮流,使得在过去极左政治下失去太多尘世欢乐者目迷神眩,张皇失措。灵魂依然故我,表象却时髦堂皇。主人公周兆路与华乃倩陷入肉欲的漩涡。在享受正常的情爱、女性意识的觉醒——在追求精神飞升的堂皇之下，演出了一场失却理性的性骚乱。小说发人深省地写出了这"忧思"中的"古老的悲哀与崭新的忧虑"——主人公灵魂那样传统而又古老，其享乐方式却如此狂乱而又"现代"！

我不禁想到肇端于"五四"的一部20世纪中国文学史，其间有多少智者、圣者在这种"古老的悲哀与崭新的忧虑"中沉想、忧思。20年代中期，一批祖居乡村后走入都市的"乡土文学"作家，在两种文化的冲突中痛苦地思考选择。一方面，他们对古老的乡村文化作彻底的不妥协的批判；另一方面，又不曾忽略对被近代商业文化污染、腐化的都市文明的批判。虽然这后一种批判并未构成当时文化调整的主流，但它却具有未来意义。这部分作品（如许杰的《赌徒吉顺》，鲁彦的《阿卓呆子》、《黄金》等）写出了迅速发展的物质文明经由都市然后对乡村产生巨大的冲击，古老的乡村由于缺乏一种涵纳异质文化的健全心态，以致张皇失措，消极应对，很快染上都市的腐化，陷入物欲追求的迷狂中，产生一批"危疑扰乱的被物质欲支配的人物"。酗酒、赌博、肆意挥霍，膜拜金钱，淡漠人情，以金钱作为价值判断的唯一标准——完全是一种商业文化的庸俗品格。旧有的迷信同新的贪欲杂糅一处，老中国儿女的愚蠢顽固被熔化在市俗化的恶习之中。这批作品发见不俗，忧思深远。

嗣后，废名、沈从文等更执着于此。沈从文在《长河·题记》中写下的1934年回到故乡的所见所闻，意味深长。"'现代'二字已到了湘西，可具体的东西，不过是点缀都市文明的奢侈品的大量输入。"乡村的时髦青年，多是衣别水笔，腕戴金表，口衔名烟，眼遮墨镜，挥霍前辈积蓄，享受腐烂现实，"农村社会所保有的那点正直朴素人情美，几乎快要消失无余，代替而来的却是近二十年实际社会培养成功的一种唯实唯利庸俗人生观"。所不同者，废名、沈从文是把忧思转化为对乡村浑然的自然景观和淳厚的人伦风情的描写、礼赞，从中构想、表现一种"优美、健康、自然，而又不悖乎人性的人生形式"，以此"重新燃起年青人的自尊心和自信心"，从而实现民族品德的"重造"①。其忧也深，其情也切。

把《明天的太阳》等一批作品的艺术探索放在这样一个文学历史的坐标上去看，我们不难发现，熔铸在这诸多作品追求中的，是真诚的中国知识分子对于国家、民族前途，对于人的存在的一种神圣的忧患意识，是知识者现代理性精神的一种弘扬广大。

---

① 详见沈从文《长河·题记》、《边城·题记》、《从文小说习作选集·代序》等。

三

　　知识者是"忧天"的"杞人"。就像一句笑话所说,作家全是吃饱了撑的,尽在那儿操闲心。是的,对于大多数人来说,发得财来,吃喝如意,活得自在,是第一生存要义(在一般意义上说并无可厚非),完全不必去计较这种存在的方式,以及将会对社会文明进程造成何种影响。像被诱惑、被腐化的乡下人吉顺(《赌徒吉顺》)一样,他们信奉"物质的存在,是真实的存在,精神不过是变化无常骗人愚人的幻影罢了"。然而,对于作家来说却不能够。这些亲吻着民族热土,守护着人类精神家园的赤子们,他们的职业天性、他们的良知、他们知识者的理性都不允许他们撒手而去,优哉游哉,闭眼不瞧人世的道德沉沦,而去奉献他们慷慨的"历史感"。

　　诚然,作家应当成为一个很好的历史学家,但作家毕竟首先是作家。对于人的存在、人的困境和人的命运的关注,以及与此相关的关于道德问题的思考,是他们首先需要注意的问题。然而,这种抉择有时又是艰难的。因为这种选择常会被指为犯道德化地评价历史的失误,甚至如上文提到的那种关于《鲁班的子孙》的评价,任何"文化"意义上的忧思都有可能在"政治"的层面上被误解。这选择需要作家的真诚与勇气。

　　历史与道德的悖论是一个困扰思想界已久的问题,至今仍有魅力。但我总以为对于其间一些相悖的论题似乎被人为地紧张化了。恶是历史发展的动力。假若没有情欲(人类对于财富、权力的追求,对于名誉、享乐的欲望等),世界上一切伟大的事物都不会得到成功。黑格尔的这些思想常被人们用来作为历史评价优于道德评价的理论依据,因为它们曾被马克思主义的经典作家所肯定和认同。但是,人们常常忘记了,黑格尔这位睿智的哲学老人同时也指出了恶的作用的盲目性。在他看来,历史并不始于自觉的目的。人们对历史的发展并不都具有自觉的意识,他们只是在自己的需要和利益的支配下活动。在这一过程中,某些影响更为深远的历史目标因此而得到实现。恶劣的情欲是在一种完全不自觉的状态下,客观上满足了历史发展的需要,成了历史发展的杠杆。所以人必须摆脱恶的盲目性,去认识精神的发展,提高历史的自觉性。这亦即他在《历史的哲学》中说过的:"历史的全部事业……就是要使这种冲动达到自觉的行为。"可以看出,即使在黑格尔那里,也并不曾否认恶劣的情欲带给历史进程的种种愚盲与非道德。作为一位时刻关注人类道德完善的作家,如果对此视而不见,那是良知的泯灭,那才叫悲哀,那才是莫大的嘲讽。

　　我在《精神疲惫·文化阵痛和文学进路》(《文学评论》1988年第6期)中曾说过,我们正处在一个情热与理智冲突的时代,滔滔情热几乎使世人晕眩。在这样的情势下,艺术家既要不失拥抱现实的热情,又要保持审视现实的理性。因为对于历史转折期的艺术家来说,其能否不朽,正在于他是否有力量去克服时代的火山爆发式的大动荡,而不被它吞没。未来中国文学希望所在的大痛苦大觉悟之作,应当是既充分反映出文化转型期世人的过度敏感、坐卧不安、张皇失措、心慌意乱的分裂的精神状态,又要摆脱这个时代所激起的强烈的热情、泪眼汪汪的多愁善感和嘈杂的自然主义,始终以高度的理性去审视、判断、选择。面对社会的快速转型、文化的失范,一切真诚的艺术家都应当抬起社会的良知和道义。他们应当在黎明之前即已起飞,而不要等到黄昏来到时才去歌唱。

我知道,对于当代中国作家来说,这"起飞"和"歌唱"并非一件轻松的事情。因为对于一个文化传统悠久而又刚刚进入文化现代调整、重建期的民族,即使是那些先觉者,也极难摆脱"两栖者"的形象。他们无法回避横亘在他们面前的"文化两难"——依依乡情与锐敏的理性时时在冲突纠结中。对于"乡土根性"极强的中国知识分子来说,绵绵乡情往往成为他们一份不好处置的精神财富。这乡情可以成为他们抵御腐化的都市文化的有力盾牌,有时又容易将他们导向旧的认识模式、行为方式等传统的文化规范之中去,从而对本质上应当属于新的文化调整也难以理解,甚至排拒抵御①。一些作品在对现今文化失调的合理的忧思、批判中,同时表现出希望社会道德彻底向着传统的东方伦常皈依的倾向,即属后一种情况。在我们这样一个传统文化悠久、强固的国度里,时时注意在两个向度(而不是一种倾向掩盖着另一种倾向)上保持清醒的、理性的批判精神,是每一位艺术家应当经常谨记的问题。我们在充分肯定诸多作品真诚的忧思批判的同时,指出这一点并非多余之举。

我们注意到,上述《明天的太阳》等一批作品,作者都有意表现了作为那种失范文化状态的另一种存在:赵涛之于父亲,常青莲之于大哥,小木匠之于老木匠,雷大空之于小水,周兆路、华乃倩之于周之妻子,五哥、六哥、大香、小香之于父亲、大哥、二哥、三哥,等等。耐人寻味的是,这些作品并未轻易地把后者的存在状态写得比前者更理想。这是作者的匠心之处。虽然,后者的道德规范、价值观念中有其合理的成分,但是,他们的生态与心态——他们的存在方式也并非一种健全的状态。我们需要建立新的文化规范,需要创造一种崭新的合乎理性的当代中国人的文化生态,但并非是后者。在吮吸现代世界进步的文化营养与镀亮民族文化传统的双向择取中,我们会创造出既合于世界文明潮流又葆有民族特性的新的文化规范与价值观念,从而实现我们民族精神的再造与重建。

---

① 乡情与理性始终是驻藏在中国现代知识分子胸中的两颗灵魂,由此构成了他们极为独特的精神生活方式。参见拙文《文化视角中的五四乡土小说》,《文艺研究》1989 年第 5 期。

当代作家将以自己开创性的劳动作出属于自己的那份贡献。

"我知道,不管怎样,明天还会有太阳升起,照耀人间,照耀我们的城市,照耀拥挤喧闹的人群。明天的太阳同今天一样明亮。"(《明天的太阳》)我们企盼着,明天的太阳。

1989年9月于郑州大学
原载《文学评论》1990年第1期

田中禾和他的"人性世界"

段崇轩

一

田中禾"大器晚成",他坚持现实主义,但又不显山露水地融进了许多现代的表现手法。他一面拥抱当代生活,精细地观察着现实生活特别是农村生活的时代变迁和各种人物的命运遭遇,一面又探索着斑驳陆离的现实生活的背后,人的精神、情感、心理的走向和变异。他的作品既富有浓郁的时代色彩,又具有深长的永恒意味。

在田中禾的小说中,有一个不断出现的构思模式,就是作品的主人公总是沿着一条"出而复归"的路子行动着。这个主人公必然是从传统的生活方式中挣脱出,然后又返身故里,去寻找自己失落的梦。这怀恋和思索便萦回在作品所展示的现实生活中。比如,《春日》中的小爱,寄居城里的姑姑家,耳濡目染了现代物质文明,使她的思想情感像她的衣着一样发生了惊人的变化。但一个乡下姑娘在城里是没价值的,介绍的对象来看她,"像打量一头羊羔"。她忍受不了,便赌气回家,但令人悲哀的是,故乡和家也不再需要她,她成了一个被现实生活抛掷出去的"多余人"。向往现代生活,而难以顺应,眷恋传统生活,却又不复存在,这就是那些身上还积淀着传统文化的一代青年的困境。《五月》中的香雨比小爱要幸运得多,她凭着坚韧的自我拼搏,考上了大学,有了一只人所羡慕的"铁饭碗",挤进了城里人的行列。但毕业分配和考研究生的坎坷,婚姻、前途的渺茫,使她深深感到了人生的艰难、疲惫,她抱着寻找温情、休憩的心情回乡探亲,但这个"成功归来"的游子,并没有受到家里、村里的崇敬和关切,"学而优则仕"已被庄稼人踩在脚下,更使人可悲的是她同妹妹、弟弟之间竟耸起一道心理和情感上的屏障。她不仅没有找到情感上的抚慰和休息,反而产生了一种人生的失落感、空虚感。如果说小爱是由于生存无着而造成了精神上的彷徨和失落,那么香雨便纯粹是一种形而上的心灵上的痛苦了。她在人海茫茫的城市里找不到心灵的归宿,在生她养她的故乡也没有了情感的港湾,她成了一个精神上的漂泊者。这不仅是香雨一个农家姑娘的心理处境,同时也是许多现代青年的精神写照。

一个作家作品中反复凸现的东西,必然蕴含着他特定的思想情感取向。应该指出,田中禾并不是一个顽固的怀旧者,我们从作品中可以看出,田中禾对那种小农经济家庭模式,对往日的那种伦理道德,有着清醒的批判认识,传统中间虽有闪光的珍宝,但亦有许多陈腐的东西,"沉舟侧畔千帆过",他对它们的衰亡并不遗憾。只是作为一个领略了现代文明生活的作家,感受到了这种生活对人的精神、情感的负面影响,才不得不返身乡野、回归童年,作为农民的儿子那种局限和褊狭虽所难免,但他所寻求的则始终是美好、蓬勃的人性。他不能宽容的是现实生活把人变得虚伪、冷漠,物质和金钱膨胀了人的自私和贪婪,像丁县长、石英(《南风》)们,像《枸桃树》中的老二、老四、老五弟兄们。田中禾企望能用传统中的美德来感化那些变丑了的人性。

"重返家园",改良人性。这是贯穿在田中禾所有小说中的一个明显的思想情感倾向,并因此而拨动了人们的心弦。

二

田中禾对历史转折时期民族的人性问题倾注了极大的热忱。他说:"人是很不幸的,他集社会性与自然性于一体,如磁铁的N级和S级一样不可分割,人就永远在社会性与自然性的冲突中经受心灵的磨难。……社会性要求人的理性、理念,自然性要求感情与欲望的满足。"[1]"我知道,历史是要前进的,历史前进要求人性付出沉重的残酷的代价。我为历史的每一个艰难的足迹高兴,却又不能不为伴随人类文明史被践踏被扭曲的人性哭泣。"[2]中国上千年的封建社会,是建筑在亿万生灵人性被压抑、被扼杀的基础之上的。改革开放的大潮把现代科技、物质、文化以及生活方式推到了每个中国人面前,它在唤醒人的心灵、智慧、创造力的同时,也诱发出人的各种各样的欲望和丑恶的东西,抛弃了人性中一些美好的东西。人性就是这样复杂,束缚太多太紧,人就会萎缩,失去生命力;毫无约束,人的动物性的一面又会恶性膨胀。田中禾在他笔下,既描写了社会、文化对人性的压抑、扭曲,更突出地描写了历史转折时期,特别是青年一代中某些人的欲望肆意泛滥、人性走向退化的趋势,热切地呼唤着那已经失落的美好人性。田中禾在近年来一迭声呐喊"解放人性"的气候下,敏锐地提出这样一个问题,是有警策意义的。

田中禾在创作中表现的人性问题,是随着人在现实中的变化和他对人性的

---

[1] 田中禾:《在历史与人性的切点上观照乡土》,《山西文学》1989年第12期。
[2] 田中禾:《倾听历史车轮下人性的呻吟》,《莽原》1989年2期。

不断探索而逐步深化和丰富的。也许是女性最富有自然性，也许是田中禾潜意识中有一个女性情结，因此田中禾笔下塑造的女性形象最多，且尤为成功，构成了一个很有意味的女性形象系列。

一九八五年之前，田中禾还未有意识地关注和研究人性问题，他只是凭着一种直觉塑造了几位具有美好天性的女性，带有浓郁的理想化色彩。像《月亮走，我也走》中的桂秋，《槐影》里的槐秀等。她们身上忠贞、善良、宽容的美德，既是女人的天性，也是传统道德熏陶的结果。她们是作家理想世界中的形象，是作家道德标准的化身。《春日》中的小爱，则是一个过渡性的人物，既有桂秋、槐秀身上的美德，但蛰伏在意识深层中的"自我"也开始在苏醒，五光十色的现代文明在不断诱惑着她，到底是"还乡"，还是"进城"？彷徨难决。《春日》之后，田中禾笔下的理想形象消失了，这些纯洁的女孩子们，在"严峻"的物质文明的考验面前，经过短暂的"彷徨"期，道德的堤坝渐渐崩溃，感情和欲望的渴求逐渐强烈，渐次取代了那美的品性。《明天的太阳》中的小娜，成长在物欲膨胀的环境里，既无传统道德的陶冶，也无更高的人生追求，完全把人生变成了一种玩乐和享受。在《枸桃树》里，田中禾以工笔画的手法，精细入微地刻画了主人公莲妮儿在金钱和物质的诱惑下，走向堕落的全过程。从桂秋的奉献到小爱的彷徨到莲妮儿的享乐，女性的天性发生了多么惊人的变化！

田中禾也刻画了一些男性青年形象。如《枸桃树》中那位聪明过人，在亲弟兄身上也不放过一分钱的老二，如一心谋着自己享受，在家里"绑票"作钱的老四，都刻画得淋漓尽致。特别是《明天的太阳》里的赵涛，才华横溢、充满活力、放纵自我、尽情享乐，把人的天性张扬到了极致，也把人的欲望推到了顶点。那种真实而活泼的人生，有时甚至是令人神往的。但人性的"匣子"一旦全部开启，又没有一定的文化、道德去制约，人性中的种种丑恶的东西就会倾泻而出，毁掉自己，危及他人和社会。这大约就是人类自身的不治之症吧！

当然，并不是每个年轻人都经不起现代物质文明的引诱，改变了他们美的天性。田中禾也塑造了一些既具有洒脱的天性，又具有人的尊严的形象。譬如改娃（《五月》），她既不想像姐姐那样从书本中找一条人生之路，也不想按照父母的训诫做一个贤妻良母，她要依靠自己的力量和智慧，去创造自己的幸福，追求自己的爱情。在她身上，洋溢着青春的魅力、生命的力量和人性的尊严。真实的人生正是在这样一种人身上。从槐秀、桂秋作为起点，有两条取向不同的人性发展轨迹，一条是小爱、小静、莲妮儿们，另一条则是改娃、大凤（《最后一场秋雨》）们。可以说，改娃、大凤是成熟了的桂秋、槐秀，她们没有放纵自己的感情和欲望，而是发展了自己天性中的那份真诚、纯朴、爱心，用自己的力量和智慧去实现自我价值。

田中禾是用一种宽容的人性观去写他的人物的。他说:"我憎恶过赵涛。但我与他们相处时,我又觉得他们的天性那般可爱而无可指责。尽管我知道人是不能凭着天性在人类社会中生活的……"①田中禾悲悯的是人性本身的弱点,而不是具体的某一个人的过失、缺点,这样就使他的人物形象显得格外真实、丰厚,从这些活生生的人物身上,又启迪了我们对人性的哲学沉思。

三

人的天性是生命的河流,它奔流不息,回旋激荡,才构成了瑰丽多姿、奋发有为的人生,因此,人的天性是不可扼杀,也不应该扼杀的。然而,为了人类共同的生活、利益、理想,人又必须适度地约束自己的天性,或者引导人的天性向某个正确的方向发展。为此,人类耗费了巨大的力量,创造了法律、道德、伦理、文化等来制约人类自身。这种外在于人的文化,一方面靠强制的手段,另一方面靠内化的方式。人的天性、感性、自然性等始终同人为的道德、文化、理念等作着长期的、极其微妙的斗争,构成了人错综复杂的精神世界。

反映社会、文化对人的自然天性的约束、扭曲、异化,是田中禾小说另一个不可或缺的侧面。一种是思想情感都僵化了的老人,如《五月》中那个在现实面前软弱无力,但异常固执的老堆叔;《秋天》里至死都不让孙女同属相不合的有根结婚的爷爷;《南风》中那位拼命反对儿女们竞争拼搏,要他们接受乐天知命意识的贾老祥;《明天的太阳》里带着困惑、烦恼死去的老艺人赵鹞子等。这一代人,从浓重的封建社会走来,封建伦理道德已僵化了他们的精神和情感,按照道德教条去想、去做,已变成他们无意识的内在要求。当感情与理念发生冲突时,他们会自觉地站在理念一面,像《秋天》中那位爷爷,深知管不住孙女恋爱,但他决不愿在生前看到他们结合,"等我阖了眼,随他们便去"。他们在现实面前变得毫无应变能力和竞争力量,只能像赵鹞子一样面对墙壁发呆,像老堆叔一样唉声叹气。他们虽然保持了所谓的清白、正直、善良的好名声,但他们的人生却像一张苍白的纸,没有色彩、没有价值。他们是被封建文化异化、废弃了的一些人。

根深蒂固的封建道德文化,在近现代经受了无数次冲击和批判,但它依然死而不僵,不仅植根在老一代人心中,同时还在无形之中侵蚀青年一代,泯灭他们身上那美好的天性。《秋天》里的云,是一个多么温顺、明净的姑娘,她深情地

---

①田中禾:《相信未来》,《中篇小说选刊》1989年第6期。

爱着有根,却对属相不合的封建迷信半信半疑,没有勇气跨过它。她不仅屈服于爷爷的封建说教,同时也屈服于哥哥的"政治联姻",甘愿嫁给一个副乡长的儿子。她把这一切都归结为一句话:"这是命,我知道。"追求正当的情感之爱、个性自由、自身价值等这些人的美好天性,统统被封建道德、不正常的政治需要异化掉了,这不只是一个乡下女子的悲剧,也是人性的一种悲剧。

四

  人性究竟向何处去?尽管田中禾对变得冷漠、畸形、丑陋了的人性忧心忡忡、怨天悯人,但他并没有走到西方一些作家的绝望和虚无之途去。他真诚地、积极地想为人性找到一条新生之路,他曾"重返故乡",想从那里寻回失落了的美好天性,但他失望了。于是他又不倦地向更远的童年走去、向大自然走去,他相信那里是一片未被污染的"绿洲"。正是在这种信念的支撑和敦促下,诞生了他一大批以乡土历史生活为题材的《落叶溪》笔记小说。田中禾在乡土历史与现实人生之间,驾起了一座美丽的天桥,这天桥就是寻找和重建美好的人性世界。

  在人的记忆中,最使你不能忘怀、想起来就怦然心动的东西,往往是纯朴壮丽的大自然、生机勃勃的童心。你看那饶有趣味的捉鹌鹑的动人情景(《鹌鹑》),曙色微亮,晨风习习,鹌鹑啼鸣,"一个逃难异乡寄人篱下的孩子的孤独也都不复存在"了。你看那阴惨惨的送鬼节(《鬼节》),农民送一盏灯给死人打着去见阎王,水天宽阔,山野空濛,鬼灯随河漂去,就像一个个游魂。童年的田中禾,在毛发辣竖的恐怖中,"心里涌动着博大的怜悯和感动,在不知不觉中流下泪来"。田中禾酷爱自然,几乎每篇小说都要写到它,土地、山河、草木、日月、星辰、四季……都与他的个体生命息息相通,他期盼着人能回到自然的怀抱,使人变得真诚、宽容、聪颖。在《落叶溪》笔记小说中,作家还倾力描写了人的美好天性和在封建压迫下人对自由的执著追求。如冉五伯(《公铺冉》)的善良、乐观;周相公(《周相公》)的聪明、机智;李妈妈(《玻璃奶》)在森严的家规下同丈夫的巧妙"幽会";米汤姑(《米汤姑》)耐不住寂寞的私奔。这些都是作家的童年记忆,却闪烁着作家理想人性的光辉。

  童年的旧梦不会复活,历史车轮更不会倒转。田中禾一面执着地寻找、呼唤,一面又深感自己的人性理想是脆弱的、渺茫的。说到底,田中禾还是一个农民的儿子,他虽然能站在现代人的高度去俯视人性,但并不能改变他的情感取向,在无力找到人性自新的途径之后,他便不得不采取逃离态度,期望从童年、故乡、大自然那里开出一条人性反省之路,尽管这条道路多少显得渺茫。

即便如斯,执拗的田中禾也绝不放弃对人性的希望,对未来的憧憬。他从赵鹞子身上推想到年轻的赵涛们也许会"浪子回头",从改娃、郭大凤那里看到纯朴瑰丽的人性还在,这就是希望的火种。"明天还会有太阳升起!"执拗而浪漫的田中禾!

原载《上海文学》1990 年第 8 期

合金式文学
——谈田中禾小说的艺术表现

段崇轩

当文学热闹的时候，田中禾悄悄默默，似乎有点老派，当文学安静了的时候，田中禾佳作迭出，突兀地出现在文学视界。追寻他的创作轨迹，人们惊异地发现，这位自甘寂寞的中原作家，早在四、五年前或者更早一些，他就在作着把现实主义和现代派熔为一炉的努力了。如果说《五月》是一次谨慎的试验，那么到《明天的太阳》等，就已进入一种自由创造的境界了。精心冶炼的结果，是一件一件合金品的诞生。合金是什么呢？合金是一种金属元素和其他金属元素熔化而成的新物质，几种金属特性并未失去，但物理性质（如硬度、强度、色泽等）已不同于原来的金属了。几年来，力图现实主义同现代派融合起来的作家并不鲜见，但一些作家所谓的融合，其实只是工艺意义上的组装，所得便只能是貌合神离。田中禾的成功之处，就在他于熔化二者时，提取的是一种精神、一种元素，他做的是化学意义上的炼造。尽管外形并不那么新颖别致，但内在的意蕴、精神却是和谐的、全新的。他坚持了现实主义真实地再现生活的功能，但又化入了现代派重表现的特征，在精细地描绘生活的同时，注入了作家自己独特、浓郁、细微的情感体验；他热切地关注着现实生活的走向以及当代农民，特别是青年们的遭遇、命运，但他决不把沉思的脚步徘徊在具体的生活层面上，而是透过斑驳陆离的现实生活，去努力把握形而上的人性发展轨迹，他的哲学式的沉思同一些西方现代派作家是遥遥相通的；他像一些现实主义作家一样，特别注重人物形象的塑造，以及人物本身的真实可感性，但他笔下的人物，呈现出来的不仅仅是外在的个性，更是带着独特的精神、情感、心态的人物形象，有些人物甚至升华为一种象征形象；在具体的表现手法上，他也不排斥抽象、象征等手法，但决不硬性移植，而是抓住生活情节、细节本身可能显示的现代意义，无意而为之。田中禾的小说是具有民族特色的现代小说，是广袤深厚的中原土地上生长出来的小说。因此，他的小说便具有强劲的生命力，便拥有广大的读者群。时下，评论家们正在谈论"新写实小说"，他的小说我以为也可以归入这种小说文体，尽管他的小说比之其他新写实作家，现实主义味儿更浓一些。

田中禾在艺术表现上的探索与嬗变，是新时期文学急骤发展和作家主体意识发生裂变,内外因合力而形成的。传统现实主义在我国现当代文学史上独尊数十年,它功勋卓然,无可厚非,但也逐渐成了一种僵化、保守的程式化的表现模式。面对变化莫测的现实生活和多向多样的人的思维世界,它的窘迫、尴尬也就势在必然了。西方现代派文学的大量涌入和作家的群起而效仿、借鉴的热潮,对现实主义文学也提出了严峻的挑战。有些人现在回头批评现代派文学没有根基和生命力,而我以为,正是现代派文学的兴起,提供了文学内部的竞争机制,促成了生机勃勃的新时期文学,也正是现代派文学的挑战,激发了传统现实主义文学的自省和变革,使传统的表现方法注入了新的生命。现代派文学功德无量,我们依然应当宽容它、扶植它。田中禾正是在这样一种文艺气候下寻找他的表现方法的。他复出文坛的最初尝试,使用的是比较传统的现实主义方法,但随着他的不断实践,他手中的武器越来越显得不那么好使了。他悉心地观察着文坛的变化和论争,潜心阅读了大量西方现代文学作品,不断探索着他的变革之路。他谈到一九八八年创作《最后一场秋雨》时的心境说:"从下笔直到刻下,我总怀着走在此路上的惶惑。厌倦了对社会人生的关注与思考,厌倦了有涉时弊的作品,现实主义已是陈旧的文学观念的代名词。人世永远是不平的,命运永远不可能公允,作家的怜悯心不但无用而且小家子气。抽象与具象,形而上与形而下,夸张变形与写实仅在我心中搅腾得一塌糊涂。对于一个弄不懂哲理意识与文化意识而又羞于固守现实主义的人来说,天地惶惶,四面楚歌。"①作家这里所谓的现实主义,即是指那种变得僵硬了的传统现实主义模式。从作家的困惑中,我们可以窥见他上下求索的急切心情;从他的偏激言辞里,我们可以体味到他挣脱桎梏的坚定信念。改变表现方法,有待于创作思维的革新。其实作家此时的创作思维已作了全新的调整,只是不明晰罢了。这是蝉蜕前的一种阵痛,阵痛中诞生的《流火》、《枸桃树》、《明天的太阳》即是最好的说明。其实他说厌倦那种关注社会人生式的创作,并不表明他要逃离现实,而是要从现实的社会人生中,把握住更深远的社会运行规律和人性变化的踪迹。这就已经从那种单纯地站在社会、政治、道德的层面去看取生活、人生的现实主义圈子里超脱了出来。他不再满足于对生活的真实再现,更注重培养自己的艺术感觉,写出对生活的深切体验,这样就使他的作品具有了独特的情调、色彩、韵律。总之,在这些"写什么"、"怎样写"等一些基本问题上,田中禾的思维已经走出传统现实主义的城堡,进入了一个新的境界。思维方式方法的改变,更新了作家所运用的艺术表现方法和手法,也带来了他的小说面貌的改观。

努力深化小说的思想内涵,把作品的现实性与永久性有机地结合起来,是

---

① 田中禾:《你不必太在意,也不必……》,《中篇小说选刊》1989 年第 3 期。

田中禾小说的一个重要艺术追求。田中禾的小说大抵是近距离描写现实生活的,但他又要追求作品思想的深远性乃至哲理性,这就给他自己出了一个难题。怎样解决这一难题呢?这就要求作家有一种穿透生活表层看到生活纵深之处的眼力,要求作家对他所关注的思想领域有深广的研究。田中禾对现实生活的走向,对当代农民尤其是青年们的命运,倾注了极大的热忱。但是,现实生活的发展总有其内在规律在支配,人的心理、命运的变化总与人性自身的演变轨迹密切相关,抓住这些社会人生的深层规律,千变万化的社会人生现象也就可以得到较准确的把握了。田中禾在几篇创作谈中每次谈到他对人性问题的探索与思考,那是作家式的思考,是他观察、体验了大量现实生活之后感悟、概括出来的。他认为,历史的前进常常是以人性的压抑、扭曲为代价的,二者并不是同步发展的;同时,人性的变化又制约着历史的进程。文学应当去表现人性,表现美好的一面,鞭挞丑恶的一面,以及表现人的社会性与自然性的冲突,这正是文学可以策马驰骋的领域。这样,田中禾一面凭借他对现实生活的大量占有和熟悉,一面依赖他对人性问题的独到思考和研究,打通了小说创作中显层呈现和深层蕴含之间的鸿沟。田中禾对人性的表现是逐步深化的。在《月亮走,我也走》、《槐影》中,作家深情讴歌了两位女主人公善良、温柔、纯朴、美好的天性,是作家创作前期塑造的理想化形象。到《春日》、《五月》中,女性身上的美好天性就难以保全了,她们或是因了现代物质文明的诱惑,变得躁动不安,或是因了对现代生活的追求,弄得疲惫不堪、满腹怅惘。而到《枸桃树》、《南风》、《明天的太阳》篇里,那些青年男女们,有的在金钱、物质的引诱下,人性沉沦、走向坠落;有的放纵人性,变得自私、虚伪、冷酷。作家不仅写了人性在商品经济洪流下,人的美好天性的扭曲、丧失,同时也写了封建伦理道德以及现代文化对人性的窒息、异化,前者如《南风》中的贾老祥,后者如《最后一场秋雨》中的丁县长等。作家对改革的春风所唤醒的人的激情、智慧、创造力是满怀兴奋和喜悦的,但对苏醒的人性所掺杂的丑恶的东西忧心如焚,急切地呼唤重建美好的人性。由于作家能在较高的层次去看取社会、人生,因此他所反映的现实生活也就具有了深远的内涵。比如《最后一场秋雨》,是直接切入现实、大胆揭露腐败现象的,但作家却通过两种人生、人性的对比和对人性问题的探究,就使一个直露的、容易落套的题材包含了深长的韵味。传统现实主义小说,往往是从政治、社会、道德等角度去观察、反映生活的,容易滑入概念化的窠臼,甚至成为一种急功近利的宣传品。这样的教训我们太深刻了。田中禾既坚持了现实主义对时代生活的忠实反映,同时把他对生活的观照角度转移到形而上的人性问题上来,这样不仅使他的小说兼备了现实感和深远感,也强化了小说的审美特性,因为表现人的精神、情感、心理本身就是一种审美创造。在作家的审美创造活动中,一切现实问题都将变得悠远，一切时代生活都会放出美的光彩，可谓登山则情满于山，观海则意溢于海。

在小说中表现作家自己的感觉、情绪、体验，这本是现代小说所注重的。田中禾运用了这一表现方法，但是他没有像一些现代小说作家那样，彻底打破，甚至取缔传统小说的故事框架，去直露地、专心地表现自己的感情体验，而是在描述生活的过程中，把情感与生活水乳交融，以事寓情，以情写事，实现了再现与表现的统一。作家在小说的开头就凝聚了饱满的感情，如《五月》："走进村，正是后半晌。乍看，村路那样窄，坑坑洼洼，全不像原来的样子。小时候她们在月亮地里玩，觉得这路是很宽的，很平坦。"短短几句，既展开了情节，又写出了一个游子回到故乡怀抱时的陌生感、温馨感。再如《秋天》："踏上这块土地他心里就有一种庄严感。虽然这黄昏的田野同宛东辽阔的丘陵盆地没有什么两样。看不到大山大河，也没有林莽荒野，总是起伏不平的庄稼地，这景象在中国北方随处可见。"这里到底是在写景，还是在写感觉、情绪？已经混沌难分。田中禾在他的小说中，从头到尾始终灌注着他对人物、生活、大自然的情感体验，这种情感体验构成了作品的某种情调、色彩、韵律，具有很强的审美效果。譬如《明天的太阳》的情调是低沉骚动中有一种执着的呼唤；色彩是流动的深蓝色，犹如黄昏的海涛；韵律是时急时缓，结尾处一个强劲的回流。这些都是作家情感体验的一种复杂表现。传统现实主义小说要求故事要有头有尾，情节要典型化。田中禾的小说有故事，但往往只是一个框架，很松散、很平淡，且常常隐藏在幕后；情节也不去典型化，只是一些琐碎的事件。如《五月》，只不过写了一个在外不如意的中学教师，回家探亲，正遇上家里割麦子、打场、交公粮等事儿。平常的不能再平常，近乎于自然主义的描写。但作品为什么有那么强的艺术魅力呢？就因作家在描述生活的过程中，把一种极为深切、细微的情感体验倾注在了笔端，给平淡的生活赋予了鲜活的人生感受。如香雨一进村，看到狭窄不平的村路，马上回忆起小时候在月亮地里玩耍的情景和感受。仅仅这一瞥，包含了多少人生经历。由此我们可以悟出这样一个道理，传统小说是通过强化情节来反映生活的本质规律的，而新写实小说则通过作家对平常生活的深刻体验和表现，折射出社会、人生的丰富内涵，直接通达生活的本质规律的。无疑，这是小说艺术表现的一个进步。因为它更接近了生活的原生原态，更能反映出生活的深广和细微来。

传统小说特别重视人物的个性和共性刻画，并把这当作衡量人物塑造成败的一个标尺。其实要真正塑造一个既有鲜明个性又有深刻共性的人物，是相当困难的。新时期文学以来，作家们普遍忽视了人物个性的刻画，有的则致力于塑造心理形象、精神形象、象征形象了。创造多种类型的形象，固然是生活的反映、文学的需要,但忽视人物个性也不能不说是作家们的一种失误。田中禾没有摒弃刻画人物个性的表现方法,此外还融进了表现人物的精神、心理人性的艺术手法,使他笔下的人物形象显得格外丰富、深邃。如《枸桃树》中的主人公莲妮儿,这是一个漂亮、任性、心气很高的农村姑娘,个性很鲜明。但作家同时展示了她从"纯朴无知——欲望膨胀——回心转意——放纵人生"这样一个复杂的心路历程。在这种心路历程中又蕴含了人性变异的内在轨迹。这样,莲妮儿就成了一个多侧面、多层次的人物形象。其他如丁县长、赵涛(《明天的太阳》)等形象都具有这样的特征,比之传统小说中那种过分个性化的人物,显然要厚实得多。再如《椿谷谷》里的主人公牛,个性不算鲜明,却耐人寻味,作者描写这个光棍汉,过着浑浑噩噩的生活,只因身边出现了一个年轻女人,"生活才充满融融的阳光",但无端地引来了家庭的动荡不安、"众叛亲离",于是他又回到了原来少情没趣的生活中去。牛的这一段人生情感经历,实际上蕴含着一种象征:人想逃离孤独和冷漠,寻找人性和温情,却不期然又走向了另一种尴尬境地。牛于是在这里成为一种尴尬人生的象征形象。作者在牛身上,全力着笔的是他的情感、心理变化,这自然是现代小说的表现方法,所不同的是,作者对牛的刻画,依然没有忽略对他的具象描摹。《流火》中的九九也是一个带有象征性的形象,作者说过:"九九就是我们乡土的化身。"这是一个有个性的女性形象,善良、单纯、坚韧,她像一颗柔弱的小草,毫无把握自己命运的能力,寄人篱下的屈辱,土匪绑票的蹂躏,逃避战乱的艰辛,她都经历过。她本来有机会成为一个有作为的新女性,但她最终回到了处于贫穷、战乱中的乡村,回到了那个野蛮男人的怀抱。因为她的根就在这里,她同那种全新的生活、文化格格不入,她是这块土地的女儿,象征着愚昧多难的一代人,象征着这块土地。传统小说是通过对人物个性的强化和精心雕琢来达到典型化高度的,新写实小说则是依靠人物心路历程的展示、人物命运轨迹的铺陈,直接转化成某种典型、某种象征的。这后一种表现方法似乎比前者更加简便有力。

田中禾是一个有着深厚现实主义素养的作家,他不同于刘恒、铁凝、池莉等年轻的新写实作家,可以更轻捷地靠拢现代派文学,他的新写实小说传统味更多一些。这既是他的优势,也是他的劣势。在他的一些小说中,现实主义僵硬模式仍然隐约可见,传统与现代的不和谐之处也还偶然有之,影响着他的小说的纯度,看来,要炼出高纯度的合金品,还须继续探索。

原载《小说评论》1991年第2期

变革时代中国农村的深刻剖析
——试论田中禾的小说创作

王 敏

田中禾的小说以独特的创作视角、鲜明的时代色彩、浓郁的南阳风土民俗气息、明净细腻而又充满诗意的语言风格,使其人成为河南文坛上相当有实力的作家,为新时期乡土小说的发展作出了贡献。

一、真切、深刻地剖析家庭这个细胞

田中禾,原名张其华。以"田中禾"为笔名,见出他对创作乡土题材和艺术表现乡土色彩的自觉追求。田中禾的小说注重表现农民现在时态的生存处境,描写在时代浪潮冲击下躁动不安的农民心理。他的表现是通过描写家庭——这个社会的基本细胞的变化来完成的。

七十年代末开始的农村改革,使亿万农民释放出蕴藏已久的劳动创造力。随着改革进程的发展,多元的商品经济的刺激,使中国农民的传统意识——乐耕恋土,勤俭节用,重亲缘人伦,求超稳定的生存空间等发生变化,传统的生活方式、伦理道德也面临危机。同时,萌生了科学、民主、开放、自立的现代文化和主体意识。如今的村落田畴,农家小院已不再安于贫困,农村中青年一代已开始告别旧有的生活方式和生存空间,农村生活失去了稳定宁静而呈现出变异和动荡,由封闭走向开放,从贫穷走向富裕。田中禾的小说深刻地剖析了家庭这个农村社会的基本细胞在变动着的社会中的"裂变",广泛地表现农村生活方方面面的变化,从家庭的裂变来透视农村生活、农民心理深处的悸动。

现实主义的清醒和理性的思考,使田中禾在正视农村生活变化的同时,也不回避现代文明带来的烦躁、苦闷,向商品经济过渡时期金钱物欲的膨胀,贪图享乐心理的倾斜,对田园诗般自然亲情关系的破坏。如《枸桃树》、《南风》、《坟地》等,表现传统农村的家庭在商品经济大潮冲击下的离散分解,传统的道德伦理、秩序在无情地崩溃,血缘亲情再也无力维系住传统的大家庭,温馨和谐的田园乡情被打破,演奏出有着时代音响的农村生活变奏的交响乐。

《五月》从一个家庭写出改革中的农民生活变化和相应的复杂心理。家中的吵闹、两代人的隔膜、城乡的差别,使家庭失去了昔日的平静,处于裂变的前兆。《枸桃树》从家庭成员的视角来透视改革浪潮带来的变化,莲妮儿一家人的悲欢苦乐,人性的善恶美丑,构成一幅斑驳陆离的复杂生活画面,展示了农村传统家庭无可挽回,也不可避免的裂变。党的农村经济政策给农民走向富裕提供了机会,脸朝黄土背朝天,不再是农民唯一的生存方式。敦厚朴实的大哥开换面点,可人太诚实,生意无法做下去;奸猾自私的二哥开代销店,缺斤少两,倒生意红火;老四、老五合伙贷款跑运输;莲妮儿进城去做工。久经贫困的农民格外盼望有钱,为了挣钱,在利益的驱动下,《五月》中虽吵闹但仍有温馨亲情的家庭不见了,有的只是充满吵骂、分崩离析的家庭。父亲失去家长的权威,哥哥坑骗弟弟,弟弟绑票哥哥的儿子,兄弟间动刀子拼命,儿女背弃父母,妻子抛下丈夫,纯洁少女沦落为风尘女子。在这个吵闹的家里,每个人都有自己的理由,都为自己有理或无理的理由互相伤害,赤裸裸的贪欲蚀掉了人性的美和善,传统的伦理亲情不复存在。

"父权的和家长制权威的规矩就意味着,祖先乃是一个孩子所拥有的一切东西的物主。……因此,我们不能不把对双亲和祖宗的崇拜看成是中国人宗教和社会生活的核心的核心。"①对祖先的崇拜,对父母的绝对服从是传统家庭的生活核心,儿女的生活、儿女的婚姻都要听命于双亲。田中禾的作品更多地描写传统家长制权威的消失、传统家族的不复存在:刀头的不理事,刀头女人希冀恢复传统,贾老祥的遗憾,常老慢的愤怒……传达出变革时代农民家庭失衡后痛苦而无奈的困扰。面对物欲横流的世界,他们慨叹:"人在这儿已经彻底抛去一切性灵所有的真诚,变成金钱的奴隶。"面对传统道德的沦丧,他们呼唤:"老天爷为啥不闹一场洪水,或是来一场地震!"改革带来物质生活的变化,也必然伴随现代文明对传统文化的冲击,必然发生与传统伦理道德的矛盾和心理冲突,社会在矛盾运动中向前,可这进步又需付出沉痛的代价,作者写物的关系对人性的扭曲,商品、金钱对人格的侵蚀,美和善的失落也流露出困惑与感伤,《明天的太阳》中的家族成员被搅动起来的金钱欲、物欲、情欲对艺术、温情的毁灭,《南风》中有才华、有抱负的农村知识青年贾石海的追求与失望的遭遇……

田中禾思索着伴随科学技术和文明的发展,人性究竟是变善了还是变恶了——这一历史学家汤因比向人类提出的质疑,但他在困惑中依然相信未来。因为"人类赖以生存发展的精神支柱便是明天的希冀。明天是繁衍的标志,明

---

① 〔德〕恩斯特·卡西尔:《人论》,甘阳译,上海译文出版社,1986年,第109页。

天是生命运动的标志,明天是幻想和创造的标志"①。时代和社会改变着人的思想和行为。人性在社会变革的时代,既不是单纯变善了,抑或变恶了,而是变得丰富而复杂,呈现出善恶美丑的共存。田中禾悲悯着善良与美好,悲悯着人性的弱点和文明史的怪圈,却没有对明天失去信心。农村青年是农村的明天和未来,田中禾的小说写下了他们的变化和追求:贾石海获得人的意识的觉醒;改娃离开家去湖北跑生意了;莲妮儿在向往吃好穿好的生活中沉沦;爱弟违背父亲选择了常十三,又追求自尊自立……这些农村青年在改革时代从家长禁锢的庭院中冲出,选择不同于父辈的价值观和人生追求,以自己的奋斗走出贫困,走向富裕。然而,过分膨胀的自我、畸形抽长的物欲、文明素质的落后又使他们中的一些人无力适应时代要求而产生现实的悲剧。但是无论如何农村毕竟前进了,囤里有粮、手中有钱的农民有了现代文明的向往,农民们在看不惯的新奇中适应并追随着时代的潮流。

田中禾从农村家庭生活的变化中反映出急剧发展的社会变化,他成功地透视农村家庭在商品经济大潮冲击下的分崩离析,不仅写出改革带来农村生活外在的变化,更出色地描写出改革带给农村家庭——这个社会最基本细胞中每一分子的变化,从而触及到农民心理和传统文化积淀的深层变化,把握农民的心态和精神世界,有欣喜,也有惆怅。农民对贫穷的恐惧和抛弃,对富裕的追求与希冀,具有浓郁的时代气息,符合历史、社会发展的真实趋势。

二、细腻地描写变革时代农民的心理世界

在新时期河南文坛上,田中禾是擅长于人物内心世界描写的作家。细腻地描写变革时代人物的心理变化,是田中禾小说创作艺术地把握世界的主要方式。他的叙事角度富于变化,成功地描摹出农民的心理世界。

田中禾从家庭切入,运用意识流、通感、叙事转换等手法,使现实主义创作走向开放和深化,增强了作品的表现力和深度。《五月》以一个接受了大学教育的青年知识分子,还乡后复杂的内心感受与微妙的心理变化,写出改革后的农村,普通农民艰苦劳作的生活和困难窘迫的生存处境。作为全村人的骄傲、奶奶的宝贝孙女,香雨从城市回到乡村,对故乡的一切熟悉又陌生:轧水车的铁柄比以前更沉重,奶奶为她用心藏着的腊菜也不如以前好吃,父母亲劳作的辛苦,妹妹弟弟与自己的隔膜,打麦场上的紧张,晚上蛇蚤、老鼠闹得睡不着觉。丰收

---

① 田中禾:《相信未来》,《中篇小说选刊》1989年第6期。

给农民带来喜悦,也带来用电的苦恼、卖粮的艰难。在故乡的土地上,香雨感受着农民最现实的烦恼、最真实的生存境况,心理发生着微妙变化。她曾伏案熬夜,在稿纸上研究《中国农民的形成及其在历史上的地位》,"为什么不到田野里来研究现实的农民,尤其是这些年轻的农民呢?"故乡使香雨的理想更贴近脚下的土地,更真实地认识自我。可当改娃与小五下湖北,跑生意时,她又有"这算不算一条路"的疑问。这是一个农民的女儿,是一位经历现代文明熏陶的知识分子在传统与现代两种生活方式、两种文化间的犹疑徘徊与困惑的心理写真。

《枸桃树》中的莲妮儿是一位善良朴实,向往城市生活的农家姑娘。欲求的合理性与自身素质的局限性之间产生矛盾。进城打工,打开了她封闭的视野;文化素质的低下,又使她的选择狭窄。她虽想念故乡的家,可永远是吵骂的家又使她不愿回去。到供销社当招待,令她眼花缭乱的宾馆,当她知道享受这一切所需的花费都由国家报销后,"她觉得一下子明白了,原来她们辛辛苦苦的终年累月地干活,给国家交农业税,补副业税,屠宰税,买浮动价的化肥、农药,就是让干部们去住这样的宾馆,吃这样的酒饭,而且吃着扔着。"人的天性使她厌倦贫穷、单调的乡村生活,向往舒适、文明的城市生活。她向往真正的爱情,可爱上的魏小虎又意外摔死,她嫁给了泥狗,泥狗却无力保护她。当她下决心与乡村告别,进城挣钱时,她感喟的心理虽不无偏激,但一定程度上表现了城市与乡村的现实差距。向往城市生活的青莲如一棵枸桃树扭曲地生长着,她以恶抗恶,善良朴实的天性在欲望之河中沉迷失落,最终走向毁灭,在这喧闹的时代里沉沦。

在社会普遍浮躁的季节,当小说厌倦了对社会人生的思考关注,现实主义成了陈旧的文学观念的代名词时,沉得住气的田中禾"以不变应万变,还是以俗人的心去看俗人的事,以俗人的情去诉俗人的心曲……我不能在命运的不平面前闭上眼睛"①。《最后一场秋雨》中七岁死了娘,初中没毕业的郭大凤,成了王孙拐乡的告状"专业户"。她历年来告状的材料,每一桩几乎都涉及农村的政策、措施在乡下造成的影响。她的状纸从个人遭遇、家庭纠纷渐渐变成对村乡干部、社会现象的揭发控诉,从一个侧面反映了现实的不够完善、农民对清官的盼望和民主意识的初步觉醒。虽然也不免带有村野农妇的褊狭可笑,但她的状纸确实使那些麻木的心灵惊醒,更实际地关切农民的利益。

《坟地》中常老慢曾拒收常十三做徒弟学木匠。被老人们骂为无赖的常十三现在办起了皮革厂,骑着雅马哈到处招摇。他知道常老慢忌恨他,他偏要把老慢的女儿爱弟勾引到手。他看到爱弟时:"觉得他对小村的仇恨、报复的欲望

----

①田中禾:《你必不太在意,也不必……》,《中篇小说选刊》1989年第3期。

一下子沸腾起来,混进说不清的怜爱冲动,更加强烈了十倍。"恨爱交织的复杂心理,显示出常十三的强烈报复心理,报复从不把他当人看的小村,真切而传神地写出在物质富裕后渴望被人尊重的心理。而爱弟对父亲阻挠的反抗,与常十三成婚的自主,婚后不愿在追逐金钱利益的浪潮中逐流,要与常十三离婚的果敢自强的心理,表现出农村女性新的意识觉醒,体现出顺应时代发展的精神品格。

从变革时代的疑惑迷茫,到对城市文明的向往,从渴盼清官的心态,到精神上希冀得到人们尊重的心理,田中禾对农民的心理世界的开掘,对变革时代农民心理的观照与记录,使笔下农民的形象从外形到内心真实,塑造出丰富而复杂的充满时代气息的当代农民形象。

田中禾的小说,交响着现实生活和历史文化激荡出的人性的复杂音响,开放的现实主义使他的创作反映现实更为深刻多样。但我们也看到,由于思想观念的庞杂,个别作品结构上缺少剪裁,稍有冗枝;叙述人称的转换频繁,也增加了阅读的困难,损害了艺术表达。有些作品的结尾处过于直白,与全篇的叙事风格、人物性格不够吻合。我们期待着田中禾更为茁壮精湛的作品。

原载《河南师范大学学报》(哲学社会科学版)1997年第3期

母亲:永恒的生命底色
——田中禾创作论

梅蕙兰

母亲,赋予我们生命,哺育我们成人;母亲是人类的养育者,也是生活中永恒的受苦难的基督。在短暂而又漫长的人生历程中,母亲总像影子一样陪伴着、保佑着、影响着、提醒着我们,使我们无论处在什么样的境地,都有一片生命的热土,都有一眼情感的甘泉,从而滋生出一种敢于面对艰难困苦的勇气和力量,奔涌出一种永不枯竭的人生理想与激情。于是,在我们或平凡或伟大的心灵中,总有一种母亲生命的流淌、复活与延续;在我们的生存方式与生命表达中,总潜存着一种"回报母亲"的先前预约与诚挚情结。我们兑付着这种预约,我们拆解着这种情结,同时,也便体验着人类的良知,挥洒着自己的天性,感悟到了生命的价值与意义。

在田中禾的创作中,我们看到的正是这样一种存活着母亲生命、兑付着先前预约的生命现象与艺术表达。他的小说集《月亮走,我也走》代后记"梦中的妈妈"中深情地写道:"妈妈,在梦中,她还很年轻。声音仍然那么洪亮,走路依然那么健捷,弯下腰说:'来,我背着。'我想告诉她,三十年前咱俩说过的那本书,现在写好了,明年就能印出来,说这本书的时候是夏天,母亲同我躺在院里的席子上,看着天上的月亮。后来,多少次非常贫困,我总说:'书写出来就有钱了。'母亲从来没有怀疑过。可见,我总也没能用自己写书的钱孝敬她。永远不能了。"终于要出版的书,使田中禾兑付了三十年前与母亲的预约。这是他对已经长逝的母亲的一种精神告慰,一种心灵祭奠,一种对母亲养育之恩的报答与补偿;更是他对母亲生命景色的一种回望与流连。

一、母亲,一个永远在场的身影

对于田中禾来说,母亲是一个充满诱惑的神秘而高深莫测的世界,是一片永远不可企及与超越的领地。他以一种虔敬和崇拜的感情仰望着这个世界,破译与猜测着这个谜。长篇小说《匪首》中母亲形象的出现,正是他长期积压并日渐强化着的这种母亲崇拜情感的一次大释放。

《匪首》中的母亲正是田中禾以自己的母亲为模特塑造出的一个人类母亲形象。她宽容、博大、仁慈、公平。在"旱灾、火灾、水灾、蝗灾",尤其在世事动荡面前,坦然、平静、大气、淡漠,既不惊慌失措,也不悲悲切切,而像接受神祇的安排一样承担苦难、接受命运。然后重新建立被打碎的生活秩序,重新建造被毁坏的理想家园。她领着四个孩子在杨家的废墟上清理碎砖烂瓦,盖起了深宅大院,兴起了杨家的事业。她对儿女们,哪怕是在旷野水坑边发现而救起的长着"一副兽相"的黑驴申,都有一种仁慈的大爱之心。她不计较人世的善恶、恩仇、成功、失败,不用人为的道德眼光评判是非曲直,而把这一切看成是造物主的安排,是世事的自然运转。就连蚂蚱鱿虫,她以为既然造物主造了它们,它们就有生存的理由。正是这种人生态度,这种对世事、对自然万物的理解,使她博大仁慈的人类情感中支撑起一种天理与公平。最后母亲老了,离开了兴盛的杨家,走入朝山进香的人流,腿脚轻快,身影灵活,背影生气勃勃融入萌绿的山野,再也没有回来。母亲的生命归入了大自然的生命中,母亲的灵魂升华到了神灵的境界,母亲超脱了世俗的生存融入了大自然的永恒之中。无疑,这是被田中禾情绪化了的母亲,是由他对母亲的崇拜神圣化了的母亲,也是一个孩子的心态眼光观照与猜测的母亲。

田中禾三岁时,就失去了父亲,是母亲撑起了他们全家生活的天空,扮演着父亲、母亲的双重角色。在田中禾的记忆中,"牌坊街的人更敬重母亲,这个四十一岁守寡的女人,不但使父亲下世的破落的店房成为西门里声誉最高的商号,为两个儿子一个女儿光彩地办了婚事,又把他们一个个教成送走,到外边读书干事。"也许由于田中禾过早地失去了父亲,母亲才对他宠爱有加,特别地娇惯。即使当他突然放弃学业从兰州大学退出,回家当农民,并把户口也迁到农村时,母亲没有因他丢掉了"学而优则仕"的光明前程而责备他,大哥批评了他,母亲还护着说:"他不是从小没有父亲么!"母亲的慈爱放纵着他的天性,滋长着他的浪漫;母亲对于家事的辛勤操持以及所赢得的尊敬与荣耀,影响与铸造着他的人生理想,增加着他对母亲的感激与钦佩;母亲洞悉人生世事的质朴与感知人生命运的直觉,启示着他以最简洁的方式接近本质与真理,在不知不觉之中他接受并神化着母亲的生存智慧与历史眼光,母亲成了他心目中的巨人。这一切都随着年龄的增长越来越深地潜入了田中禾的生命中,并直接地影响着他的心灵与艺术的创造。因此,他的作品中总有一种母亲信息的传递或母亲氛围的笼罩,总有或具体或模糊、或隐身或显形的母亲存在,总给人一种母亲在场的感觉。

在田中禾所营造的母亲氛围中,在他塑造的母亲形象上,实际显露和表达了他缺乏父爱的心灵秘密和文化空白。因为跟着母亲长大的田中禾,从小接触的世界都是母亲体验和感知的世界,都是以女性的话语方式、行为准则重新描画与规范的世界。在母亲的言传身教中,在母亲的言语表达中,在母亲的故事歌谣中,田中禾更多地感受着女性的生命方式,使他的生命染上了浓重而浑厚的底色,因此,母亲不仅以情感的方式,而且以理解的方式走进了他的生命与创作。

二、用母亲给的眼睛凝视女人的灵魂

荷兰印象派画家凡·高曾说:"谁想了解许多女人,谁就必须忠实于一个女人。"由于父权文化的缺失,使田中禾更多地从母亲那里接受到的是女性眼光的历史与文化;由于他对母亲的崇拜和对母亲世界的进入,使他有机会更多地领略到女性世界的风景与色彩,更多地留意和欣赏到女性世界的阳光绿荫、奇花异草、风云雷电。母亲首先是个女人,然后才是母亲,对于母亲的生命感悟与情感崇拜连带着他对女性世界的情感态度与心灵发现。母亲是他进入女性世界的一个中介与媒体,即在他走向母亲的同时也走进了一个女性世界。

因而,与别的男性作家相比,田中禾看待女性更具人性的眼光而更少传统的男权观念,他总是超越自己的性别局限以平等的意识对待女性,这使他的创作在男性的开阔与刚健之中增加了抑郁多情、细腻柔弱的女性品格,也使他的作品中充满了女性意识与女性体验。由于他对女性心理、性情的深刻理解与把握,使他经常成功地代女人言说,捕捉和表现女人的生活故事与鲜明的人生感受,也总是采用女性视角、女性叙述角度、女性心理自白的方式进入创作。优秀短篇《五月》,以出身农村的女大学生香雨在夏收季节回乡为线索展开故事,让香雨作为第一主人公,作为观察感受乡村世界的主体,使作品在淡淡的忧愁感伤的女性情调与女性氛围中舒缓自如地铺叙了农家生活的艰辛与人们之间的矛盾冲突、情感变化。这是一幅由女性眼光折射出的农村现实与家庭生活图画。女性情绪的流泻与微妙的心理变化,使作品获得了一种真切、细腻、韵味独特的艺术魅力,一种楚楚动人的温馨湿润的女性生命的质感。

由于田中禾对母亲世界的深刻领悟,使他在女性世界中也发掘和表现着人类的母性本质与自然天性,而不像有些作家只注重写女人的妻性。母性是自然的,与生俱来的,而妻性是后天的,教化的。莫洛亚曾说:"人类之于爱,往往从母性学来。一个女子对于男子的爱,常含有若干母性成分。"女人的包容性,女人的承受苦难,女人的纯朴善良,这些都是女人的母性本质与天然属性,但在社会的文明发展中这种本质与属性总是被污染、被异化、被侵蚀着。对此田中禾表现了一种担忧和焦灼,有一种按捺不住的关注与呼唤。在早期作品《槐影》、《月亮走,我也走》中,他塑造出了槐秀与桂秋那样深明大义、注重情感、刚强正直的女性形象,由此表露出了田中禾对女性的人格尊重和精神希冀。在后来的《五月》、《最后一场秋雨》、《无花泉》、《明天的太阳》中,他塑造出一系列承受着生活的重负仍坚持着心灵追求的女性形象,挖掘与张扬着女性世界的生命底蕴、人性闪光。改娃粗朴刚健的生命活力与执着倔强的人生追求;大凤对社会浊恶的对抗,带着孩子吃人剩饭,住人屋檐下寻求真理正义与公平;孔小兰面对小镇的偏见与侮慢坚定自己的尊严和人格,都抒写出了女性世界的美好与女性生命的魅力。尤其是小静这个温顺、善良、明丽、聪颖的女孩子在世俗生活的挤压下,生命的激情消失了,青春的色彩黯淡了。过于实在琐碎的生活吞蚀了她的诗意与浪漫,扼杀了她的自由与天性。尽管她坚守着情感的防线、道德的戒律"哪个女人不愿做个好妻子",但终于抵抗不住来自生命深处的冲动和姚三对于她青春生命的召唤,可她同时得担负起放纵自我的代价。作者对小静的追求倾注了真诚的同情,而把批判的笔锋指向了传统的伦理道德与社会的世俗、平庸、异化人性的力量。在另一中篇《枸桃树》中,田中禾更为强烈地表达了对于社会物质文明异化人性的批判,通过莲妮儿被物质文明所污染和淹没了人性本质,迷失了自我天性的人生悲剧,表现了他对女人美好的天性的寻找。莲妮儿这个原本纯朴的乡村女孩子,因进城做了小工受到了老汪的保护、关照而被老汪占有,高消费的物质享受使她逐渐走向堕落。她也自拔过,曾回到故乡,想让故乡的空气将自己不安分的心冰冻起来,埋葬掉一切幻想和物欲,重新回到童年的蒙昧中去,回归于纯洁美好。但心底深处有一种不平,有一种仇恨和报复,当她已经知道并享受过外边世界的物质文明以后,再也不能安于乡村贫困而单调的苦熬,她又一次进城谋生,直到沦为妓女。在游街中是一个老母亲使她从毫不在乎、失去羞耻的状态中清醒过来,痛切地感受到了自己人格的彻底毁灭。

只有对女人的细微体察、深刻理解才能写出各种状态中女人对世界的态度与感受,田中禾从自己所崇拜的母亲那里,在母亲的引领下,触摸到了不同生存状态与境遇中女人们的心理、欲望、追求、命运,达到了男性作家不易达到的境地。

三、让男人在母性之爱中升华

法国结构主义断言,如果没有人类历史的女性化,世界就不可能得救。歌德也说过:"永恒之女性,引导我们飞升。"田中禾在发掘与呼唤着女性的美好天性的同时,也在抒写与强调着由这种母性本质、自然天性带给世界的温情与奉献,带给男人的心理、人格影响与人性改造。

在社会价值评判之外,女人对男人的认可是一种更为重要的美与善的价值尺度,是女人用爱的力量对男人的一种人性拯救。尤其男人处在生活的困境中,这种爱的力量就更其明显。对此田中禾有自己的真知灼见,他认为女人始终是文学的一种象征。比方说男人像刀锋一样,看起来很有力量、很锋利,实际上很脆弱。女人像刀鞘一样看起来很钝,实际上在保护着刀锋,保护着男人,保护着世界。从大的人类角度看,女人是强者,无论是对苦难的承受力,还是对善恶的包容性都更大。《匪首》中的母亲形象就是大自然包容性的体现,无论善恶,无论贤愚不肖都养育起来。上帝造女人就是要她改善男性不完美的东西,教化、训导男人。在《南风》中,石海像古秀才一样被乡村的愚昧掩埋了,他失去了上大学、走出乡村的机会,当民办教师的资格也被大队干部的儿子剥夺,当农科站技术员的路也被堵死了。一切施展才华通向理想的梦破灭之后,他整个地沉沦了。但此时他认识了沈小琴,并得到沈小琴的赏识和爱慕,他们很快坠入爱河。这种青春生命的融合与人性火光的碰撞不仅使他享受到了生命的奇趣、人生的快乐,而且使他升华了、成熟了。生存的烦恼释然了,对生活好高骛远的虚荣心态一下子变得实在起来,浮躁的情绪安定下来,达到了一次人生的顿悟。他说:如今我忽然明白了,一个男人并不是一个完整的人性,只有同女人结合起来,他才能完整地领会人生,为了那些烦琐的事情烦恼,实在不值得,我懂得了什么叫清静无为。他"看着这个属于自己的千娇百媚的女人,觉得这就是宇宙"。他在生活中的失败感在沈小琴身上找到了一种安慰,一种心理平衡,一种自尊。他被社会抛弃的自我从沈小琴那里得到了一种价值承认,所以他感谢沈小琴使他获得了一个男子汉的成熟与坚实。他感谢女人给了他另一个世界,给了他温柔、自信和宽阔的胸怀,给了他一种情感、精神的升华与净化。

女人生命的美、天性中的善与对世界对男人宽阔的爱具有改造男性的魅力与力量。女人的同情、怜悯以及平等的关心理解也给了男性世界一种生命的滋养与精神的支撑,给世间增加了一份美好、一烛亮光。《椿谷谷》中,娶不上媳妇的九叔在宝山的媳妇怜悯、同情、善良的关切中,寻找到了生活的信心、生存的价值和生命的能量。他帮宝山家喂牛干活而宝山媳妇出于对他劳动的尊重,给他褥子、给他做鞋、请他吃饭等等的代偿,使他苦涩、寂寞的生活中增添了一丝甜蜜的温情与品味,他把宝山媳妇当成了理解他、怜惜他的亲人,以致最后在家里挨打之后昏头昏脑跑到宝山媳妇处找温柔,失礼的举动虽然遭到了宝山媳妇的耳光,却不曾置他于死地,宝山媳妇在宽容和理解中采取了息事宁人的态度,不让他喂牛了。他整个心如死灰,彻底变懒了,生活中一点点的火光熄灭了。

这里,田中禾对于女性的抒写与评价,既有男性的客观尺度,又有从母亲那里感受到的女性的主观色彩,是一种真正两性平等的创作姿态。因此,他笔下的情爱世界很纯净、清爽,即使莲妮儿当了妓女也没有把她写成一个淫荡的女人,而是表现她盲目地疯狂地追求物质享受而进入了一种误区,是一种不自知的堕落,甚至是对自身贫苦命运的一种反抗。《轰炸》中做了土匪妻子的小芝对小拐子也有一种怜悯与母爱。石涛最后与石海的妻子沈小琴结婚,是一种对沈小琴的肯定,大姐小梅最后又与小静的情人姚三发生纠葛,也是一种对小静情感的理解。田中禾给了女性较多的人性的自由空间,尤其通过大牛的眼光投射出来的宝山媳妇简直是一个美好善良的化身,她毫无邪念地对大牛的同情、怜悯、尊重以及最后不事张扬宽容而妥善地处理了大牛对她的非礼和不规,真使人感佩与神往。总之,田中禾笔下的世界是一个被女性的人性之光所照耀的世界,是一个被女人的爱包容和庇护的世界。因此,哪怕这里再贫瘠仍然有生活的欢乐,有人生的情趣;哪怕这里再粗鄙,也仍然有清新悦目的人情与人性。而这正是田中禾心中蓄藏的男女两性世界,也表达了女人在田中禾心中的神圣位置与人性魅力。

四、大自然:泛化的母亲怀抱

如果说,人性是人类世界向往追求的一个永恒,那么,大自然便是这种永恒的伴随,是人类赖以生存发展的一个寓所,一种环境,一个必不可少的条件与伴侣。田中禾认为:女人、文学、大自然是融为一体的。因而,当他以文学手段表达他对美好的人性向往的同时,也表达了对大自然的亲近与钟爱,并从大自然中获取着人生的智慧与艺术的灵感。

于是,我们看到,在田中禾笔下与女性相媲美、相谐和、相伴随的,是一幅幅生机勃勃的大自然图画。太阳、月亮、高山、河流、田野、庄稼,在这里都具有一种灵性,充满着人的气息,是与人息息相关的一种生命。《五月》、《最后一场秋雨》、《南风》、《枸桃树》、《明天的太阳》、《青草地》、《河滩》、《月亮走,我也走》、《槐影》、《椿谷谷》……首先,这一连串的作品题目,就传递给我们一种心灵信息与审美偏好,领我们穿越世俗层面进入到一个由大自然营造的氛围之中。五月,那是一个热闹、繁忙、收割汗水与希望的季节,也是一个火红的太阳跳跃、金色的麦浪翻滚的季节,更是一个青春勃发、生命畅开的季节。在这个季节里,"改娃仰面躺在车顶的一个凹坑里。五月的阳光照在她年轻的脸上,她的头发像一蓬乌云,蓬蓬勃勃堆在麦包上。健壮的身躯舒展开来,肌肉随着车厢颤动,浑身散发着青春的活力。"即使被文化娇弱了的香雨也在故乡大自然的怀抱中受到了热辣的感染和鼓动。田中禾认为大自然是人类永恒的故乡与家园,无论人类的文明走了多远都走不出心灵对大自然的渴望与回归。因而《南风》中,在城里受到轻视和慢待的石海回到故乡时,有一种强烈的归属感、亲切感。

在长篇《匪首》中,这种永恒的大自然不仅是人们不变的生存环境、活动场景,而且是与人心灵、血脉紧紧相连的精神意象,性格、命运的指代象征。人与大自然贴得更紧更近,简直水乳交融地化为一体了。首先,母亲这个带有神灵之光的形象就是一个自然之子,她从田野上向我们走来,又回归到萌绿的山野中去,变成了一个住着泥屋石门像漆黑的画框上显出了神像的老妪。她与动物们完全达成了默契,不管白昼黑夜,她都知道有几只狼从村子里趟过,几只野猪从沟里窜过,几只斑鸠在乌桕树上做窝。她从不说人间的事,只说野物、树木、昆虫、花草。她同鸟儿们说话。如果有老虎走来,她也会说:"花儿,今天你吃饱了吗? 懒洋洋的!"她与地相通,与天相接,荞麦看见她"宽大的袍袖像一座铺向峭壁的桥,天在她四周呼吸,嘘动颜面上的汗毛"。荞麦认定这个老人就是她背着香包走入山野的母亲。在这里母亲彻底消弭了人的社会属性,整个地与大自然融为一体,成了一个完完全全的自然人。这里田中禾的一种假想,也是他创造的一个神话,一个寓言。它揭示了人类寻找到的家园,回归到自然怀抱的终极目的。其次,《匪首》中的自然景物描写,是作者贴近人物、揭示人物心灵的主要表现手段,对自然景物的独特感觉也是人物进入自我的一种方式,他们通过对太阳、星云、原野、庄稼有不同生命感受切入各自的心灵幻想,表达出他们在自我生存境遇中的情绪心态。母亲和荞麦最初见面时,她们看见天上出现了"吊龙挂"景象。"一条灰蒙的龙盘旋扭动,在远远的天边搅动云雾。"而这正预示了申以后翻天搅地的天虫军司令生涯,是一种恶势力的象征。母亲领着三个孩子看雪后初升的太阳,又象征了这些孩子蓬勃上升的青春力量与杨家事业的开始兴旺。他们看到"一个五颜六色的光轮从黑白斑驳的林梢升起,披着彩虹的雾纱,像一颗巨大无比的宝石,璀璨琳琅,缤纷夺目,从容大度地降临人世,使天空大地充满新奇鲜活的明亮"。接着他们又看到"晴朗的天空,无数条银蛇射向云端,翘首奋力,拖着太阳滚滚奔驰,隆隆的轮声在长空弥漫,变成缕缕的轻云"。简直是一幅悬挂在天地间的神秘多彩、无与伦比的油画;是一个君临天地间雍容华贵、仪态万方的帝王,不仅有辉煌灿烂的光焰,而且有仪容姿态、性格、威严、声势、力量。这是关于太阳的传说故事,这是关于日出的寓言、神话。而多年之后荞麦带给黑驴申的第一个日出,则是另一番肃穆、平稳、持重、妩媚的景象。这正泄露出黑驴心中的情感秘密——荞麦在他心中的位置。而在土匪出没的山野中,太阳又是一种孤单、凝滞、惨烈的景象。由于人物的心境不同,眼中出现的自然景物也不同。各种不同形态的日出由于人的感觉浸染而变得新鲜、奇异、瑰丽、神秘,让人惊羡不已,过目不忘,给人一种心灵、命运的昭示。

五、以母亲的悲悯俯瞰人生

人物总是作家思想意识的体现。田中禾对于母亲生命境界的领悟与创造,实际上标志着他自我生命所达到和进入的认识人类生命、历史的深度,他对女人天性的崇尚与对大自然的钟爱,实际上标志着他对人类终极的哲学思考与关怀。

因此,在他所构筑的母亲世界中,在他所营造的女性氛围中超拔出了一种精神与胸怀。细腻的女性眼光与放纵的天性使他对世界充满着品味的兴致与妙趣;异想天开、我行我素的执着又使他的人生平添了浪漫的情调与超越世俗的力量。过多的任性的自我选择使他吞下了一枚枚苦果而收获了奇特的不乏磨难的戏剧性人生,并由此升华出一种高远深邃的哲学眼光、博大宽宏的人类胸怀。这使他选择的叙述语调从一开始的贴近现实、贴近故事和人物,到后来的保持一种距离,尤其在后来的《轰炸》、《印象》与长篇《匪首》等作品中,总是远远地冷静地站在大的人类甚至宇宙的角度看人生的悲剧、命运、苦难的不可逃遁、无可把握性,从大的时空上去揭示人在社会历史中渺小的位置,表现人对自由的渴望与努力。这是一种对个体人生的冷静反思,也是一种对人生悲剧命运的超越。每个人都可能面对这样、那样的社会政治以及大自然灾害等恶劣的生存环境,那么谁能扼住命运的咽喉,经得住苦难的打击,保持住自己对自由的选择与天性,谁就是成功者,不能把属于个人的责任完全推诿于社会政治等外部环境。一方面,田中禾具有卡夫卡、加缪、里尔克等人的二十世纪的艺术精神中的荒谬感,写人生的大悲哀、大不幸、命运的无可把握;另一方面,又有一种二十世纪人类主体精神意识的闪光,从个体人生中发现挣脱枷锁的努力,人性本质对自由的永恒追求。他把悲剧、苦难与神秘莫测、不可把握的命运看成一个必然,推到人类大背景的位置而超越它,并把这一切都看成人类发展所必然经历不可逃避的一个过程而接受它,只有经历了这个过程,才能留下生命的纯真与辉煌,人类才有可歌、可泣、可书写、可骄傲的充满智慧与力量的历史。在《南风》中作者借石海的顿悟表达出了这种观念。他"回忆起多少饥饿、冻馁、干旱、多雨、洪水、疾病,竟没有多少悲凉。这就是贾老营的历史,人们生下来就离不开这些悲壮的史诗,它们简直就是他们的财富。灾荒降临的时候,他们没有感到绝望,灾荒过去,留给后世无尽的故事传说"。这是田中禾对人类苦难的态度,也是他塑造的母亲对苦难的态度。可以说这是人类历史学家的一种大眼光,是人类哲学家的一种大胸怀。

这种眼光与胸怀就在一定程度上使田中禾又抹平了具体的善恶与是非界限,影响和左右了他的叙事心态,总使他以一种大气、超然冷漠的态度对待一切。当他在《轰炸》中写到炸平泌河镇的时候,刘胡子说道:"这算不了什么,小芝,人这个东西什么坏事都干,什么坏事都不怕。这些货栈、商行、楼房院落,要不了多久都会重新盖起来,新房子肯定比旧房子漂亮。死了人还会有更年轻更漂亮的人长起来,西河码头和杨家楼口照样会挤满少男少女。"人类之间的战争,相互的残杀破坏着世界,暴露了人性的恶,人类必须像承受着善一样,承受着恶,战胜着恶,毁坏着旧世界又创造着新世界。这也是母亲对待善恶的态度,母亲养育了长着兽相的申,荞麦替黑驴申借了枪支让他去生存。最后城郭毁灭了,杨季之说:"人总能找到上帝藏起来的笤帚,把潘多拉宝盒倾出的东西扫起来。"是的,人类会重新凝聚出真情和秩序的,人类社会也就是在这样兴兴衰衰、荣荣枯枯的变迁更替中发展前进的。这可以说完全是一种大的宇宙观。这里,田中禾对社会、历史、人生完全是一种俯瞰,有一种纵横几千里、上下几百年的心灵穿越,是一种对宇宙自然法则的洞悉领悟,有一种历史的辩证唯物主义态度。由于他的远距离观照与哲学思想的生命灌注,使他作品中没有那种悲悲切切的个人情感色彩,而是在潇洒轻松的笔调中蕴含着对人类的大悲痛、大怜悯。

应该说,田中禾是一个最具有人类意识、宇宙意识的学者型作家。他在描写着具体时空超越着具体而走向无限,他不满于脚下的世界、世俗的人生,而诗性的追求与哲学眼光使他穿越了乏味狭隘的地平线,穿越了时空与历史的局限,进入到一种对人类自由世界的畅想,对美好人性充分实现的渴念境界,他翱翔于由自己心灵建构的灿烂、广阔、神秘、深邃的天空,他创作的地域性作品也就获得了世界性意义。

原载《小说评论》1999 年第 4 期

非先锋的先锋性
——论田中禾九十年代的创作转型

张书恒

田中禾在他新出版的自选集《轰炸》序中说:"我的创作大致以《五月》、《明天的太阳》、《轰炸》和长篇《匪首》为四个阶段。可以说这是一个现实主义嬗变的过程。"在艺术形式、创作观念日新月异,现实主义不再成为唯一方法的今天,像这样用宣言的方式标榜自己为现实主义传人的作家为数不多。然而,在深入地考察了田中禾的整个创作之后我们发现,虽然他将自己认定为现实主义作家,而在创作实践中他却是一位具有强烈先锋意识的现代派作家。

一

正如我们不能割断时间的流动和延续一样,我们在考察田中禾九十年代小说的先锋性时,同样不能割断它与田中禾八十年代非先锋性小说的联系,因为割断即意味着断裂,意味着田中禾九十年代创作的"无根"与"悬浮"。其实,正是八十年代近十年的现实主义创作实践才使田中禾在九十年代进入了一个较为稳固持久的先锋创作时期。要准确把握田中禾九十年代的小说创作,就有必要对其八十年代非先锋性创作作些必要的梳理与归纳。

这里所谓的"先锋性"包括两方面的内涵:一、指作家创作观念随着时代文学思潮的变化而不断变化,使作品的思想内容表现出时代前沿性,呈现出一种"先锋"姿态;二、指在操作上,作家更多地从西方现代派文学中借鉴技巧与方法,使作品在形态上表现出现代派小说的一些特征。而所谓的"非先锋性",主要是指在传统现实主义观念指导下的、带有典型现实主义特点的作家作品。纵观田中禾八九十年代的创作,"非先锋性"与"先锋性"分别是他这两个时期的主要创作特征。而他八十年代的"非先锋性"写作,主要体现在他对传统现实主义文学观念的认同和创作手法的实践上,为他赢来声誉的,是他的一大批洋溢着青春气息、散发着新时期泥土芳香的乡土小说。而在艺术上,作者也大都能严格按照现实主义的典型化方法,注重对典型环境中的典型人物的刻画,从而塑造出了一大批栩栩如生的人物形象。

田中禾八十年代现实主义乡土小说的非先锋性首先表现在对当代农村现实生活的密切关注上。关注现实、反映苦难、同情弱小是现实主义的最基本特征。虽然八十年代初的田中禾在反映农村现实生活时，还不能在更高的层面上对其进行理性的审视与判断，他对乡村的认同也往往容易使作品流于空泛与虚假，不过，由于田中禾丰厚的乡村体验和敏锐的艺术感悟，他的小说并不都落入俗套，有时甚至还能从农村庸常的生活中挖掘出新意。《月亮走，我也走》、《槐影》等均是这一时期有代表性的作品。这些作品从表面看展示的是当代农村家长里短的日常琐事，然而作品通过对这些细小事件所含意蕴的提炼与挖掘，却反映了作者对平等、友爱、和睦的乡村人际关系的呼唤与赞美。

代表田中禾现实主义最高成就的，是其八十年代中期发表并获奖的小说《五月》。小说表现出了田中禾现实主义的敏锐感觉和深邃洞察力，撕裂了农村现实生活中富丽堂皇的画布，摘去了长期罩在当代农村和农民头上的漂亮光环，现出了当代农村现实生活的本来面目；更主要的，也是作品最富现实主义深度的，是它避开了在世风影响下乡土小说的乐观浪漫情怀，以真诚的态度揭示了由于党的政策失误给当代农民生产生活造成的损失和伤害。小说所揭示的农村丰收之后农民"卖粮难"的现象，正是现实生活中出现的，且必须迅速解决的问题。从这一意义上讲，《五月》的现实力量是不可低估的。与其说，这是田中禾现实主义创作道路上的一次飞跃，不如说，是他在经过了多年的探索之后，对现实主义精髓与实质深刻理解的表现，是将现实主义从虚假的理想主义人生中拉回正路，使其回归本位的尝试。

塑造典型环境中的典型人物，关注人物的命运与苦难，是经典现实主义的普遍特征之一。这一特征也鲜明地体现在田中禾八十年代的现实主义非先锋性写作里边。田中禾此时所塑造的农民形象，大多是挟裹着新时期时代气息，深深打印着八十年代标识的农村青年。《五月》中的改娃、《枸桃树》中的莲妮儿、《南风》中的贾石海等便是这些青年中的典型。改娃是新时期由农村走向城市的第一代青年，她美丽善良、勤劳能干、性格泼辣，她对土地怀有炽爱，然而家乡的贫穷使她最终踏上了进城的道路。莲妮儿是一个与改娃有着同样性格特征的农村女孩，在进城后她终于抵挡不住种种诱惑，走上了一条"少女——姘妇——娼妇"的道路。贾石海的命运同样不幸，他还在进城的路上即身患绝症，不治而亡。这些青年农民典型形象的塑造，也是田中禾关注人生的表现。而且，这些农村青年的不幸遭遇为现实中的农村青年揭示了一个令人沮丧的结论：要么洁身自爱，忍受贫穷；要么自甘堕落，游戏人生。田中禾的价值判断明显倾向于前者。这多少也印证了他这位现实主义作家的非先锋性价值观念。

八十年代中期以后的乡土小说在"寻根文学"的影响下,多从文化的角度展示乡村落后呆滞的生活方式和民俗风情。相对而言,田中禾至少有一点保持了经典现实主义作家的审美追求,即他并没有像一些乡土作家那样一味地"审丑",多数情况下,他是在用真诚看待农村,用普度众生的怜悯之心去真实表现当代农民的悲甜酸苦,所以作品往往流露出较浓郁的苦难意识及作家的救赎意识。为苦难者呐喊,为迷惘者引路,这恰恰正是田中禾现实主义的深刻之处。这也是田中禾八十年代非先锋性写作的终极意义。

二

如前所述,田中禾九十年代的创作代表着其创作的一次重大转型,即由现实主义向现代主义的转型。田中禾的这一创作转换是一个非常奇怪的现象,因为他并没像八十年代即已走红文坛的余华、格非、孙甘露等人那样从创作伊始就是以先锋的姿态出现,他是在对现实主义进行了近十年的实践后才突然改弦更张的。其实,所谓田中禾九十年代的先锋性写作,主要表现在他对新的创作思潮的大胆接受和对现代派小说形式与技巧的借鉴上,这就使他这位"老"现实主义作家的面貌在进入九十年代后发生了微妙的变化。

乡土小说创作仍然是田中禾九十年代创作的一个重要方面,不过,此时田中禾已渐渐放弃了此前对当代农村进行社会学意义上思索的套路,转而从历史的、人性的和文化的角度切入当代乡村生活,注重展示当代农民的精神状态和心理重负,探求当代农民在这种生存环境中的心理状况。《坟地》中的老汉常老慢之所以敢持猎枪公然抗法,原因在于他的意识里,女儿爱弟跟人私奔是有辱祖先的大事,自己死后是无脸进坟地的,而爱弟则公然在坟地与自己的情人幽会野合,这就把老一代农民在变革时期精神不变的一面展示了出来;除了不变的一面外,作品也写出了经济转型给当代农村带来的变化,新旧观念的激烈冲突,由经济的杠杆作用所引起的乡情淡薄、亲情疏离,人的道德沦丧、精神错位,等等。

八十年代末九十年代初,新写实小说派异军突起,并显出了强劲的发展势头。新写实小说力图"还原"生活本身的平庸以体现人生之沉重,和其注重反映小市民小职员小商人围绕柴米油盐一官半职的世俗情怀,对于已占据文坛霸主地位多年的新潮小说派来说无异于一场文学暴动。尽管现在人们对新写实小说"平面化叙事"、"零度写作"的策略颇多微词,但也不可否认这种具有革命性意义的写作所具有的先锋性质。我们知道,展示生活的不完美和普通人的庸常生活,反映他们的现实困境和生存焦虑,是田中禾现实主义创作的基本品格。新写实小说对普通人生的关注与表现,恰好与田中禾的创作风格达成了一致,也为他进入新写实的行列提供了可能。田中禾1993年发表的中篇《一样的月光》写出了在当今经济转型、文化失范的社会里知识分子的价值问题,也反映了田中禾对普通人生活命运的极大关注。作品对朱培杰不堪重负的心态与行为的表现是极为细致入微的,从叙事策略看,小说与新写实派也有着渊源的关系。这篇作品也可被看作新写实派小说九十年代的绝唱。

实际上,早在八十年代末新写实还没有在文坛上形成声势,刘震云、池莉等人还在以试探的心态书写生活中的《一地鸡毛》、表现印家厚诸人的《烦恼人生》的时候,田中禾即已写出了反映城市小人物生存状态和现实困境的中篇《明天的太阳》。小说中的赵涛、陈璐、姚三、小静等青年明显是一群社会道德的叛逆者,他们无所顾忌,及时行乐,大把挣钱,大把花钱,然而却抵挡不住内心空虚所带来的忧愁。他们的生存困境恰好是建立在他们对传统道德观念的否定之上的,由于社会还没有建立起一套有效的约束机制对其行为进行规范,这使他们的行为时常处于一种失控状态,他们行为怪异、举止乖张,只能寄希望于明天。显而易见,作者在作品中为我们提出了一个有关转型期道德观念与价值取向的沉重问题。从这一意义讲,小说的论题比同期出现的一些新写实小说要深刻、厚实得多。这也表现出田中禾九十年代既贴近新写实,又有别于新写实的写作姿态,这同样是其九十年代先锋写作的一个体现。

新写实小说自然可以被看作作家对经典现实主义的"改写",而新历史小说的出现则可被看成作家对传统价值观念的自觉颠覆。新历史颠覆历史的策略之一,即是还原英雄的人性,消解其英雄性。在避免崇高、戏谑庄严的游戏规则下,历史的崇高庄严性也往往失去了原有的意义与价值。莫言《红高粱家族》中的"我"爷爷余占鳌固然是一个抗日英雄,但在他身上体现得更多的是人的匪性与兽性。这种对英雄人物人性缺陷或弱点的揭示更有助于展示英雄的内在隐秘。田中禾九十年代在"写什么"上虽然还没能像某些先锋派小说家那样完全呈现出背离传统的姿态,讲好故事、写好人物仍是他的艺术追求,但紧逼时代文学潮流,把握文坛的发展走向并予以表现,同样使田中禾的小说呈现出了强烈的先锋性。

三

如果说田中禾九十年代的创作在"写什么"上还多少保持有现实主义的某

些特征的话,那么在"怎么写"的选择和运用上,他已基本上放弃了现实主义小说的惯用手法,即使是表现最具现实意义的作品,他也力求形式的标新立异,使作品呈现出鲜明的先锋特征。

乡土小说是田中禾九十年代写作的一个重要方面。九十年代乡土小说的最大变化是一大批新一代乡土作家的崛起,这些作家虽立足本土,但大都受过现代派文学的洗礼,他们自觉地将乡村生活置于现代派小说的麾下,从而使最具中国特色的乡村生活和乡土小说在九十年代显示出强烈的先锋性,这种变化对田中禾的影响也是巨大的。田中禾九十年代乡土小说的先锋性首先表现出由讲述(telling)向呈现(showing)的转化。讲述是由叙述人以第三人称全知视角直接出面叙述故事,作品的人物命运与情绪基调也自然受作者主观情感的控制,这是传统现实主义的惯用技法;而呈现则是一种"客观"的或"戏剧化"的叙述方法,即向读者直接展示所发生的事或故事的场面,这种叙事方式往往更能将作家自己对人物和事件的评价与倾向隐藏于作品的冷静叙事过程当中,从而给读者提供更多参与创作的机会。叙事方式的变化也意味着田中禾九十年代小说艺术由传统向先锋的转向。《枸桃树》与《不明夜访者》分别是田中禾八、九十年代反映进城打工女青年悲剧命运的作品。《枸桃树》中田中禾现实主义作家的身份特征异常明显,田中禾积极地充当了主人公莲妮儿心理发展变化的代言人,特别是当莲妮儿在进城之后遭遇到一连串的不幸打击之后,作者以讲述人的身份不断地进行评价、议论,使读者对其喜怒好恶一目了然,这也是经典现实主义小说关注现实、指导人生思想的具体体现。"讲述"这种叙事方式的采用,也奠定了《枸桃树》沉郁悲愤的情绪基调。而田中禾1996年发表的《不明夜行者》虽然在小说主题与人物命运方面与《枸桃树》基本相同,但在表现女青年丁小晚的不幸遭遇时,作者却省略了过程的描写,侧面烘衬了其最终的结局。需要注意的是,即使是表现其男友的灵肉对话,作者也完全失去了叙述人的"上帝"角色,只是让作品的人物与画面自然地"呈现",以达到使作品不受作者主观意志支配的目的。

消解小说的故事性,解构其深度模式,是先锋小说反传统的手法之一。田中禾九十年代显然接受了先锋小说的这种观念,他1990年发表的中篇《轰炸》可以说是对小说文本拆解的最初尝试。小说表现的虽然是1941年有关日机对沘河县城进行轰炸的历史事件,但作者对这次轰炸的前因后果并不感兴趣,作品也没有出现惊心动魄、血肉横飞的场面。这本身就是对传统小说观念的背叛,而且,小说也没有塑造出一个有性格特点的人物形象,人物只成为了身份的符码。作者的叙事人角色完全从故事中退出,除了必要的交代之外,作品场景全由人物杂乱无序的对话来展现。这种多少有点话剧剧本模样的小说使读者对其的整体释意成为了不可能,小说的故事性就在读者的不同解读方式下消解殆尽。此外,对"元小说"理论和手法的借鉴与实践,也使田中禾九十年代的小说呈现出新的特征。田中禾的《诺迈德的小说》明显受到了新小说派"元小说"理论的影响,小说以虚拟的侦探小说开头,写了"我"构思一篇小说的操作过程。"我"一边虚构出一个个故事场景,一边又不断地否定这些场景,小说也就在不断的虚构与否定中延续并最终完成。由于作品"元叙事"手法的不断介入,使读者完全认清了小说只不过是作家"虚构的谎言"的实质。作者这种对小说写作奥秘与技巧的演示与展现,无形中消解了文学作品的严肃性与崇高性,消泯了小说传统意义上的价值深度与意义深度,使小说只成为作家为满足个人表现欲望而采取的一种书写行为。

由现实主义向现代主义,由非先锋向先锋的转型,应该被看成是田中禾新时期小说创作的显著特征,而九十年代则是他新风格形成的重要时期,这种新风格便是先锋性写作观念的确立与稳固。田中禾的这种创作形态,与王蒙、茹志鹃、张贤亮等新时期"重放的鲜花"们的创作有相似之处,是有其分析价值和意义的。

原载《河南师范大学学报》(哲学社会科学版)1999年第5期

历史·人性与诗性眼光
——田中禾的文学世界

陈继会 曹建玲

在新时期的文学豫军,乃至全国文学队伍中,田中禾始终是一位有着自己明确的文学观念、文学目标,创作实绩突出的自觉的文学求索者。他的文学创作成为我们理解认识当代文学、文学豫军的一个很好的个案。

一、对人生和人性问题的思考

1985年,田中禾发表了短篇小说《五月》并因此获奖,此后他便以自觉的小说作家姿态活跃在文坛。他把主要目光投向他的故乡南阳,审视着南阳的过往和现实,从而形成他小说创作的两个题材领域:现实领域和历史领域。现实题材小说以《五月》、《明天的太阳》为代表,充满浓郁的时代气息,主要表现变革时代纷繁的生活以及时代对人的生存处境和心理状态的影响——或深刻揭示农民生存的艰难和无奈,或大胆敏锐地捕捉农村生活中的焦点问题和展示纷繁的人情世态,或表现在商品经济大潮冲击下城乡人们价值观念和生存观念的变化,等等。历史题材小说以《落叶溪》、《匪首》、《轰炸》等为代表,描绘乡风民俗、乡土历史,探索人性的复杂内涵。田中禾的小说为读者勾画出一幅幅南阳今昔社会生活画卷。其价值不仅在于真实客观地反映广泛的社会生活,同时还在于对社会生活有节制的描绘中融入了作家对人生和人性问题的深沉思考,作品更具厚重之感。

田中禾长于在小说中设定视点人物、设立独特视角以达到观察思考的目的,自己的情绪与人物情绪深深交织在一起,借人物情绪表现自己的褒贬爱憎、困惑忧思。《五月》主要通过敏感、爱思考的大学毕业生香雨来观察生活和人。作品没有表象地去描绘农民丰收的喜悦,而是真实表现了丰收带给全家人的无奈和艰辛。小说结尾部分,作家在明媚的阳光、惬意的乡野景色中重笔描绘香雨之妹改娃的年轻健壮和青春活力,含蓄表达出对改娃新生活道路的欣慰和肯定。

田中禾在小说中一方面正面张扬如改娃、李老五(《两垄麦》)、秋水(《秋水》)争取人格独立、积极投身改革浪潮的自觉意识,另一方面更集中深刻地揭示世风日下、人情淡漠、道德失范的社会状态。在《枸桃树》、《南风》、《明天的太阳》中,作家都以家庭切入社会,解剖在当今商品经济社会中,观念的大裂变、大混乱、大痛苦,以家庭为窗口透视社会。《南风》前三个故事开头都有一段讲古,巧妙勾勒历史轨迹,为故事营造出滞重的历史文化背景,并对传统文化进行反思。同时作家的思索又超越了道德文化层面而指向人性层面,这主要通过石英、石秀的生活态度和性格表现出来。田中禾在对石英、石秀的对比描写中透射出自己的困惑和忧思:要自强自立就必定泯灭人性,要保持美好品性就一定平平庸庸吗?《枸桃树》中的几兄弟为了金钱和享乐坑蒙拐骗不择手段,哥哥坑骗弟弟,弟弟绑票哥哥的儿子,兄弟间吵嚷不休甚至大打出手。邻里不睦,夫妻离异,纯洁少女莲妮儿也在城市物质享受的诱惑下失足。作家对生活的审视叩问与《南风》几乎相同:人们对富裕生活的渴望与追求必然带来人性的扭曲,道德的沦丧?《明天的太阳》将一家城市市民纷乱的生活放置在纷乱肮脏的小巷里去表现,通过富于典型性的父子两代冲突展现当今道德、文化失范状态。父亲赵鹞子是剧团著名的武功演员,几十年如一日严肃认真地对待艺术和生活,然而他的儿女们却不然,或浑浑噩噩如小梅,委顿慵懒淡漠,没有责任感,没有理想和追求;或摩登新潮如赵涛、小娜,精神狂躁失态,是非荣辱标准颠倒,标新立异,随心所欲,贪图享乐,神圣的艺术沦为他们捞钱的工具,高尚严肃的情爱也变得自由放浪。拼命捞钱,随意挥霍成为他们的生活内容和生活目的,吃喝赌玩是他们的主要生活方式,父亲的生活态度和价值观念在他们看来显得可笑,遭到摒弃,很有思想的话在他们面前失去了思想,很有分量的话在他们面前失去了分量。这是一群看似现代、新潮实则心态浮躁、内心空虚的时代病患者。小梅与赵涛代表了当前社会生活态度的两极状态,典型地反映出商品经济大潮冲击下文化道德的失范。作家在此已超越了对个体的道德批判,容涵在作品中的是对整个中华民族未来精神走向的强烈焦灼和深深忧思。

现实使作家无奈,忧心忡忡,于是他把目光投向过去,在历史隧道里开掘。代表作《匪首》充分展示了中国近代豫西南乡土历史、民俗乡风。就其表现内容和表现方法而言,与其说它是一部历史小说,毋宁说它是一部现实寄寓之作,作家借具象的豫西南区域历史表现了他对民族文化历史的理解。故事告诉人们:人与人之间充满争斗,缺乏理解,心灵难以沟通,这一基本关系带来人的基本存在处境的险象丛生,人需要竭尽全力去奋斗、去挣扎,然而奋斗的结果又令人失望。姬有申无拘无束释放着他的生命激情,获得了人性的自由,以他的强悍和野蛮赢来土匪天虫军司令宝座,然而毁灭破坏世界正常秩序的人生追求最终将他送上了断头台,叱咤风云的人生转眼间灰飞烟灭;杨蒹之坚韧顽强,精明能干,拼尽力气,费尽心思,耍弄权术,投身商业,联络政界,一时间声名显赫,事业发达,财资雄厚,但仍逃不脱世人的嫉妒和仇恨,最终家族败落,人财两空。作家通过姬有申和杨蒹之的死思考着理性和文明必将战胜愚昧和罪恶,实际上也思考着人生的根本意义和终极价值,隐约流露出人生虚无和无意义的感慨。《匪首》在探索人性奥秘时,一方面揭示出人性的复杂,另一方面探讨人性与人物行为间的关系。作品中荞麦、姬有申、杨蒹之的性格都是复杂的。其中,"荞麦是中国封建主义社会中女性的典范,也是中华美德的化身。"[①]她温柔善良,依恋家族,看重亲情,满怀柔情寻找辞家远去的母亲,规劝浪迹绿林的哥哥,也正是在寻找规劝中表现出她身上的复杂人性——对家族亲情的钟情和对充满野性、自由生活的追求。姬有申是美与丑、善与恶的结合体,他有着原始人的雄强、土匪的野性、凶残和暴戾,疏离家族,以搅乱社会为乐事,具有极大的破坏性;同时又讲义气、重承诺,对母亲和妹妹充满温情,身居草莽绿林又不时回望家族亲情。作家在作品中精心探寻了申出家为匪的原因——人性的隔膜与压抑。姬有申有追求自由的天性,然而在生活中他处处受挫:热爱乡下却被带进城里;喜欢呼吸自由空气却被关进杨家深宅大院;爱荞麦妹妹,妹妹却另嫁他人。别人的意志总强加于他,使他感到压抑难耐,于是幼年孤独流浪中滋生的野性不顾一切迸射出来,怀着对世界的仇恨去"搓乱世间的一切"。他踏入匪道不仅出于天性本能,更是人性压抑的结果,他始终在为获得精神自由、维护正常人性作顽强抗争。作家从人性角度考察人的行为,呼唤着对人性尊严的珍视。

从《五月》到《南风》、《枸桃树》到《明天的太阳》、《匪首》等,田中禾对问题的思索逐渐增强、加深,从生活层面的农民出路问题到文化层面的道德失范、人性变异与失落等,在执着的思考中透射着作家在现代意识烛照下"以天下为己任"的中国知识分子传统价值观念和忧国忧民意识,以及直面社会、直面人生的强者精神。

二、执着于民族经典的再造

面对纷纭复杂的社会生活,面对文化道德失范、人性异化的社会状态,田中禾有过迷惘和忧伤,但同时又在不断调整自己的情绪,将深深的忧虑转化为对再造民族文化规范的积极探索,在现实和历史中寻找足以挽颓风去积弊治疗人

[①] 田中禾:《超级玛莉的历险——〈匪首〉创作札记》,《小说评论》1995年第1期。

性的良药,从而实现民族经典的再造。

在中国文学史上,无数作家怀着救世济民理想,以满腔热忱上下求索,艰难寻求救世之道,单就现代文坛就可以开出长长的名单。冰心以女性的温柔和善良宣扬"爱的哲学",以人类之爱化解仇恨和不平;沈从文在古朴的湘西边地高唱着人性赞歌,以边城人民的淳厚和雄强反衬都市豪绅的蝇营狗苟、虚伪庸俗,从而达到救治的目的。尽管在当时社会里,冰心"爱的哲学"尚显得幼稚和肤浅,沈从文正直朴素的"人性"抵挡不了都市文明的冲击,但他们留给文学史的是不朽的爱与美的颂歌,奉献给读者的是几分甜美、几分启迪。今天,当田中禾面对复杂的世界,面对变异、萎缩的人格时,他带着宗教徒般的虔诚,四处环顾、寻觅,最终将目光停留在女性世界中,从女性身上发掘出如冰心、沈从文动情歌咏的爱和美,又一次奏响爱与美的颂歌,在一曲曲或柔婉或高亢的乐曲中消解自我的忧伤,激起世人精神的升腾。

田中禾笔下矗立着一系列人类生命范本,她们主要是乡村女性。在这里,作者一改写丑时的沉郁滞重,以一支流淌着不尽诗意的笔描绘了一个令人动情难忘的美好女性世界。它由两个系列构成:一类是以母亲、荞麦、花表婶、宝山媳妇为代表的传统女性系列,另一类是以改娃、爱弟、大凤、孔小兰为代表的现代女性系列,她们个个可亲可爱,鲜活生动,闪耀着真纯、健全的人性光芒。"母亲"几乎成为田中禾作品不可或缺的形象,不论是《落叶溪》还是《五月》、《印象》,都有"母亲"的身影"或具体或模糊或隐伏或显形地存在着",从不同侧面描绘了母亲崇高的人格、顽强的意志、博大的胸襟。《匪首》中作者对以往作品中母亲性格作了高度综合,使母亲形象成了一座巍峨的高山。母亲勤劳、善良、坚韧、宽厚、仁慈。母亲在任何打击和灾难面前,临危不惊,从容镇定,乐观自信,以大无畏的气概迎接命运的挑战,战胜困难。这是一个气度不凡的形象,作者并非单纯以现实主义手法表现生活中的具体母亲形象,同时将母亲象征化、神圣化,写出心中的母亲形象。母亲就是作者心中的神,她是智慧的象征、能力的象征,是人类爱的象征。作者在母亲身上浓缩和凝聚了中国传统母亲几近完美的人格精神,母亲身上体认着中国传统文化性格,她是作家崇拜母亲心理情绪的一次大宣泄。

母亲之外,田中禾塑造了作为女儿、妻子、女人的女性形象,花表婶(《落叶溪·椿树的记忆》)处在尴尬的婚姻关系中,空守洞房,面对丈夫鹏举的冷淡和遗弃,无怨无艾,温顺宽容,即使在接受离婚判决书时也仍表示:"只要他改过,我再等他两年。"几十年后,当鹏举身处逆境无处栖身时,她不计前嫌,收留了他全家,此后又得以破镜重圆,几十年的孤独换回晚年一点慰藉,她的婚姻充满苦涩,而她却感到满足。荞麦(《匪首》)"是个孝顺的女儿,深情的妹妹,守妇德的妻子",温柔善良,始终以温和纯洁的眼光看待人生,理解苦闷的季之,宽容不忠的丈夫,善待偷情的荷叶,同情穷苦百姓,尤其对为匪的申哥一往情深。作者在这里没有将她们放在妇德、妇道等庸俗传统的天平上衡量,而是在饶有趣味的故事中极力表现她们蓬勃昂扬的生命激情、觉醒的个性意识、顽强的反抗精神和机智灵敏的个性。田中禾对女性的认识不落俗套,竭力挖掘出她们身上的美好品质,对女性有着更多理解和宽容。

在表现新时期生活的小说中,田中禾不再耽恋于女性的传统美,而是关注着改革新形势下的女性的命运和心理,挖掘出她们面对新生活的态度和性格。《五月》中的改娃勤劳纯朴、沉默寡言,没有了传统女性的安分顺从,艰难的生活把她打磨得倔犟刚强。爱弟的路走得更远,她勇敢摆脱世俗偏见,深爱着被人(包括自己的父亲)唾弃的常十三,婚后面对丈夫不忠和无端的打骂,爱弟一方面以强制恶,同时又以自己的爱融化了丈夫的冷酷,治愈他心理的变态,唤回了他的良知和人性。爱弟的身上透射出坚毅、独立自强和开拓进取精神。大凤(《最后一场秋雨》)则更多带着原始的野性和刚勇。不正常的现实生活培养了她畸形的生活逻辑和强人哲学。她以恶抗恶,在她扭曲的行为背后透示着未经现代文明污染的嫉恶如仇、正直傲岸的人性辉光。

田中禾对女性世界的描绘达到了痴迷的程度。在对混乱的现实世界不满时却这样深情地注视女性、歌咏女性,并非出于偶然,这与田中禾对待女性的平等意识和偏爱分不开,而这种平等和偏爱主要源于他独特的人生体验。

在田中禾的第一本小说集《月亮走,我也走》出版时,作者曾写《梦中的妈妈》作为本集的后记。从这里我们了解了作者的母亲及作者对母亲笃深的感情。正因为作者承受着过多的母爱,他才更了解母亲,才会产生对母亲更多的依恋和爱。田中禾认为"文学创作是人的激情与幻想的寄托",他正是带着对母亲的爱和思念塑造了一个又一个母亲形象,弥补现实生活中母亲的缺失。他笔下的母亲富于灵性,充满智慧,崇高、博大。这是他在经历风雨人生之后对母亲较为完整的理解,是他依恋和崇拜母亲心理的投射,而其作品中美好的女性则是由他恋母心理衍化而来的。他笔下无论是富于传统美还是更富现代意识的女性都具有很强的思想价值和审美价值,不仅在于呼唤健康美好的人性,构筑人类之爱的家园,抚慰现代人的心灵,更能给人心灵的震撼。作者不遗余力地在小说中述说着女人对男人的感化训导:杨蒹之的成功,姬有申的人性闪光,常十三理性的回归,刘大毛美好人生观的确立,丁县长良知的恢复……这些都体现了女性人格的巨大魅力。读者从琳琅满目的女性人物形象身上捕捉到了作者明确的主体意愿——高扬博大、仁爱、独立不羁的民族精神,弥补和救正现代社会的种种缺憾,用女性的举止品格催发出一种完全不同于现代人委顿、漠然、疲累的健康、明朗、蓬勃向上的人格。

三、诗性眼光:自觉的艺术追求

田中禾自 60 年代辍学为文到 80 年代重步文坛,其间历经坎坷。而他正是在丰富的生活基础上真正开始了艺术追求,始终如一坚持"避开别人,冲破自己"的创作原则,在文学缪斯招引下,在充满魔力与崎岖的文学道路上,以中年人的睿智、青年人的激情进行着执着而又艰难的攀登。而一以贯之的是他那审视表现生活的诗性眼光。

田中禾说:"我觉得我的创作只能从《五月》算起。"(《轰炸·自序》)的确,1981 年发表短篇《月亮走,我也走》和《槐影》,笔墨尚显幼稚,真正成熟并使田中禾享誉文坛的是 1985 年发表的《五月》。在这里,田中禾真实地再现了农民的生存处境和命运,同时对农民在变革时代新的价值体系中的迷惘以及他们对生存方式的思考和选择作了理性的把握。艺术上主要继承了传统的表现方法,以白描为主,写人记物,寥寥数笔形神兼备,结构巧妙自然,叙述语言精练雅致,人物语言个性化,富于泥土气息,在诗一样的含蓄蕴藉中,做到雅俗共赏。《五月》在田中禾的创作道路上堪称异峰突起之作,并开始形成他作品语言的诗化风格。

《五月》之后到 90 年代中期,田中禾致力于笔记小说《落叶溪》系列短篇创作共 30 余篇。《落叶溪》掇拾遗闻轶事,题材广泛,不拘体例,以孩子天真纯洁、幼稚好奇的目光作为艺术视角,记述的人物大多是小城或乡下的小人物,叙写的不过是过鬼节、捉鹌鹑、变戏法儿……平凡、普通、琐细,看上去漫不经心,无所寄托,然而作家通过这些透视了民国初年到 20 世纪 60 年代故乡南阳的民风民俗和乡土文化,具有极强的文化色彩,在作品中包含着世态人心,流贯着作家的褒贬爱憎和生活感受。或歌咏人生智慧,或感慨世道沧桑,或表现对纯真友谊的珍视。这些人物、故事、民情民俗一方面通过孩子这一独特视角,另外又因为时间的推移、空间的转换,与现实拉开了距离,于是便有了更强的审美意味。《落叶溪》大多是艺术精品,短小精致,行文简约,叙事记人不尚雕琢,语言精练含蓄、摇曳多姿,注意构筑优美的意境,制造了亦实亦虚、缥缈神秘的环境氛围,韵味无穷。故事情节波澜起伏,笔致老道,时空转换自然。风格多样,或机智风趣,或沉郁感伤,或朴讷淳厚。《落叶溪》处处显示着作家的才情和古文学修养,在选材和艺术表现上游刃有余。它是田中禾短篇小说代表作,有人称其"深得中国笔记小说的堂奥",美国一位研究中国当代小说的教授说它"是转化本土小说传统的成功范本"。它与上世纪80年代中期我国文坛上兴盛的新笔记小说形成回应之势。

在几年的探索积累之后,1989年又成为田中禾创作爆发期,连续创作发表了中篇《南风》、《枸桃树》和《明天的太阳》等。它们在价值取向上与《五月》有明显的承续关系,仍然深情关注着变革中的现实,所不同的是关注的目光由现实乡村世界拓展到城市世界,人文关怀中又加进对现实的批判,透出文化反省意识。基本创作倾向是现实主义的。《南风》、《枸桃树》不断变换视点人物,通过众多人物的目光和感觉对社会人生多角度透视。毋庸讳言,《枸桃树》的生活事件杂芜铺张,缺乏严格的剪裁,因而结构松散枝蔓。《南风》则广泛使用意识流手法,以贾老祥病危之际的所见所思将往昔与眼前生活相交织,把现实与幻想相融合,构成作品纵横错综穿插铺排的结构。从这里我们看到田中禾对传统全知叙事形式的突破,对西方现代小说表现方法的吸收。而几乎与此同时创作的《明天的太阳》又显示了一种与此不同的面貌:审美对象世俗化,审美品格自然本色,语言平实,以家常语调叙家常之事,不刻意求工,一切都似乎是信手拈来,"以动态的静态的实录展示最富暗示性的无穷层次"①。于是,正如亨利·詹姆斯所说:"在小说提供给我们的东西中,我们越是看到那未经重新安排的生活,我们就越感到自己在接触真理。"②作者运用第一人称内视角这种极便利抒情的写法,却仍做到叙事的不动声色,把评价的任务推给了读者。作者内心情绪通过艺术表现形式外化出来,作品柔慢的语调、舒缓的节奏反映出作家对生活的态度、思考以及由此形成的思想和情致。田中禾是一位具有强烈自我意识的作家,有着如历史上一切渴望成就者对既有文明的"影响的焦虑",生怕自己迷失在传统和同辈的辉煌之中,于是躲避他人,超越自我,追求创造,"首先得躲开'新写实主义',躲开乏味的琐屑现实生活","坚决改变《落叶溪》带给人们的传统面目,尤其要抛开超逸散漫的士大夫情绪","躲开……先锋派浪潮","躲开拉美魔幻现实主义"③。从1990年到1992年,田中禾进行了更艰苦更成功的艺术探索,发表了中篇《坟地》、《轰炸》、《印象》和长篇《匪首》,形成了创作的辉煌时期。

如果说80年代以前的小说除《落叶溪》外主要是表现当代人的生存境遇和心理状态,那么1990~1992年的小说则是对现实的超越,选取历史故事,致力于人性探索,追求文学更高的审美层次。前者以现实主义为主要表现手段兼容

---

①田中禾:《在自己心中迷失》,《小说家》1993年第4期。
②陶东风:《文体演变及其意义》,云南人民出版社,1994年。
③田中禾:《超级玛莉的历险——〈匪首〉创作札记》,《小说评论》1995年第1期。

现代主义文学的表现技巧,重写实;后者现实主义淡化,艺术形式创新,重写意。在叙事结构、叙事方法、语言模式方面由雅俗结合向更加文人化方向发展。长篇历史小说《匪首》最能体现作者的探索及其达到的高度。

《匪首》有别于传统的以表现政治、经济生活为基本骨骼的历史小说,对历史作着消解与重构,将目光从社会历史转向人的精神世界,用个体生命去体验历史,根据残存的历史碎片展开想象,虚构历史世界,从而在其中融入自己的情怀和思考。田中禾曾经谈到自己创作《匪首》的思想动机是"把近代中国融入中原豫西南的切片","使豫西南的乡土历史民俗民风成为人类文化的一个标本"①。作者正是通过历史人物心灵这一独特的艺术视角,通过艺术的写实与虚构,概括和抽象出他对民族个性、民族历史的认识。《匪首》历史世界的时空基座是明晰的,即民国初年的豫西南。故事通俗,表现一个家庭的经历和变迁,家中三兄弟姬有申、杨蒹之、杨季之之间心灵的对抗,感情的纠葛。这种心理冲突实际上是他们所代表的官、商、匪三种文化的碰撞和搏斗。人物所处的社会历史生活如匪情、匪患、商业活动、官商勾结等具体、真实,对众多人物的个性特征及性格形成发展历史的把握准确精当,这些真实的叙写属于作品的显性层面内容,是对民国初年豫西南乡土历史的真切展现。同时田中禾又超越了对区域、阶段性历史的再现和思考,发展了《落叶溪》重主体的自我体验和人格精神的特点,继承了中国传统文学重情蕴、重性灵寄托的传统,主体意识发展得异常强烈和恢宏。他要把自己的历史意识寄寓在鲜活的乡土历史中。这里就有作品虚化问题,作者继承民族文化重隐喻的美学传统,建构具有隐喻意味的文学世界是使作品虚化的一个重要方面。隐喻世界的创造来源于神秘文化素材的大量使用:"一是神话传说;二是地域的民俗和特定时代的民间信仰;三是积淀在民族集体无意识中的神秘主义;四是神喻式的语言。"②作品中裴先和母亲半人半神,似实又虚,语言闪烁,语意含蓄跳荡,神秘虚幻。造成作品虚幻的其他方面又如以散文式叙事笔调自由驰骋想象,以优美含蓄的诗化语言抒写感觉和情感,甚至写幻觉和潜意识,即使在写民风民俗时,作品也往往注重描摹人物的感受,设置象征物和象征性场景。这些同隐喻手法结合起来大大拓展了小说的生活容量和思想容量,增强了作品的深奥性、暗示性和抽象性。作品境界旷达、神秘、深邃,将实与虚、露与藏、显与隐相交织,使其互生互补,造成虚实相映、隐现互陈、亦真亦幻、亦情亦理的美学意境。作品描绘的既是具象的富于鲜明个性特征的个性生命,富有地域文化特色,却又让人感到作品已不是具体时代、具

---

①田中禾:《超级玛莉的历险——〈匪首〉创作札记》,《小说评论》1995年第1期。
②孙荪、田中禾:《更自觉地追求审美价值》,《河南日报》1995年12月22日。

体地域的故事,它以特有的深邃和含蓄启发读者联想,从而把握作者通过具象描绘给人的生命状态、民族生存历史状态的寄寓和抽象。作者是将现实主义的"描述"与现代主义的"表现"完美统一在一起,将中国的文学传统与西方的表现手法相融合,语言已不再是通俗的口语,更主要是文人语言,雅致、深邃、纯净,蕴含着浓郁诗情。同时,又由于作者对"激情与幻想"的表现,人在作品中成了主体,他们的出现又如生活中一样招之即来挥之即去,自由纷纭。生活被切割、重组,切断了故事情节链,情节中断、跳跃,甚至出现空白,时空秩序被打乱,给接受者的理解带来障碍,从而激发人们的探索欲望和阅读兴趣,读者只有全身心投入才能悟出其中真谛,品味人生。《匪首》没有对人物事件明确的价值判断,作者执着探索着人性的奥秘,探索着新的表现形式,较之以往写作对人性和时代的双重聚焦,彷徨于严肃文学与纯文学之间的追求,它是对人生更深层次的观照,对人类共性问题的观照,在走向纯文学的道路上迈出了一大步。尽管作品在写实与虚化、简与繁之间尚显不谐调,裴先和母亲的行踪过分虚化和神秘,使人难以把握,广博的社会文化哲学知识和描绘才能羁绊了作者,前半部分对风土民俗汪洋恣肆的描写固然是为了写出民族特点,为整部作品制造神秘的氛围,但总难让人消除堆砌冗杂的感觉。作品的缺憾也许是探索者难免的,但它有可能成为作家新的攀登的基石。

田中禾始终走着一条崎岖不平的文学创新之路,在热点迭出、思潮纷涌的当今中国以至世界文学创作的大背景下,他始终保持着冷静,不趋时,不趋潮,坚持自己的文学追求,在避开别人的同时冲破自我,不断提高作品的文学品位。他的创作富于动态,难以一言概述,证明了伏尔泰的结论:艺术是不可界定的。"就在人们试图给它们下定义的时候,它们却在千变万化。"①田中禾创作的开放态势给研究者们带来了理性把握其作品的困难,他的不趋时的创作态度和对文学高品位的追求使他的作品似高山流水。因此,他的名字及其创作长期处于文坛的边缘之地,但他耐住了寂寞。他说自己"呆在这儿很自在"②,因为在此他有更多的冷静和从容以追求更高的审美价值,《匪首》就以较高的审美价值逐渐被读者发现和接受,在群星灿烂的当代文坛上闪射着自己的光彩。《匪首》是田中禾多年探索的结晶,是他创作道路上的一个高峰却不是顶峰。《匪首》之后作家又以满腔热情进行着"新超级玛莉的历险",创作了以现实为题材,艺术表现上更具现代意味的短篇小说《杀人体验》、《诺迈德的小说》、《姐姐的村庄》

---

① 〔法〕伏尔泰:《论史诗》,蒋孔阳、伍蠡甫主编:《西方文论选》(上),上海译文出版社,1979年,第 320 页。
② 田中禾:《避开别人,冲破自己》,《田中禾小说自选集序》,河南文艺出版社,1998 年。

等。从这些孜孜不倦的探索、创新中我们又一次看到田中禾生命的蓬勃。

田中禾的创作历程标志着现实主义的嬗变和衰微,从《五月》严格的现实主义到《轰炸》、《匪首》的现实主义与现代主义整合出新,在《诺迈德的小说》一组作品中艺术上已几乎不闻现实主义的声息,《落叶溪》对本土文学传统的继承转化在此已被完全摒弃,作家的创新精神是可贵的,然而读者对《五月》的挚爱,对《落叶溪》的倾心,对《匪首》的青睐和认同,对《诺迈德的小说》的沉默又仿佛在提醒着作家什么。

在美学追求、叙事方式、语言特征诸方面,田中禾始终贯穿着一个"变"字,却对大自然怀着永恒不变的热情与钟爱,大自然启迪了他的心智与创造的灵魂,反过来又一直成为他小说的表现对象。作品写景繁复,几乎每一部都有不止一次对自然景物的描绘;写景手法多样化,突出景物地方特色,静景中掺入人声笑语、鸟飞蝶舞,构成动态的艺术画面。《枸桃树》写"秋天的田野,晚风清清爽爽从绿莽莽的庄稼地里掠过,大自然发出怡悦的鸣籁,蟋蟀响亮地悠远地叫着"。不仅如此,就连单个景物也在"动"中——"树叶在头顶上哗哗闪过,好像疾飞的绿翅鸟。"即使写严寒封锁的冬天也不沉闷,"风摇撼着干枯的槐树林,树上冰凌嘎嘎崩响,世界被冰冻结了,只能听到大自然的喧嚣"。这些景物或作为主体事物的背景,或用来烘托环境气氛、铺垫人物,或借以外化人物心灵。也有的用来抒情,《南风》中城里人的轻视刺痛了石海的心,他自惭形秽,打不起精神,然而"当他的自行车驶进原野愈来愈远离城市的时候,秋收的田野向他展开浩大坦荡的胸怀",他沐浴在故乡秋日的阳光中,面对辽阔而又充满生机的山川原野,石海发出了由衷的赞叹:"哦!我的故土,这山、这河、这树、这草、这田地、这庄稼,这就是永恒!"赞叹中包含着对人生的顿悟,正是大自然给予石海以精神启迪,救赎了他沮丧的灵魂。

歌德说过:"只有通过爱,才能接近自然。"田中禾曾自述:"我太喜欢自然了。"作品中不少地方直接赞叹"这太阳真好","这晚风真好"。正是这种审美偏好才使作家对大自然的体察精细入微,并使大自然成为有生命、有灵性的存在,就连母亲(《匪首》)也成为自然之子,来自田野,回归山野。这一形象是他热爱自然感情表达的一个极致。当然,田中禾描绘自然时偶有过于挥洒之处,游离于作品人事之外,这局限虽缘爱而起,但偏爱却斫伤和谐。

在现实写真与历史寄寓的两个向度间,田中禾流转探索了十余年。一分耕耘,一分收获。他为当代文学的繁荣作出了属于自己的那份贡献。新的世纪正在呼唤着中国当代作家。我们相信,聆听着这殷殷的呼唤,田中禾不会停止他求索的步伐。

原载《郑州大学学报》(哲学社会科学版)2001 年第 1 期

乡土情感与人生况味
——论田中禾的民间书写

刘永春

新时期以来,田中禾的小说创作始终坚持了现实与历史相互回应、审美与情感共同交结的方式,在探索时代面貌和深度人性等方面作出了自己独特的贡献。他以知性的眼光透视着他所生活于其上的那片土地,观察着生生不息的人类及其生活场景,从每一丝炊烟中寻找着中原大地的精神品性,并试图用文字揭示其内在的文化底蕴;他以自己柔楞的文学体验复述着乡土中国的苦难与兴勃、沉沦与自省——在他沉实、凝重、婉丽、凄怆的笔触中,作为乡土的中原大地和作为存在家园的中原文化得以觉醒、再生和传世。

然而,田中禾的写作始终是不事声张地沉默着的,就如同他笔下那片无声的土地一样。或许正是被这片土地的厚重所折服,他的写作才自觉不自觉地带着一股强大的生命力量,而自己却只是冷静和执着地书写着。他把自己比作田野里的一棵禾树,站立、凝思,眼光深远。他将土地上的苦难往事以及难解的现实情境都化入到诗性的浪漫书写中去,在这心酸的浪漫中回忆、品味和批判。作为中华文明发源地之一的中原大地,承载了作家多样的文化思考和精神探求,并因此而逐渐显示出自身的文化气质,闪耀出民族意志的光芒。

田中禾的创作历程并不复杂。1983年的《月亮走,我也走》使他由诗歌转向小说。1985年的《五月》为他赢得了一定的声誉,也树立了他的艺术信心。1994年的长篇小说《匪事》确立了他的新的叙事风格并引起了极大的关注。而到了新世纪初的《故园一棵树》,他在"忆语体"这个新的体式中找到了迥异的艺术天地,也使得自己的文体探索有了新的成果。当然,这只是他大概的创作经历,还有许多重要的作品是含在这个过程中的。在这个流程当中,田中禾贯彻着自己对中原文化的哲性思考,也淋漓尽致地表达着对人性的敏感思考,更不断地进行着自己对新的小说表现方式的求索。现实主义、浪漫主义、神秘主义甚至先锋主义交织的书写模态,造成了田中禾文本世界的异彩纷呈和小说审美风格的繁复多变。在这个过程中,田中禾在实现着自己的审美理想的同时也在不断地超越着自己。

乡土的文化书写与情感的语码再现

乡土文学在二十世纪的中国文学中是一个较大的门类,描述出了多样的乡土形态。这个文学园地是许多中国现当代作家共同培育的结果,而田中禾在其中自然也尽到了自己的力量。从作家主体的角度来看,文学乡土是作家体验自身存在的一个重要途径和方式,也是田中禾着力较多的地方。他为我们展现了一个属于他自己而又具有超越意义的乡土画卷。在这样的意义上,田中禾的乡土书写无疑既具有极其鲜明的个性色彩,又为我们的乡土文学提供了新的语码样本和情感经验。

陈平原先生曾经概括出了 20 世纪初期中国小说的"游子思归"母题并将其总体架构归纳为:"一个远游多年的知识者,回到或者拟想中回到故乡,目睹故乡衰微破败景象及乡人亲友贫苦麻木状态,回忆昔年故乡的美好形象,思及今日自己的困顿,不免无限感慨。"①的确,无论这些现代乡土小说以何种模式出现,其共同的特征是:叙述者以游离、外在的方式远远地感知或俯瞰乡野上的一切,其叙述主体与审美对象呈现出二元对立的态势。这种情况到了新时期就发生了变化,大部分乡土小说的叙述者不再以批判者自居,而是自觉地融入到广阔的现实乡土中去积极表现新的文学的乡土与乡村。他们更喜欢以历史见证人或参与者的方式进行历史讲述和现实重构。

在田中禾这里,这样的倾向也极其明显,甚至已经内化成其写作姿态和文化立场。或许与作家本人的生活经历和精神状态有一定的关系,田中禾的乡土小说中不太有衣锦还乡后指手画脚、慷慨激昂的知识分子形象,更多的则是那些生于斯、长于斯并深爱着这片土地以及这片土地上的人民的知识者。他们将这片土地视为自己的生命之源,将生活于其上并养育了自己的人们视为精神之脉,而自己则用文字为这片土地和人们默默树立着精神的丰碑。田中禾甚至用自己的名字昭示了自己对土地的热爱。他孜孜不倦地讲述着这片土地上的历史与现实,讲述着默默生息的男女老幼和他们的悲喜离合。

田中禾小说中的女性形象大多具有东方女性温恭俭让的母性风范,也具有如中原大地般的负重精神。这是他对女性的独特理解,也是他通过女性形象对乡村进行的精神解读。他笔下的女性负载了深沉的人格理想和道德模态,因而也是对中原文化的一种基于母性的再现。与《匪首》相似,《故园一棵树》中,母

---

①陈平原:《中国小说叙事模式的转换》,上海人民出版社,1998 年,第 58 页。

亲也始终处在讲述过程的核心。全部文本由以作家漫忆形式构成的十数篇散文体短篇组成,由远及近按照时间顺序回忆了自己的一生和旧事故物。由叙述者和母亲形象组建的隐性对话关系贯穿了整个讲述过程,而记述者的内心情感就沿着这个对话关系形成的话语通道诉诸文本,塑造了文本的基本情节形态和感情形态。"在我长大的过程中,母亲没有得到安慰,也从未享受过我们敬献的安逸和快活。母亲伴着我航行,在我疲惫的时候为我脱去鞋袜,垫好枕头;在我受伤的时候为我擦拭血污,轻缚绷带;在我沮丧的时候给我勇气。她总在为我倾注全副的身心,为我在人生途程上的每一步担忧,直到有一天,她在病床上,如我十二岁那个夜晚一样喘息着,神情恍惚,目光游离,轻轻地叹了一声说:'都是我拖累了你。'"①这样的内心独白是《故园一棵树》的主调,也是田中禾小说共同的情感形态。作家以深挚饱满的笔调表达了自己对故乡和亲人的真切情感,是作家对乡土的深切追挽。田中禾的乡土小说以此获得了自己独特的审美特质和精神力量。

田中禾乡土小说中还有许多女性人物形象也是非常丰盈充实的。她们与上述形象的不同作用在于,作家通过这些形象探讨的更多的是传统文化与乡域文明以及由此滋生的精神阴暗对人的自由、人性和灵魂的压制与摧残。《故园一棵树》中的大姐在作家记忆中留下的只是一个侧影,却被作家描写得真实感人、活灵活现。《落叶溪》中的几个女性都是乡土文化和旧的生活方式的牺牲品。她们构成了中国社会中最沉默无声的群落,更以自己的悲惨遭遇刻画了这片大地上的苦难。因而,女性既构成了作家心目中的美神,又被作家给予了最多的同情和人文关怀。与此略有不同,《五月》中的香雨则充当了某种特定生活情态和经济形式的观察者、批判者和改造者,这是极少数被作家赋予了干预现实能力的女性,也是少数被作家做男性化处理的人物形象。她身上体现着作家对当时农村经济以及农业文化的理性思考与理论尝试。这些女性的命运都是悲剧性的,因为她们代表了作家的某种人性的、价值的或者存在的理想,而在强大的历史、现实逻辑面前无一例外是要失败的。《坟地》中的爱弟则直接面对着礼教和命运,她无从选择,注定是要以失败告终的。这些女性遭遇到严酷的社会现实之后,往往会发现生活本身的悲剧性以及自身命运的虚幻。因而,作家在某种程度上是带有唯美主义倾向的,对人生、命运和现实的伤感情绪往往都通过这些形象传达出来。同时,乡土的文化内蕴则更多地通过她们的命运与抗争表现出来。作为文化实在的乡土是无声的,女性的种种宿命则是一个极其丰富的文化符号和表意手段,象征了中原大地的厚重历史和深久文化。

---

① 田中禾:《故园一棵树》,海燕出版社,2001年,第259页。

与女性形象相比,田中禾所塑造的男性人物则五花八门,各具特色。《故园一棵树》采用的是回忆视角,所以其中的记述者是一个旧生活的见证人和追缅者。他始终将自己的深情凝诸笔端,举重若轻地娓娓道来。怀旧,是他的精神面貌的主要特征。"我不知道自己如何长大,对于别人加给我的称呼感到莫名其妙……我愿意永远只持有一个名片:西门里张家杂货店,聪明蛋的三娃。"(《长大以后》)《椿谷谷》则通过一个老人的生活经历和意识流,表现了九叔这样一个被社会的精神气候和人们的狭隘心理双重压抑了的人物形象。作家借此表达了自己对乡土心理的深入思考和对文化乡土的谨慎取舍。《坟地》中的常富贵和常十三代表了两种截然不同的人格类型,前者守旧恋故,始终生活在过去,生命正走向衰竭;后者则以强大的自我意识对抗着社会的歧视也对抗着自己心中固有的野性,颇类似于匪首申这样一个文明与野蛮的中间物。《轰炸》与《印象》都采用了对人物的群像描写,前者刻画了旧时代土匪群落中的种种人性,后者则是新时代、新生活中不同人、不同性格的命运写照。两者的相通之处在于将人性置放于特殊的环境之下进行具体而细微的观察与叙述。《天界》则通过对外祖父生前事迹的追寻来证明历史的不可靠性和无以复现。相对于女性人物形象,这些男性身上无疑体现了作家更多社会层面的思索与追问,承担了作家对近百年中国乡村历史的重新思考与体认,从而道出了作家对历史、人性以及乡土文化的全面态度。

在对乡土文化的物的方面的理解中,除了景物描写外,田中禾还大量描绘了中原大地深处的种种乡风民俗。这也是田中禾小说中极富特色的部分。在文化的传承过程中,民俗是相对稳定的,它对保存旧有的生活方式有着极其重要的作用,也对我们研究区域文化有着参考价值。田中禾小说中的民俗则更多地与人物刻画相结合,使得风俗与人格有机地结合起来,为读者提供一幅完整的社会画面。

按照研究者的定义,民俗指的是"一个国家民族在自己的历史发展过程中逐渐形成的、反复出现并代代相习的文化生活事象"①。的确,民俗是与一个地方的文化互为表里的。田中禾小说中的民俗描写挥洒大方,随意拾来,但无论从何处着笔,其用意终究在于刻画人物的心灵世界以及展示中原文化的独特魅力。小说中涉及的民俗是多方面的,既有婚俗、葬俗,也有节日风俗、行业风俗,甚至有关于自杀方式的奇异乡俗。这些风俗所展现的世界幽昧深远、旷达繁杂,充分刻画了中原文化的独特品性。

---

① 武锦华:《重温乡土:论赵树理作品中民俗风情的文化意蕴》,《山西青年干部管理学院学报》1999年第4期。

婚俗是民俗文化中极富特色的部分。《匪首》中，作者详细描写了荞麦出嫁当天的全部过程，直到闹洞房结束，这冗长的描写衬托了申的绝望，也让人物的人性发展有了文化背景和理解依据。其中，"摸豆子"这样的风俗在中篇小说《印象》中就曾经出现过。这篇小说通过"摸豆子"的细节描绘出了李家梅这样一个胆大泼辣的乡村女性的生动情态。还是在《匪首》中，盘古庙撞亲一节更是充满了原始情趣和蒙昧色彩，让人不禁联想起中原文明的深久博大和苍劲朴实。

田中禾小说的民俗描写是十分周全的，乡土生活的静动承转便都在这些乡风民韵中得到真切表现，跃然纸上的文字也就带有某些文化信息和别致韵味。这使得田中禾的小说始终笼罩在一层文化的雾霭中，淡远凝静，却有着极高的美学灵致。

本色的民间建构与独异的格致追求

田中禾的小说创作纵贯了新时期文学发展的各个阶段，形成了自己独特的创作轨迹。但是，仔细审视这段蜿蜒而来的历史，我们会惊奇地发现，其实他的创作始终是在变化的，不断有新的质素加入，也不断超越原有的艺术形式。虽然他的小说创作可以从上述的对母性的乌托邦式建构和对文化乡土的极度迷狂等方面进行归纳，但是其文本形式和审美特质等方面的连贯性并不强，甚至略显凌乱。因此，他的每一篇作品都在努力开辟新的艺术天地，都在挑战作家的写作惯性。

宽广的题材领域、多变的文本形式，都为我们归纳田中禾小说的艺术特色带来了相当程度上的难度。但是，无论如何，在20世纪末这样一个形式主义泛滥成灾、欲望书写招摇过市的年代，能够如田中禾般坚守自己，这本身就是一件极其难得的事情。如作家所言："综观十年的文学之路，我既不以重大社会主题使自己风云际会，又不愿用怪异的西式时髦惊世骇俗。躲避的结果是使田中禾的名字在文坛上一直保持着边沿状态。这是个恰当的位置，呆在这儿很自在。"[①]名如其人，田中禾这样一个笔名，昭示了他自己的一种态度和决心，即将大地视作自己的根本，将乡土视作自己的家园，将所有普通的民众视作己类。可以说，永远做大地之子，这样的信念支撑了田中禾的精神世界，也归限了田中禾的写作特色。

[①]田中禾:《田中禾小说自选集》，河南文艺出版社，1998年，第4页。

首先,民间性的书写姿态是田中禾的自觉追求。这不仅仅是由于他对乡土生活和乡土情感的成功复现,还在于他与民众、乡土之间的情感关系。他的乡土始终是一片文化的乡土,是民众的乡土——不是知识分子为自己实现自己的理论欲望而臆塑的乡土,也不是极度理想化、虚幻化的迷幻花园。其具体表现有三点。其一,平民化的视域。田中禾笔下的世界是由最平凡的人物组成的,甚至就是自己身边的亲人、朋友。他们的喜怒悲忧构成了他小说的主题,也凝聚了作家全部的笔意。田中禾从这些普通人物身上看到了人性的光辉,也吸取了写作的动力。其二,知性的眼光。在理性与感性的互渗中,田中禾以自己独特的知性眼光解悟着他的乡土与民间。一方面,"躲开乏味的琐屑现实生活,因为它使想象力萎缩",另一方面"抛开超逸散漫的士大夫情调"、"躲开拉美魔幻现实主义",这样的艺术追求体现了他高度的主体意识和积极的风格探索。其三,温和的立场。田中禾始终不惮于书写自己对民众的深厚情感,特别是对母性的依恋和向往,也从不回避乡土社会的愚昧与落后一面。无论《故园一棵树》中对母亲的思挽,《天界》中对外祖父的解魅,还是《坟地》对蒙昧的呈现,作家始终都是平心静气的,没有疾言厉色和知识分子的先天优越感。对人性的善恶、历史的悲喜以及乡村的淳朴混沌,作家也都是在一个知性的层面上进行复述的,并没有滥用自己的理论知识和虚构能力。

其次,人性化的文化视角,"我觉得文学应该使用人性的视角而不是社会的视角,他应该更关心人的生存状态,关注社会变革对人的命运和心理的影响,小说展现的不是人际构成的社会而是时代背景中的人。"[1]的确,田中禾小说的焦点是社会中的人,而不是"人际构成的社会",由此他得以展现人性的复杂及其在各种社会条件下的变化。在横的方向上,人性视角可以透视人与自然环境、人与自我异化的对抗,展现人性的伟大和理性力量。例如《匪首》中的申就是一个成功的例子,他在人性与兽性间的挣扎被作家赋予了悲壮的色彩。人性与兽性及其渗透地带就成了作家得力的人性"实验场"。在纵的方向上,人性视角沟通了人的社会与心理这两个生存层面,既可以有自己独特的发现,又方便于在社会和心理层面上提示人性的嬗变及其蕴藏的社会、心理内容。因而,人性视角不是抽象、空泛的先入成见,而是与人的存在密切相关,有着实实在在的内容。《轰炸》是一个典型的例子,他对人物有一定的背景交代和心理刻画,但大部分时间则是在着力表现各样的人性形态和各式的人性异变,所表现的人性也就是极其丰富的。《故园一棵树》表现的则是人性的多个侧面,包括母子之情、姐弟之爱等人伦天性,还有对邻里、朋友间的情谊的描绘,这些侧面都是作家对

---

[1] 田中禾:《轰炸》自序,华夏出版社,1997年。

人性进行重构的组成部分。

再次,多样化的形式探索。田中禾小说的形式探索是在多个层面进行的。就文本形式而言,田中禾一直在实验新的艺术表达方式,努力突破自我。他的《落叶溪》系列小说采用抒情化、散文化的笔法,以漫婉柔媚的文字呈现了自己记忆中的时空和人物,使这些过往的人与事变成为精致的共时现实。因此这些小说被誉为"转化本土小说传统的成功范本",作家也被认为是"深得中国笔记小说的堂奥"。这样的评析充分估价了《落叶溪》的形式创新特征和跨文本意义。作为乡土作家,他所开辟和描绘的乡土是充分情感化和审美化了的非现实空间,而散文的体式和结构则正适合于表现这样的意绪。因此,这既是作家刻意经营的成功效果,也是题材自身的必然要求。如果说,《落叶溪》的突出特点是其意境营造的话,那么,《故园一棵树》则成功于其情感的真实流露。两者都带有强烈的自传性质,但后者不再努力刻画风物,而是以命运中的颠沛流离为线索表现了人生的种种偶然与必然以及母性的伟大无私。因此,前者略带美文般的趣味主义色彩,后者则在字里行间浸润了对命运的沉重质疑和对人性的深入思索。换言之,前者是社会的、文化的,后者则是自我的、心灵的,而两者共同采用的散文体式都为这种旨趣提供了文本空间和审美可能,也为田中禾的形式探索开辟了新的天地。

小说文体的演进与更生在新时期以来尤为剧烈,各种实验活动此起彼伏、消长不断。小说的散文化就是其中的一脉。田中禾的《落叶溪》和《故园一棵树》就是这个脉流中的一个分支。当然,散文化了的不仅是小说的外在形式还有作家的情感状态以及文本的情绪特征。疏雅淡致的《落叶溪》表现了作家对童年记忆的珍视,悲郁沉重的《故园一棵树》则是作家心灵蜕痛的真实写照。因而,两篇小说中的散文化意韵亦是不同的。但与田中禾的其他小说相比,两者的审美特点无疑是最为独异的。无论"忆语体"还是"笔记体",这些命名在刻画了小说的形式特征的同时也提示了作品本身内含的情感模式。

除了小说的散文化以外,田中禾还在自己的小说创作中尝试了意识流的手法。其实,从严格意义上,《落叶溪》与《故园一棵树》都不是情节或性格小说,它们都是以松散的记忆连接而成的,前者可能称作生活流,后者可以视为情感流。而小说《天界》则采用了将一个少年的记忆与幻觉相互交错的方式,其以意识的转换为线索的特征已经极其明显了。到了《印象》里,作家对意识流手法的运用更加自觉和纯熟。这篇小说沿着人物的意识顺序,将全部事件打乱重排为五个片段,事迹与事件的组合都是由作家的意识流动所决定的,客观的时序不再起作用。与《天界》不同的是,这篇小说描写的大多是现实世界的真实事件,不再有幻化神奇的想象。《杀人体验》从下岗工人李幸福的心理角度以一段完整的意识段落反映了其人格的卑微与懦弱,整个文本竟然从头至尾只是一段悠长的心理独白,读来让人窒息。

另外,《不明夜访者》采用了对话体的形式,《诺迈德的小说》则是一篇成功的元小说。田中禾的这些探索不但开辟了自己创作的新的空间,也极大地增进了其小说的表现力和心灵深度。尽管这并不是他所擅长的,但是这些作品无论从形式的合理性还是审美容量来说还是相对成功的。同时,这些形式创新多数发生在形式主义已经式微的1990年代,此前的小说则显得较为"规矩"。这本身倒是一个奇特的现象。从作家的这种转变轨迹来看,田中禾并不是一位追风逐潮的作家,他所着眼的始终是自己的艺术追求,而非外在的潮流。不为潮流所动,不为自我所惑,超越外物,超越自我,坚定不移地寻求艺术表现的新境界,即使不计其作品的成功,单是这样的写作精神就已经值得敬佩了。

结语

古希腊神话中的大地之子安泰俄斯只要双脚立于大地之上就可以力大无敌,小说和作家又何尝不是如此呢?美学意义上的大地和现实层面的乡土都赋予了田中禾巨大的能量,使他找到了自己的寄身之地和书写之途。因此,他对大地的体认是源自内心的,并非是某种文化策略的结果;其对乡土的追思亦是真诚的,是来自对脚下大地和身边现实的真实感怀。唯因其真诚,才足见其赤子之心。

作为乡土作家,田中禾的民间书写在某些程度和层面是成功的,他所建构的艺术空间理应成为新时期文学大厦的一个重要组成部分。或许他的创作还存在这样那样的问题,但田中禾平和、开放的创作心态无疑会是他在小说创作中不断前进的有力保证。对于新世纪的中国小说发展来讲,这种书写活动无疑也是具有重要意义的。

原载《小说评论》2004年第5期

当幻想气息渗入写作者的血液

刘海燕

20世纪90年代初,曾为田中禾写过一篇评论,几次到交通路上田中禾的家里倾听,不能说是交谈,因为那时我和我的师兄们说的话,几乎都是译著上大师的话,不着我们文学和生活的边际。这由作家而不是教授指导的习作,成了我读研期间发表的最后一篇作品,比这更重要的,是田中禾为我推荐的随记忆一起成长的显克维奇的《灯塔看守人》,这个1905年获诺贝尔文学奖的波兰作家,因其小说的史诗风格被誉为"达到了艺术上绝对完美的地步"。在这个短篇里,一位一生过够了流浪生活的波兰老人,在海、天、灯塔、岩石和孤独中,得到了一种伟大得几乎像半死那样的休息。有一天,神秘的呼唤随海浪突然来临,他收到一个邮包,里面有本波兰文的书,诗集,老人号啕大哭起来,并因此失去了灯塔看守这份他曾渴求的宁静工作,怀里揣着这本书,又踏上了新的旅程。我年轻的眼睛,看到文字的魔力,像台风眼一样,把一个人从实际悬向幻想。

后来,我在各种各样的心情下,感到一个作家最初,乃至一生就应该着这种魔,使他无心或不屑于趋炎附势,不以文学的手段获取一切。

十多年后,我在河南,这片很难让人为之骄傲的土地上,再次注目田中禾,是因为这是一张在幻想生涯中航行的作家的脸,充满活力、柔情和自由的气息,无论是苦难、荣辱升迁,还是岁月,都没有在这张脸上留下本质性的痕迹。文学赋予他的和他赋予文学的那种气息,能辐射到我需要精神资源的脸上。

这一切是怎么到来的?有时我这么问自己。倘若不是身边黯然的背景作衬,这个叹息般的问题就会显得不真实。

在这个背景里,"作家"们的面孔,被文学以外的东西所摧毁,在很多场合,他们是有各种身份的人,唯独不是作家。记得两年前的一次会议,一位有身份的专业作家为文学定位,为青年作者排序,基本是官方标准,譬如奖项、知名度等,而不是文学自身的标准。他那样豪情万丈,我不知道会给初入此道的年轻作者怎样不良的刺激。

我宁愿认为这种摧毁更多地来自内部,而不是外部。借艾云在电话里不止一次地说起的一个词——"写作者的血液",也就是说,一些作家携带着非文学的目的进入写作,在后来的写作生涯里又迫不及待地追求一个个世俗的成功,这"写作者的血液",一直没有得到清洗,一个作家最后从里到外都不像、都不是一个作家。

田中禾和他同时代的很多作家不一样,很多人由写作,或参军,一步步改变自己底层的命运;田中禾逆向而来,高中时代已出了诗集《仙丹花》的他,由兰州大学中文系退学,把户口迁到农村,这个进入文学魔幻的年轻人,要彻底把自己培养成一个作家。年轻气盛时,要纯粹,不中和,也许并不少见,但是随后二十年,那曾面向诗与歌的面孔面朝黄土和艰难世事,在农村,在县城,当过流浪汉,跟过剧团,办过小工厂,可说是"体验"够了生活!可是他依然心性未改。

在这漂泊的二十年中,田中禾同时完成了两件事:对于外国文学的系统阅读,当然这阅读是在夜晚,白天要参加生产队劳动或干别的谋生;养育出气质不凡的儿女。他的女儿,编了多年诗歌栏目的晓雪,一次我们一起在山间行走时,曾感慨地告诉我:别的孩子都疯跑时,她的爸爸把他们关在家中,教他们拉小提琴和二胡。在拉犁拉耙、转脸都会抹眼泪的困苦日子里,让孩子们领受音乐,这是怎样的心性?

田中禾在《三仙姑搽粉的话题》一文中讲:"在中国,如果每个农村妇女都能如40年代的三仙姑那样,出门时适度搽搽粉,抹抹胭脂、唇膏,描描眉,中国人的文明程度会是什么样呢?"当代文学中的粗鄙化现象,与文明和美的维度的缺失应该是有关的。长衫礼帽下会唱各种地方戏和美国乡村歌曲的田中禾,没有浸染上农业时代的困苦神色,我想应该与他心性中的傲然、自由气质,及面向美的事物从不松懈的人生态度有关。

田中禾四十岁这一年,才得以进入县文化馆,从生存重负中解脱出来,进入真正的创作生涯。那是20世纪80年代初,中国文学进入辉煌的新时期,站在文坛门槛的田中禾,已经为热爱文学付出了全部青春的代价。可那在乡村夜晚的阅读和他自由的性情,使他没有迫不及待地一个猛子扎进去,他要给自己找一个自由的写作姿势,不是应时应势,而是应心,用他自己的话讲,就是"避开别人,冲破自己","不以重大社会主题使自己风云际会,又不愿用怪异的西式时髦惊世骇俗"。(《田中禾小说自选集》自序)譬如,他写于80年代末的《落叶溪》系列短篇,在今天看来,依然有新鲜感。因为他写美的事物,在时光中的伤逝或毁灭,几十年后,一个少年眼中的世界水滴一样消逝在尘俗中,激情和幻想不再延续,他在虚构中寻回这一切。在他们这一代以现实主义为基调的河南作家中,田中禾明显带有异质的气息,他在激情和幻想中前行,他在长篇小说《匪首》扉页题词:"人生在激情与幻想中蓬勃",表达他对激情与幻想的看重。

曾经让他红火一时,获"全国1984—1985年优秀短篇小说奖"的《五月》,写的是农村初遇商业大潮时的骚动与困顿,他写这种遭遇对人心理的影响,他笔下的人物虽然也很伤痛,但生机勃勃,不猥琐,不世故。面对同样的现实,每个作家对待现实的态度,选择的角度会有很大差异。田中禾对社会层面的写实不感兴趣,他关注人性的状态、个体生命在现实生活中的境遇。中国当代作家笔下处于转型期的乡土社会,已经有太多的阴毒、投机、官本位和金钱至上,我们无法回避这样的现实。但是对于一个不向现实妥协的作家,一个性情浓烈的作家,没有什么能阻止梦想,他创造现实而不是被现实改造。

不知这种联系是否准确,由田中禾,我总想起写《金蔷薇》的帕乌斯托夫斯基。他在俄罗斯文学中也是一个异数,悲怆、博大的俄罗斯文学中,这个帕乌斯托夫斯基,显得很优美。他有一句接近真理的话:"如果每一个心灵中都有一根暗藏着的弦,那么它一定会响应美的哪怕是极其微弱的召唤。"这个乘火车从基辅到西伯利亚专门去看雪的人,把俄罗斯大地上的美传送给一代又一代的读者。他的"高贵的尘土",成为千千万万文学青年真正的"文学原理"。

田中禾在《在自己心中迷失》一文里,谈到文学的分类:纯文学、严肃文学和通俗文学。纯文学面对人本身的困境,严肃文学侧重于社会生活中的问题,通俗文学主要是为人们提供娱乐。雅俗共赏绝不是不分领域,兼容一切。雅俗共赏也许只能用于两个中间带——纯文学与严肃文学的中间带(如斯坦贝克),严肃文学与通俗文学的中间带(如巴尔扎克)。田中禾还在不止一个场合表达过他的这种思路。田中禾主张多重性,不同类型的文学不宜相互比较,这样,才能丰富而不混乱,多重而有秩序。我想,田中禾这些年能够从容写作,与他内心的秩序应该是互助的。

两年前的一个初夏还是初秋?这个城市的饭店里都开着空调,我恍惚地坐在那儿,看一个女作者风情地圆圈敬酒,"田中禾在鸡公山写作呢!"有人突然冒出这句话。"田中禾在鸡公山写作"成了这个城市饭桌上一条有意义的消息,这也意味着田中禾在城市的游戏规则中退场。

2006年暑假,我带女儿去鸡公山,田中禾和墨白两家住武汉军区疗养院18号,房前有棵苏童小说里的枫杨树,更像是北方的千年冲天古槐,在凉台前坐着,满世界的绿和云雾涌到身边,田中禾说在山上写作的感觉不一样,他正在写长篇《二十世纪的爱情》。山上没有周末,只分白天和黑夜,白天他们在室内写作,晚上我们三个家庭一起在星空下散步。在大东沟悬崖上看月亮升起,那流云飞月,此生此世似乎都已随之而去;听只有在夜晚才能听到的林涛声,风掠过一道道峡谷山峦,掠过万顷林梢,发出雨声一样的风声。山峦如川,逝者如斯。田中禾一遍又一遍地提醒我:每年,你要带孩子来山上,来自然中住一段时间。

后来,读他的忆语体文集《故园一棵树》,我真的是流泪了。他写的那个母亲,今天我们这些做母亲的人,很可能远远做不到,我甚至认为这本书可以成为国民素质教育的读本。一个无论在何种境地,从不失尊严和风范的母亲,对于下一代人格的健全会起着关键性的影响。

《故园一棵树》中，父亲病逝时，给母亲留下一捆鞭杆、一把铁丝、一把磨光的铁钳和四个未成年的子女。母亲几年的惨淡经营，一个空空的小店成为誉满全县的商号。她让孩子们读书，走出家乡，她责骂孩子的方式都是一种赞誉，"骄傲，你这个骄傲的东西！"无论处境多么艰难，出门时母亲总用审视的眼光仔细查看"我"的衣服鞋帽，叫"我"挺住，挺住一切艰难和屈辱，不可以颓废。"文革"中，还未成为作家的田中禾被劳动改造，年近七十的母亲突然出现在看守所门口时，衣着整洁、仪表端庄、毫无愧色地对看守说："我来看我的娃儿。"母亲临终前还在院里指点着说："这儿拆了，就好盖一座南北向的楼。"好像她的日子会无穷尽地过下去。

这样一位在现实和时光面前傲然而立的母亲，从不失美的风范的母亲，会引导一个孩子向着孤傲、自由、穿透红尘又爱着这个世界的方向而去。俄罗斯女诗人茨维塔耶娃在回忆录里曾说自己，每晚在母亲充满音乐激情的琴声里入睡，"有了这样一位母亲，我就只能做一件事了：成为一名诗人"。在母亲深藏自信的目光和能够平复任何创伤的微笑里成长的田中禾，应该是今天的这个作家田中禾。

母亲这一形象出现在田中禾的很多作品中。《家事1949》写母亲参与新生活的情景。田中禾两年前已完成的长篇《十七岁》至今尚未出手，我问及缘由，田中禾说有些自传性质，现在拿出去太早了，感到自己很自在的写作才开始，要好好写几部长篇。我想这个出生于1941年的作家是幸福的，因为时光流逝没有带走他的创造力，没有带走他的率真、热情和幻想。

刚刚逝去的这个秋天，当别墅的燃气烧完，山上的度假者走完，天空彻底地蓝，道路彻底地寂寞，田中禾写完《二十世纪的爱情》的第八章，最后一个下鸡公山时，我在时光的默片里看到牌坊街的那个美少年正望着全城里最美的"虞美人"，他从南阳盆地出发，逃离兰大，在嘉峪关外的车窗里向未来、向文学探出绝对朝气、自信的面孔……这个时代，绝大多数人都循着实惠线索生活，真正的个体或自由知识分子，正以令人吃惊的速度减退，田中禾在不同的情景里告诉我：追求尽可能高的理性层次上的非理性，才能经常保持对自己心灵的好奇，对世界的新鲜感，激情与幻想才不会枯萎。

作品当然很重要，但我同样或者更看重一个能够创造有幻想气息的生活方式的作家，他扬着自由的头颅，激发着一个时代的想象力，在表达生命尊严的立场上写作和活着。

原载《作品》2007年第4期

思想者的苦恼和艺术家的逍遥
——论田中禾的小说创作

李 勇

一

田中禾20世纪40年代生于河南唐河,高中时便出版过诗歌,60年代因不满大学中文教育的落后而主动退学,并立志在人间的"大学"实现自己的作家梦,此后做过农民、教师,办过工厂,在社会底层摸爬滚打了二十年后才成为专业作家。田中禾写作起步早,享有声誉却是在80年代,短篇小说《五月》的发表与获奖,使其作为一个乡村小说家初闻于世。对转型期农村深刻而富有前瞻性的把握、对人性温暖和良善本质的体味与表达,使《五月》发表后广受称赞。但田中禾后来却没有一直沿着这条路走下去,他选择了不断挑战和突破自我。从《五月》到《明天的太阳》,到《落叶溪》、《匪首》,再到《父亲和她们》、《十七岁》,田中禾的自我挑战与突破是全方位的:从乡村到城市、现实到历史,从社会历史反思到文化人格批判,从写实、白描到意识流、"笔记体"、多角度叙事——既有题材上的,又有主题、艺术和语言上的。多变的风格体现着作家倾向于冒险的个性,但有一种较为恒定的东西在他身上却似乎一直没变,那就是一种强烈的社会责任感和担当意识:在《五月》等早期乡村小说里,它体现为对农民生存现实的观照和对农村出路的寻找;在《明天的太阳》等城市题材小说里,它体现为社会转型和文化冲突所造成的主体压抑和痛苦;在《落叶溪》、《匪首》中,它体现为历史重构所暗含的文化忧思和人性透视;在《父亲和她们》中,则体现为对现代中国知识分子文化人格的批判性审视。

可以说,《十七岁》之前,田中禾小说显现出来的作家主体精神气质一直是深沉的、富于担当的,而《十七岁》却发生了明显的变化:它完全取材于作家的自我家族史和人生经历,以"自传"和"回忆录"的方式记述了作者的祖辈、父辈和自己一代家庭成员的生长经历,尤其对姐姐、哥哥和"我"的青春成长作了浓墨重彩的记叙。小说充满了对往事的深情回忆,回忆中灌注着作者对时间流逝的感慨,对人世生存的苍凉而温暖、诗意又伤感的生命体验。将《父亲和她们》与《十七岁》进行对比就会看出明显的不同:前者是写"他人",后者是写自我;前者寄寓社会担当,后者是生命诗意的挥洒与流淌;前者苍茫滞重,后者轻盈洒脱。二者的差异是鲜明的,借用前面的话来说,《父亲和她们》(及田中禾此前的创作)更看重"文学与外部世界的联系",《十七岁》则更体现着文学言说的"自由"和"有限"。如果把田中禾《十七岁》之前的创作看作一条连续的河流的话,那么《十七岁》便像是一次突转,但突转并非中断,它不是无迹可寻的,对田中禾来说,《十七岁》变异的背后必定隐藏着某种一致性。那么,这种一致性是什么?

二

新近发表的《父亲和她们》据作者说经过了"长达二十年"的思考,这说明他一直没有摆脱焦虑,也没有放弃抗拒的努力。从主体的道德自觉,到历史文化的价值寻找,田中禾企求的是对现实的批判和改变,这一次他将希望寄托于对中国现代知识分子的文化人格省视之上。小说主人公"我"的"父亲"马文昌是在革命年代成长起来的知识分子典型,和大多数革命知识分子一样,"父亲"也经历了一个被改造和驯化的过程,但小说所表现的却不仅仅是"革命"对知识分子的驯化和改造,从意气风发的革命青年,到抑郁苦闷的中年干部,再到老年安享荣誉和回忆的布道者、人生导师,作品表现的更是一种超出"革命"的强大的社会性外力对所有叛逆个性的改造。小说引人注目的是"娘"这一形象,父亲在爱情、事业上的每一次"出走",都以回到"娘"的身边为终了,以致"父亲"忍不住感叹他的人生不过是在"兜圈子"。"娘"像大地般仁厚宽广,但正如作者说的:"宽容、善良、坚韧的娘,其实扮演着政治上对父亲改造的帮凶的角色。她对父亲的改造深深植根于传统观念之中,它渗透于我们的日常生活、伦理道德甚至我们的潜意识,以人本主义为中心的现代思想找不到向它进攻的突破口。"①"娘"所代表的是一种强大的、具有历史性和社会性的"传统",任何生于、长于其中的人都难以逃避。因此可见,作者对中国知识分子文化人格的省视其实从一开始便陷入了绝望,因为他质疑和批判的是深植于强大的文化传统的一种"现状",在这种"现状"下,生存便意味着妥协,自由便意味着逃离或死亡。"父亲"选择了妥协和活着,邹凡作为与"父亲"形成鲜明对照的理想知识分子形象,他抗争、叛逆——毋宁说他象征了"父亲"心中那个被压抑泯灭的自我,但他却被早早地安排了死亡,这更清楚地透露出作者的绝望:"独立人格,个人自

---

① 墨白、田中禾:《小说的精神世界——关于田中禾长篇新作〈父亲和她们〉的对话》,《文学报》2010年10月14日。

由,这看似简单的观念对于我们中国人,可以说一直是可望而不可即的梦想。"①

《父亲和她们》是对中国知识分子一种普遍的生存处境的发现,它是对自由的绝望,更是对知识分子自身(包括作家本人)的绝望。从《五月》到《父亲和她们》,由对社会现实问题的发现,到历史文化反思,再到文化人格批判和自我批判,从中可以清晰地分辨出一条由焦虑、抵抗焦虑到走向绝望的路。焦虑起源于担当,最终收获的却是绝望,这是田中禾作为知识者和思想者的苦恼,也是田中禾作为一个作家在理智与观念层面遇到的苦恼。

《十七岁》却似乎摆脱了这样一种苦恼,小说从内容和写法两方面都表现得十分明显。从内容上看,它讲述的完全是个人史和成长史,"十七岁"是个特别的时间点,因为"十七岁"的生命还没有完全融入社会和历史的过程,饥荒、战争、革命、运动……历史在波澜壮阔地进行,"十七岁"的生命们却在出嫁、夭亡、躲在阁楼里烤疥疮,抑或刚刚打点好离家远去的行囊,他们此后将参加革命、被打成右派、上山下乡,但在"十七岁"的时间点上,他们只有初恋、升学、离家和感伤。所以,"十七岁"的"历史"是更为私人化的历史,对"十七岁"的回望看不见家国、责任和担当,而仅仅是对昨日的一种眷念,对青春的缅怀,衬以发黄的历史底色,让人唏嘘,让人感慨。而在写法上,作者此次也似乎完全放弃了对形式和语言的一贯重视,它用的是最朴素的写实手法:人物脱胎于现实,事件遵循时间的自然流动,"第一人称"叙事者拥有实际上的全知全能。田中禾一贯重视小说的语言和形式——"讲一个有意思的、有趣的、新鲜的故事,首先不是故事本身,而是故事的讲法"②,"讲法"往往包含了丰富的理智和意图,《十七岁》这一次却似乎是对所有智性操作的放弃,它率性而为、自由自在。

那么,为什么会发生这种变化?《十七岁》的这种个人化叙事是否意味着作者对焦虑和绝望的逃避?

---

①墨白、田中禾:《小说的精神世界——关于田中禾长篇新作〈父亲和她们〉的对话》,《文学报》2010年10月14日。
②田中禾:《田中禾小说自选集》自序,河南文艺出版社,1998年。

三

　　整体地阅读会发现，田中禾作品中其实一直隐现着两个不一样的作家自我：思想者的自我，艺术家的自我。思想者的自我介入、担当、焦虑、忧愤，但对这个思想者的自我，作家本人却始终有所警惕——他没有否定过作家的社会责任感，但对功利主义的文学态度却极为嫌厌，他说："中国作家处境的尴尬在于唐宋以降的实用主义文学观经过明清苛繁的文字狱，再经建国以来极'左'路线的发挥，文学的品性几乎丧失殆尽，人们习惯了文学是政治的附庸，读者要求文学作品必须是对社会政治表明态度的社会思想载体。中国的读者似乎早已忘却了文学对于人的性灵的温柔、愉悦和美的享受。"①从这段话可以看出，田中禾有一种艺术的自觉——"对于人的性灵的温柔、愉悦和美的享受"也好，或者其他别的也好，田中禾相信，文学有且应该有一种属于它自己的、与生活和世界建立联系的方式。也就是说，文学可以表明"态度"和"思想"，但前提是以文学自己的方式——这是一种文学的自觉，而这样一种自觉也便造就了田中禾作为艺术家的另一个自我。

　　"艺术家的自我"首先（也是最明显地）表现于田中禾对文学情感本质的守护。他说，"文学的关注焦点应该是人的命运，人性的状态"，由此引发的作家的"悲悯"是文学的真正触发点："从内心深处，我更认同文学是苦闷的象征，是慈悲感和怜悯心。"②田中禾小说中的女性便以这种慈悲善良的女性特质与追求理智、冒险的男性形成了鲜明的映照，她们以一种醒目的情感力量对男性主导的理智世界构成了有效的滋润和缓冲。对"情感"的突出和侧重，使田中禾始终贴紧的是人性，而不是"观念"和社会性，这使他小说始终表现出一种温柔敦厚的品格，也使他的作品在自身内部形成着对"焦虑"的抗拒。

　　除此之外，艺术家的田中禾还有另外一种自觉——追求创造的自觉。在《匪首》"创作札记"中，田中禾这样说过："一个有出息的作家不是靠生活阅历和学识积累，尽管这二者都是至关重要的，对一个作家来说，更重要的是激情与幻想，阅历生活，积累学识，都是为了丰富、建设直觉智慧，而不是框限它、磨钝它。作家的佳势状态是天马行空，他一生能达到的高度就是张扬自己的激情与

---

① 田中禾：《超级玛莉的历险——〈匪首〉创作札记》，《小说评论》1995年第1期。
② 田中禾：《田中禾小说自选集》自序，河南文艺出版社，1998年。

幻想的程度。"①倡扬"激情与幻想",一方面可能与其叛逆、冒险的性格有关,但另一方面却更源于他对中国传统文化和民族性格的一贯体认与反省:"中国人的人性被强大的传统改造,中国人的创造激情在这改造和压抑中受到制约,严重影响了民族的活力。这不光是我个人的人生感受,我相信也是大多数中国知识分子的切身体验。"②文化传统及其构成的生存"现状"是中国知识分子追求"自由"的最大障碍,这是田中禾在《父亲和她们》中得出的结论,而艺术通过"创造"、"激情与幻想"却能够破除这种障碍,实现"自由"。也就是说,田中禾在此已经发现:其艺术家自我的充分实现便是对陷入绝望和苦恼的思想者自我的有效拯救。

  思想者田中禾的绝望和苦恼,现在成了艺术家田中禾确证自身价值的理由,而其所依凭的就是艺术通过"创造"、"激情与幻想"对"自由"的实现。当然,这种"自由"只是一种心灵的自由,田中禾明确地表示道:"我是个很看重心灵自由的作家。"③只是这种心灵的自由在《十七岁》之前却一直是被压抑的,介入、担当导致的"悲悯"纠结于心(田中禾当年在给友人的信中说:"我曾如你一样在这样一条路上满怀热情地走。今后也许仍不会丢弃它。但我觉得我们的忧患拘泥了我们。"④)——那时,"自由"仅仅表现为对"情感"的守护和对外在"观念"的远离,"激情与幻想"也只能在语言和形式的创造中获得暂时和有限的满足。然而艺术家的自我终究渴望更充分的实现,而思想者自我亦能借此实现对苦恼和绝望的摆脱,于是对一种更充分的"自由"的实现也便成为了必然,而这种"更充分的自由"势必是排斥任何心灵负累的,是自我的、内敛的,《十七岁》便是它的直接产物。

  从渴望自由,到自由的充分实现,这便是田中禾从《十七岁》之前的创作到《十七岁》的"一致性"。不过,这里留下的唯一的问题是:艺术家田中禾所实现的"自由"是否是思想者田中禾所企望的"自由"?

  从艺术的角度来看,一个逍遥的艺术家是对自由的最高实现,这应该是没有问题的——艺术家通过创造、激情和幻想所打开的是通往"无限"和"可能"之路,而这也正是艺术实现"自为"的根本路径。所以,田中禾通过对艺术家自我的充分实现而实现、获得了自由,这是他作为艺术家的荣耀与自豪,但是,自

---

① 田中禾:《超级玛莉的历险——〈匪首〉创作札记》,《小说评论》1995年第1期。
② 墨白、田中禾:《小说的精神世界——关于田中禾长篇新作〈父亲和她们〉的对话》,《文学报》2010年10月14日。
③ 墨白、田中禾:《小说的精神世界——关于田中禾长篇新作〈父亲和她们〉的对话》,《文学报》2010年10月14日。
④ 田中禾、墨白:《人性与写实》,《文学自由谈》1993年第2期。

由唯通过艺术(家)来实现,这是否是"自由"的悲哀?或者换句话说——艺术家田中禾的逍遥未始不是思想者田中禾的又一重苦恼。然而,苦恼又能如何呢?这个问题田中禾解决不了,所有的艺术家也都解决不了。

原载《小说评论》2012 年第 2 期

大地上的禾苗

周立民

　　田中禾在少年时代便展露了不凡的文学才华,但老天要培养一个人,必然在他最张扬恣肆的时候,把他打翻在地,还要踏上一脚,不过,让禾苗在泥土中生长,永远比拔苗助长要好,文学上的幸运常常是用命运的不幸换来的。到新时期他写出《五月》等一批作品,它们已是他与这片土地互赠的礼物。好多新时期知名作家实际上都没有走过1990年代,尽管他们也时有新作证明存在,但那不过是在消费的名声的储蓄。田中禾显然不一样,《匪首》(上海文艺出版社,1994年)和《落叶溪》(河南文艺出版社,1997年)的出版,显示了他不断跃进的步伐。而七十岁时写出的《父亲和她们》(作家出版社,2010年)不禁让你惊呼,他越写越好,而且带给我们很多期待:他还会写出什么来?但是,不能不说当今文坛势利,《父亲和她们》的价值显然被低估了,可是如果从另一个角度来讲,今天捧上了天的那些作品又能怎么样呢?大地生长着万物,但从不炫示什么,万物平等,也各有归宿。

　　如果说小说创作是田中禾的前庭的话,那么新近出版的散文随笔集《在自己心中迷失》(河南大学出版社,2012年)就是他的后花园,把它与小说捆绑在一起阅读,能够看到作家的背景、小说的背景,如同《我与父辈》之于阎连科的小说,《芳心似火》之于张炜的创作一样。我始终认为小说如同老蚌生珠,这不仅是个写作技术问题,写作技术可以解决或者弥补一些问题,但它的作用终究有限;或者说,也不存在脱离作家主题、创作内容和整体精神境界的技术,所以,更无限的修炼在作家的心胸、眼界、学养、精神气度等更广阔的空间里,它们看似无形却终将决定有形。这也是我为什么要强调作家的背景,背景是什么?是你的根,是你扎根的沃土,是养育你的文化土壤、精神氛围,也是你区别于他人的精神气质。在这个全球化的时代中,人类从思想到生活方式不断地趋同化,同一性不由自主地覆盖彼此的差异,文学创作也概莫能外,我们看够了那些统一定制出来的无根、无背景的创作,说不清作品的场景来自好莱坞电影,还是国产电视剧,甚至饭桌商店出流行段子,作家仿佛使出浑身解数也逃不出如来佛的手心,太阳底下没有新鲜事,但太阳底下人们的"背景"却差异很大,作品的差异并非决定于个人奇绚的文字,背景才是文字的血液,或者讲得冠冕点,那是属于你的文化资源。田中禾的"背景"至少有三。一是中原大地的丰厚文化土壤和在这片土地上的他的生活经历。这个不用多说,大家都明白,他的作品也赤裸裸地呈现了一切。二是俄罗斯的文学精神传统,鲁迅等人的精神血脉,或者可以笼统地概括为知识分子的精神传统,那种为了社会正义而抗战,为高昂的自由精神不惜抛弃精神的气质,那种悲天悯人的人道情怀,甚至那种昂扬中也有感伤的抒情语调,都来自于此,当然,始终不变的现实批判精神,更是这些精神营养所表现出来的棱角。在他的随笔集中对于封建专制的批判,他小说中对于国民性的再反思都是这种精神的体现,他的作品不是由故事和经历所支撑起来的虚空的空间,而有着精神的向度和主体的追求。三是前两者的自然结果,也是向前的延伸,那是在个体经历和知识分子人文传统的基础上所形成的探索精神和自由精神。浅白点说,前两者是田中禾的优势,但也会化为绳索束缚住他,让他执于一端,封闭,狭隘,或者思想僵化,背景像座大山反而挡住了这个人的视线,这样的例子不少,田中禾的可贵在于能够扎根于此,也能够跳出来,他的精神气质是充分的自由、开放的,这也是他在同代作家中出类拔萃的地方,体现在文字中就是他叙述方式的变化都很成功。《父亲和她们》的叙述已经有人谈过了,《十七岁》(江苏文艺出版社,2011 年)用人生切片的方式将历史和人生贯穿起来,举重若轻,中间的衔接也天衣无缝。《父亲和她们》与《十七岁》的结尾处理也干净利索、手起刀落,该结束就结束,一点也不拖泥带水,既写出了一切,又留下了很多,反倒余音绕梁。说实话,文字的流畅和自如的叙述让我想象不出它出自一个七十岁的老人之手(我不应该用"老人"这个词,无论从作品和精神气质上,他无法让我与田中禾联系在一起,然而又能说是七十岁的少年吗?)。还是回到开头说的话,我从来不单纯地把这理解为文字技术,相反觉得这是自由的开放的精神驱动的结果,让这颗创作的心永不疲倦地探索下去。西方有学者认为,置身于人类的人文传统中,我们每个人会超越自身,变成一个"无限的人",它至少具有三项好处:"首先,这个无限的人不会犯下违反人性的罪。他/她不会再狭隘地专注于自我及其眼前需求,专注于自己感受到的冤屈,及其欲以报复的欲望。""其次,这个无限的人将不再为僵硬的偏见所束缚……""再次,这个无限的人不会妄下结论,而是会在对一个问题作出判断之前审视它的方方面面,他知道任何判断都不是最终的,因此他总是愿意根据最新的资料对这个问题进行重新思考。"①如果说田中禾有违"规律"越写越好的话,我认为恰恰是他的"背景"起了很重要的作用,使作品有了一种元气和生命力。

具体到《父亲和她们》这部小说,作者说要写一个满怀激情的人是怎样"不

---

① 〔美〕理查德·加纳罗、特尔玛·阿特休勒:《艺术:让人成为人》(第 8 版),舒予、吴珊译,北京大学出版社,2012 年,第 30~31 页。

但回归了现实和平庸,而且变成了又一代奴性十足的卫道者",提出了"奴性是怎样炼成的"①这样的问题。这是鲁迅一代人所发出的"五四"声音的再次回响,这种再启蒙的呼唤,是田中禾的精神背景所起到的作用,这使得他形成了自己的价值标准和底线,使得他不仅对于"父亲"马文昌的人生有了评估,而且对于"娘"肖芝兰的人生也有了理性的解读。特别是后者,不仅是作者创造出来的非常重要的当代文学形象,而且在于作者对于她的理性把握,比如在她勤劳、勇敢、坚韧、宽厚的背后,是否充当了扼杀父亲自由精神的帮凶呢?作者一直在追问这些。有这样的追问,那是因为在作者的精神底色中有俄罗斯等知识分子带给他的营养,他更倾向于精神的高贵、自由的可贵和人的尊严的宝贵,然而,在中国的传统文化中,尤其是民间文化中,自然是"好死不如赖活着","好汉不吃眼前亏",是忍辱负重、崇尚实利的苟活文化,而不是精神至上的精神传统。如果说父亲的一个个劫难是原汁原味的中国故事的话,那么在这个故事的背后支撑着的却是精英知识分子的人类精神,是后者不断地叩问现实,作者也始终不肯认同这样的现实,所以小说在情感和理性上产生了"分裂",情感上,"娘"是伟大的,理性上,但"娘"的伟大酿成的结果一直是作者所质疑的,这两者之间的张力构成了小说的整体魅力。

是谁改造了"父亲"?政治威权、传统伦理、社会现实等等都有份儿,作者对于"奴性"的敏感让我再次联想到先驱们呼喊的"五四"精神。这一点,不仅是作者的使命感问题,而其中尚有作者对于中国当代社会现实的洞见,可能忙着查找"后现代"曲谱的人会嘲笑作者跟不上当代的节奏,但作者比我们某些高举着西方理论却看不到脚下坑坑洼洼的学者们更了解"现实"。近年来,倒是一些饱经沧桑、体会甚深的老知识分子在忧心忡忡地呼吁要"重建精神的家园","还是要接着五四精神的茬走下去",他们认为:"当前我国亟须开启民智,进行一次再启蒙,打破新老专制制度造成的精神枷锁,否则民族精神有日益萎缩之虞。"②在这一点上,田中禾不仅用漂亮的方式讲了一个漂亮的故事,还带给我们一个精神的提醒,这是他的可贵之处,当代作家精神上的无力或远离精神话题,以致他们成为侏儒尚且不自知,文学的软骨病已经到了不能再讳疾忌医的地步了。对于小说中的"娘",我们需要进一步反思,为什么她总能在现实中站住脚?与之相对应的是,为什么作为知识分子的"父亲"就要步步退却,最终被

---

① 田中禾:《〈父亲和她们〉创作手记二则》,《在自己心中迷失》,河南大学出版社,2012年,第479、480页。
② 资中筠:《中国知识分子对道统的承载与失常》,《启蒙与中国社会转型》,社会科学文献出版社,2011年,第23页。

成功改造呢？首先"娘"本身就属于这个现实，是这个现实具有强大的塑造人的力量。其次，必须认识到这个"现实"不仅仅只代表着政治威权，否则处在月白风清的日子里的人们，会放松警惕，认为政治威权不存在了，"现实"就不再能够改变我们，恰恰相反，习俗的力量或许更强大，"娘"大约正是掌握了这样的逻辑，才知道什么是顺势而发，获得自己需要的。但是这个需要是现实的需要，却未必是精神的需要。那么，需要反思的是代表着精神指向的知识分子为什么就那么容易在现实面前落花流水一败涂地？怎么就那么容易"兜了圈子"呢？或者说我们需要重新提问，当年鲁迅曾经问过的问题：娜拉出走以后怎样？"父亲"让我们反思不仅是奴性的问题，还有他何以背道而驰接受这种奴性的奴役？中国知识分子通过这个形象也应当反思如何让不着地的精神与这个古老的"现实"的碰撞，不能那么不经碰撞、不敢碰撞，也不能总是高蹈地在演说，知识分子弘扬个性精神也好自由精神也罢，首先得脚踏实地，也得有坚韧的、百折不挠的精神，不能甩甩袖子就不干了，或者唯一的本事就是写信向上级反映情况……小说当然不是在为我们提供现实的解决方案，但我觉得在"父亲"和"娘"放在一起的时候，小说的这种人物形象的复杂性和内涵能够引导我们作出更多的思考。《父亲和她们》让我想到很多类似的作品，比如尤凤伟的《中国一九五七》，讲的也是知识分子的精神是怎样被"阉割"的，但两者又有着不同，《中国一九五七》着意于控诉，有着让人发指的现实惊叹。而《父亲和她们》却力图反思，反思人性在苦难中的沦落起伏。

在河南，我曾经说过，几百年后再回看今天的河南形象，可能不是由高楼大厦或惊奇的变化所承担的，而是河南籍的小说家们以他们的文字建立了河南的形象、保留了河南的现实。这不是开玩笑，小说本身就有着承载民族记忆的功能，更何况鲜有这一批作家对这片土地用情如此之深、用心如此之专。他们以参差和斑驳的创作为这片大地上的泥土、禾苗和人们的汗滴保鲜，多少年后，一切都不在时，倘有人问起：黄河曾经东流过吗？那么只有去这些遗存的文字中找寻，正如今人们谈起商周旧事，只好去叩问殷墟甲骨一般，此时，再回头看田中禾和他的同行的价值，就不是薄薄的几页纸的分量了。

2012 年 6 月 18 日晚
原载《南方文坛》2012 年第 5 期

他是一个持续性的"少数者"
——田中禾近作与"当代"写作的难度

霍俊明

  米沃什曾经说过"写作比现实更可靠",而这对于田中禾这样的有着几十年写作历史的中国"当代"作家而言无疑更是如此。而田中禾的近作,无论是小说《十七岁》、《父亲和她们》还是散文随笔集《在自己心中迷失》都无比印证了"当代"写作的难度。这种难度不仅在于吊诡的"当代"场域以种种或强硬或柔软的话语方式对写作个性的消弭和规训,而且还在于写作自身的"当代"传统和惯性力量的影响。如果仅从1980年代的先锋文学的影响以及拉美文学的冲击所造成的文化话语方式的转换来看,当下作家的写作面临着"写什么"和"怎样写"的一个曾经无比熟悉但今日尤显重要的难题。尤其是在当下的语境之下,愈益吊诡和寓言化的社会现实使得写作者的精神现实必须具备更高的高度,反之社会化的日常化的图景已经不需要那些平庸化的复制写手们。

  显然田中禾的个人遭际是令人唏嘘感叹的,至于乡间算命的中年妇女的一句"过了今年到明年,好运还有十八年"竟然一语成谶。而实际上,这是更多的中国知识分子的共同悲剧性命运的缩影。而这作为一种个人经历和时代经验无疑一定程度上使得田中禾这样的作家有了重要的写作资源。但是问题也正在于此。与田中禾同时代的当代中国作家们轮番开始的恰恰正是经验化式写作,即写作者依赖的都是个人的命运和生存遭际。但是我们看到的却是当这种经验一旦结束,其写作也告终结。这也正是当代写作者集体短命现象的症结所在。换言之与田中禾同时代甚至更早的当代作家在将个人经验转换为写作"知识"时出现了诸多难以解决的个人与时代性困境。这牵涉到语言、技巧、个人化的历史想象能力等诸多层面,而重要的一点则是作家的文学话语和个体主体性表述都同时出现了问题。在此语境下,田中禾多年来尤其是近些年来的写作恰恰具有了诗学启示录般的意义。我认同张艳玲所指认的田中禾是越写越好的作家,当然这也印证了田中禾写作的"少数者"特征的难度。而田中禾不仅非常合宜地解决了人生命运和文学命运之间的龃龉和巨大纠葛,而且其文本还不断呈现出"发现性"与惊人的创造性膂力。所以这种文学写作的能力的持续性和不断的发现精神使得田中禾不仅成为了持续型写作的代表,而且越到近年来其葳蕤繁复的个人写作的精神气象愈益令人瞠目。在此,田中禾是一个持续性的"少数者"。这首先就体现为其近作的文体学上的拓殖与实验,就此我想说认为田中禾是一个文体学家并不过分。当然,我想强调的是不要误解文体学家只是单一的美学和文体话语类型层面的,而是涉及作家的整体的精神方式和想象方式。与此问题直接相关的现象就是田中禾的小说和散文随笔之间呈现的富有意味的互文性。换言之,田中禾诸多类型的文本中的母亲(以及更为繁复的族群性的女性形象)、小县城、家族的历史、个人生命遭际不断闪现在这些不同类型文本的主体构架和诸多细节与想象的缝隙之中。而就田中禾的文体自觉,值得注意的则是类似的情节在不同的文体中出现的时候也具有了文体的差异性、话语的共生性和精神的互补性。也就是说,这些在不同文体之间出现的相同甚至相近的人物、场景和情节并不是互相替代和重复的,而且非常可贵的是当田中禾使用不同的文体来处理这些相关的"互文"部分的时候呈现出来的差异极大的功能性自觉。尤其是在小说《父亲和她们》以及《十七岁》中,其中不断复现的"互文"不是当年的先锋小说家们玩弄的叙述迷宫般的炫技和话语方式的中国化焦虑,而是最为本真地凸显了文学的"个人性"、"精神性"和"想象性"。当然,正是由于这种个人性和精神性在不同文体那里表现程度的多少以及与此相关的整体性的文学想象的不同构造方式,使得这些"互文"的部分不仅没有被相互替代,反而是每一次的现身都获得了新奇性的意外的美学效果与精神图景。每一个作家的写作都是有"来历"和"出处"的,而田中禾小说和其他文体中不断出现的"互文"的部分也不能不是一个作家最为真诚、最难以割舍、最为疼痛又最为真实的精神性图景。在现实中这一部分成了短暂的美梦和长久的梦魇,而在文学话语里面它们重新激活了历史和当下,当然还有一个生命个体已经永远失去的部分在文字中的不断挽留与强化。而田中禾在诸多近作中所体现的个人化的历史想象能力是尤其值得注意的,这也是为什么处理相近的题材时优异的作家所表现出来的差异和陌生感的关键所在。"个人化的历史想象力"是一种在时代和写作中并非解决问题而是扩大、加深问题的手段,是自觉延宕真实指认的"极限悖谬",是到达历史真实、个人真实和虚构真实的有力和有效的途径。这种想象力显然是将历史个人化、族裔化、真实化,不断用真实的巨流冲刷惯性知识虚幻的尘埃或宏大历史叙事虚假的色彩,还原出与生命、生存更为直接的历史记忆与生命体验。而全球化和城市化正是以取消地区特征、文化区域和地理景观甚至个体思想方式"地方性"差异为前提和代价的。可悲的则是当下更多的写作者没入了标签化的"仿真"和"媚俗"时代泥淖。同时加之近年来底层、弱势群体、农村在国家和文学语境中的双重重要性,也使得很多当下写作具有了可怕的趋同化特征。这些在谱系学或光谱学上来看具有的近似性文本使得那些写作上的"少数者"的存在是如此艰难。基于此,我们可以说在当下的时代仍葆有"少数者"的身份和精神方式以及写作方向不仅重要,而且非常富于文化诗学的启示性寓意。显然,在我看来,田中禾属于"少数者"中的一员,而且是持续性的"少数者"。换言之,田中禾多年来不断在不同的文体和文本中将其"少数者"的个性声音、地方性精神(其小说中不断出现的地方性的人物、方言、历史背景、社会现实等)、发现能力、个人化的历史想象能力以及生命的体温得以充分的显现。

这是一个持续性的"少数者"。

原载《南方文坛》2012 年第 5 期

面对现实的思考
——漫评田中禾的《五月》

李丹宇

《五月》(《山西文学》1985 年第 5 期)是田中禾描写农村题材的一篇优秀短篇小说。作家紧贴生活,用自然、平静、冷静的叙述,扫描了五月的农村,展示出一幅流动的全景式的农村生活画卷,对生活作了全方位的思考。

出身农家的香雨姑娘,大学毕业后被分配到外省教书,于五月农忙时节怀着孤独苦恼、委屈不平的心情回归故里。在短短的几天里,她参与了家里割麦、打场、卖粮的全部劳动过程,体味了农民含辛茹苦的生活,忍受了她在讲台上从未忍受过的煎熬,看到了父母弟妹的微妙变化和乡里的人际关系,致使她怒气顿消,开始重新认识一切。小说通过香雨的所见所感,写出了变革年代农民的情绪、心理及遭遇。作者所写的都是普通农家的普通事情,却把读者引入了农村生活的深处。

这篇小说篇幅虽短,但容量很大。从香雨的视角出发,写了一个完整的农民家庭,写活了五六个人物。

香雨姑娘是个聪明沉稳的孩子。她具有贫寒家庭出身的大学生特有的奋斗精神,确信"人活在世上不容易,需得拼了命去奋斗"。从小学开始,她就是老师喜爱的学生,后来进了大学,成为全村人的骄傲。然而,这个从小村里走出来的丫头步入社会后经受了一系列打击。由于"没有关系",她被分配到偏僻的县城中学去教书。"人生的第一个不公平带给她更大的狠劲。"她全身心地追求事业的成功,已二十六岁了,还从未打开过爱的心扉,对追求她的一位县广播站的小编辑很瞧不起,说他平庸窝囊,胸无大志。她每天都在想着她的论文,从来没想过家。经过自己的不懈奋斗,她考上了研究生,可"人家妒忌不让去"。面对现实,她身心交瘁,感到"累极了",赌气回到家乡。然而,八天农忙生活的磨炼,使她有所醒悟,变得求实而又清醒,觉得自己应随遇而安,产生出一种乐天知命的消极情绪,以致竟怀着少女的羞涩,盼望着小编辑的求爱信,认为"当个教师也很好",开始了她对自己、对父母弟妹、对农民的重新认识。

在这里,作者没有人为地拔高香雨的形象,也没有贬抑知识分子的意图,而是以正视生活的勇气和力量,把香雨置于现实生活中,真实地描绘了她的情感历程,利用她的视角、利用她的感觉来沟通读者和现实之间的联系。

香雨在家乡看到了什么呢?最令她吃惊的是改娃的变化。这个曾经淘气、活泼,总在路上疯跑,书包在手上转圈甩的小丫头,如今出落成了一个丰满的农村少女,却丝毫不温柔,不温驯,脾气变得又倔又躁。对于短篇小说来说,改娃的复杂性格是很难写出的。她外表冷漠寡情,内里坚韧善良。她不断地和父亲"斗气",显得那么不近人情。她有苦闷,对生活现状的不满和她在苦闷中的追求都不被人理解。她热恋着大狗的弟弟小五,却被父亲误以为和大狗不清不白,在父亲的怒骂责打下,她怨愤地喊"那怨我?"她与农民意识中的三从四德、恪守孝道格格不入,不免使人微蹙双眉。但在她坚硬而冷涩的、拒人于千里之外的外表下,跳动着的依然是一颗农家女儿追求真善美的心。当我们看到她把从大狗家弄来的"粮条"悄悄压在玻璃板下的时候,看到她固执地接过架子车踏上泥泞的道路的时候,看到她在麦场上奔忙的时候,不禁释然了。她是适应今天农村关系的大胆的女性。她有独立的人格,能独立思考,还有相当的选择能力,是农村变革潮流中的一种处于自发状态的青年农民。她与小五跑到湖北做生意的结尾,虽然不尽完善,却是极为深刻的,因为它表明了两代农民间的某些微妙的差异。

香雨还看到农村价值观念的巨大变化。适应农村变革,却又不老实安分的大狗,从前一直被人瞧不起,觉得他"痞"。但如今他却能连打带骂带奚落地制服了刁难人的电工潘大头。他在大雨中临阵不慌帮助香雨家堆好麦垛,能解香雨父亲"卖粮"难的燃眉之急。他是这个变革年代的弄潮儿,有拖拉机、脱粒机。他知道只有实力、关系、利益才能打通重重难关,懂得怎样成为一个农村生活中的强者。

从艺术整体去考察,可以发现,《五月》在主题的多层次、多侧面,倾向的隐蔽性和多向性上是很成功的。作品中的每一个情节、细节上,都可以见到作者对生活的多角度的观察思考。如割麦、打场的难题,特别是"卖粮"一节,绘出了严峻的农村生活真实,写出了农民生活的艰辛。粮库容量有限,有办法有关系者捷足先登,而香雨一家规行矩步,"只认死理不通时务",卖粮路上历尽辛苦,仓库前排了两天两夜长队,最后竟被一句话打回。这一场面描写中,农民的焦灼不安,验质员的颐指气使,时间之凝固如冻结,卖粮人之希望与绝望交织,令人感慨,发人深思。我们可以思索现阶段农民的地位,可以思索农村商品经济发展中的新问题,还可以思索当今农村的人际关系、社会风气、世态冷暖,思索有知识的和没文化的生活在底层的小人物的酸甜苦辣。

香雨和改娃对理想的不同追求,显示出两种文化层次的分野;改娃和父亲的差异,又充分传递出两个不同时代的文化背景的差异。由此,我们可以思索知识分子和农民、老一代农民和新一代农民不同的价值观念和人格理想。至于作者对五月农村生活的全景式鸟瞰和不同文化背景下的人的意识、个性、理想、传统等等的剖析都表明作者在对现实社会所作的文化考察。香雨说:"为什么不到田野里来研究现实的农民,尤其是这些年轻的农民呢?"这表明作者在从理性方面对中国农民命运作一种宏观的现实的思考,也包含着作者对现实的农民、历史的农民、农民身上的民族性格和民族精神、农民的历史现状与未来的把握和思考。显然《五月》是作者对生活的整体的把握和多角度的思考。它对生活的针砭是艺术的。

然而,作者把这些凝重的思考完全深藏在自然平静的生活画面中,就像一条朴实地流淌着的小河,自然而冷静。作品中很少显露作者的主观意念,给读者留下了宽阔的思索余地。

在结构上,《五月》是半开放式的。题目《五月》起到了一种全方位扫描的作用。作者既不是按人物成长的足迹,也不是按事件发展的顺序,更不是以某一矛盾冲突的发展过程为线索结构全文,而是以香雨为视角,通过她的所见、所感,连缀了整个五月农忙时节农民生活中的连续画面。看似没有特别的选择,但每一画面都是自然衔接、水乳交融的。这是一种整体的宏观的艺术观察。

一个作品的艺术魅力是多方面的,《五月》的成功除了它对生活的近距离的观察和近乎所谓"自然主义"的叙述外,作者对艺术空白的追求也是一个重要因素。就像一幅水墨山水画有许多艺术空白一样,作者一方面拉近读者同生活的距离,一方面为读者的智慧和好奇心留下充分的活动空间,使读者介入到生活中得出各种不同的结论,似有中国古代艺术所推崇的"此时无声胜有声"的美学情趣。同时,语言上作者也追求一种淳朴自然的艺术效果,显示出含蓄、纯净,耐人寻味的特点。艺术表现上不慌不忙,不动声色,但生活的压力却从所有的细节及其相互关系中体现了出来。

选自《新时期短篇小说精选漫评》,河北大学出版社,1994年

沉沦·困惑·悲愤
——评田中禾近作三篇

宋遂良

  我虽然对去年的全国小说评奖有这样那样的遗憾，但对于评委们一致将田中禾的《五月》列在获奖短篇的榜首，还是感到由衷的欣悦和钦佩的。这篇像山茶花一般不起眼的小说，在它发表三年以后不但没有被人淡忘，而且在与众多名噪一时的新潮作品的竞争中独占鳌头，自有它独特的魅力，亦可见公道自在人心，前路总有知己。
  《五月》以后，我看见田中禾写起了"笔记小说"，不免有些杞忧。在我的习惯性思维中，"笔记小说"应该是那些老年或接近老年的人"曾经沧海"转趋闲适之后的寄寓之作，正值盛年且又关注现实如田中禾者，不该这么早就去寻找清静。正在狐疑之际，接连读到了他的三个新作，即发表于去年12期《人民文学》的短篇小说《最后一场秋雨》，和分别发表于今年第1期《十月》和《当代》的两个中篇：《枸桃树》和《南风》。看到田中禾仍然那样深情地关注着农民的痛苦，忧虑着改革的前途，心头便热了起来。
  这是三个真实地反映当前中国农村变革现实的作品，其中的两个姊妹中篇甚至可以看作《五月》的续篇，写一个典型的传统的农村大家庭在商品经济大潮的冲击下，惊惶失措的离析，无可奈何的挣扎，茫然失落的喟叹。如果说《五月》的结尾，改娃和小五偷偷地下湖北去做生意，曾在香雨的心中引起一时疑惑："这算不算一条路呢？"那么，三年以后的1988年，像香雨一样的农村知识青年说起做生意来就会毫不迟疑地回答："不能走那条路。"《五月》里那种虽然艰难却也温馨的家庭天伦亲和在《南风》和《枸桃树》中找不到了，那种虽然别扭但也潜伏着希望的追求向往消散了。田中禾在严酷的现实面前伤心了，后退了。
  在商品经济这个精怪的冲击、撩逗下，以抑制欲望为代价来长期维护的农村自然生活和传统道德被打开了缺口，农民们几乎在一夜之间失去了精神支柱。金钱调动了世代穷怕了的他们的欲望的本能，苏醒了沉睡的恶念。现实和传统、感性和理性发生了尖锐的冲突，灵魂展开了痛苦不堪的搏斗。这样的生活，一两个年头就可以把人催老，三五个回合就可以把人扭曲。面对着这空前严重的精神文化危机，田中禾忧心忡忡。仰望苍天，他写下了一个一个的"？"。

贯串和充蓄在这三个作品中的情感取向,是对金钱、权势的诅咒和仇恨。为了赚钱,兄弟间动刀子拼命,哥哥坑骗弟弟,弟弟绑票哥哥的儿子,儿女背弃父母,妻子扔下丈夫,纯洁的少女"被这个世界粗暴地推在无数欲火灼灼的野兽之中",善良的青年找不到一个安身立命之处,城市像一口血腥、恐怖的大染缸,像魔鬼敞开的一个大妖袋,要把善良的农民一个一个地染黑、吸走。作者一再通过作品中的人物热情地诉说:"钱越来越比人贵重了!""如今的世道……人都成了疯狗,红眼狗,钱狗,利心狗!"(祖宗留下的山也要卖)"我怕以后心、肝、五脏六腑也有人卖!"(沙子也用来卖钱)"迟早有一天,河里的水也会变脏、变臭、变干!"他们慨叹:"人在这儿已经彻底抛去一切性灵所有的真诚,变成金钱的奴隶。人在这儿,活着,就是为了挣钱,为了挣钱";"世界从此不再有温情,不再有人性,不再有尊严"……

面对这人欲横流、道德沦丧的世界,农民把仇恨倾泻在权贵者身上,他们用身体堵住县长的汽车告状,把乡干部喝掉的啤酒瓶收集起来在人代会会场前拍卖,在书记的豪华的浴盆里拉屎,向送给上边的酒里撒尿。"老天爷为啥不闹一场洪水,或是来一场地震!"几乎到了"时日曷丧,予及汝偕亡"的决绝程度。我们从中感受到了作者强烈的道德义愤,他在急切地呼吁我们解救农民的精神痛苦,净化社会的道德空气,提高民族的文化素质。

作为一个读者的我的这种情绪感受,也许是不能代替对作品的艺术分析的,我们有必要来具体地读一读作品。

这三篇小说各有一位主要人物,各有一个主题意向,我想把它概括为莲妮儿的沉沦(《枸桃树》)、石海的困惑(《南风》)和大凤的悲愤(《最后一场秋雨》)。

即使莲妮儿最后沦落为一个风尘女子,被抓进拘留所,被押上汽车游街示众,但她在读者的心目中仍然是纯洁的、美好的,她是中国的玛丝洛娃。一个美丽善良、心气很高的农村少女,怎么受得了贫困粗俗、封闭失和的家庭的压力,怎么抵得住城市高消费的物质蛊惑,用什么力量去顶住工头狡狯持久的利诱?她的全部文化积淀就只是她的善良天性、自然本能。她全身心地爱过工人魏小虎,结果小虎不幸从楼上摔死,她嫁给贫穷软弱的泥狗,泥狗却不能保护她。社会留给她的路太狭窄了,我们不忍心过多地去责备她,相反只有严肃地反思社会对她沉沦应负的责任。

贾石海是一个有才华、有抱负的农村知识青年。他也有点像巴尔扎克笔下的查理,或司汤达笔下的早期于连。他想"像姐姐那样咬着牙拼命挤进他们(指权势者——引者注)把持的世界去,同时,他又以极大的蔑视唾弃他们"。为了改变自己受苦受穷的命运,他要恨,他要学会恨;为了保持自己的纯洁和尊严,他又不愿放弃自由的、人性的生活,疏远永恒的、美好的大自然。新、旧两种价值观念、两种道德准则无时无刻不在折磨着这个心灵丰富的年轻人,使他得了不治之症而早死。他的那位没有青春、没有笑容的姐姐石英,对他的一生作了这样一句总结:"你白白活了二十四个年头。你什么都明白,可什么也得不到!"石英曾经用粗大的木棍训诫他:"你要有出息,就记住:要恨,要知道恨!"然而石海太善良了,太软弱了,他不会恨,所以一辈子没有出息,妻子跑了,民办教师的职务被人顶了。石海的遗言中写道:"当我快要走向另一个世界的时候,我是多么想活下去。""人世间真的没有真情吗?"社会该怎样来回答这个青年的询问,如何抚慰这个早去的亡灵呢?

大凤的情况略有不同。农技员出身的丁县长十年前在她家蹲点时曾同她有过爱情,她并且为他生过一个孩子。如今她为因同乡干部争化肥而被关进监牢的丈夫奔走呼号,面对着她至今还爱恋着的情人,她悲怆地质问道:"你为什么对庄稼人这样狠!"这既是一句秦香莲式的控诉,也是一个农民对政府的抗议。当然丁县长不是陈世美,他没有泯灭良知,他想为农民办好事。

三个青年的悲剧,三个家庭的悲剧,无数个农民悲剧性的遭遇,组成了中国当代农村由产品经济向商品经济转变的大混乱、大痛苦。作者怀着强烈的人道主义精神,感同身受地证述、抒发甚至宣泄他的困惑和悲伤,他把农民的善良和脆弱、精明和糊涂一股脑儿地接受下来、表现出来,留下了这个时代真切的、感性的历史记录。他似乎再也提不起劲来对农民说几句鼓舞的话,也无法分担他们的痛苦。他和他笔下的人物一起陷入深深的困惑之中。

试图寻找过答案,寻找过各种解脱的出路。例如大凤们寄希望于清官。她对丁说:"你要永远对我好,别忘了我。你要可怜我……""你要好好当县长。"但丁也只能发表一通"让我们把政府及其工作人员同普通公民放在同一法律尺度之下"的空论。

"清官"不能依靠,就只有像石英那样咬着牙爬上去,"挤进去",冷酷无情地操练自己,在改变自己命运的同时改变自己的灵魂。他们将长期处在追求享受幸福而不可得和保持善良本性而不可能的双重精神折磨之中。

面对这钱魔煽起的贪欲恶行,失去了家长权威的刀头、老祥等老农们,只有去向神灵烧香,向祖宗忏悔去。他们认为人生就是一场赌博,"万事万物就看你手里什么牌","一辈子像演皮影戏",全是虚的,一切都凭命运,一切都看机遇——这是中国农民解除精神痛苦的传家宝。他们就是用这类精神鸦片来打发悠悠的岁月,麻木灵魂,排解痛苦——然而痛苦总像影子一样追随着他们。

当然,也有像石秀、沈小琴那样的活法,或者安分守己,清心寡欲,或者看破一切,随遇而安,凑凑合合地过一辈子。

事情就是这样,要保持尊严和纯洁,就只有忍受贫穷和痛苦,碌碌无为地安于现状;要想发财致富,就要牺牲道德,扭曲人性,似乎没有两全兼得的可能。

这是一个悲观和丧气的结论。然而这却是这三个小说急切和重沉地告诉我们的,它表现这一切时很具深度和艺术感染力。

我们不能要求作者避开社会的丑恶和现实的矛盾去虚构"社会主义商品经济的新秩序",人为地给生活添加"亮色",我们理解和尊重作者的观察与思考。

在现实生活中寻找不到答案时,作者也曾从人类生存状态的历史发展和人性变异的深层心理去探寻过:

> 他现在回忆起多少饥饿、冻馁、干旱、多雨、洪水、疾病,竟没有多少悲凉。这就是贾老营的历史,人们生下来就离不开这些悲壮的史诗,它们简直就是他们的财富。灾荒降临的时候,他们没有感到绝望,灾荒过去,留给后世无尽的故事传说。

这是贾石海从城里回家的路上的思考,似乎也是为作者所同意的一种历史的观念。这既表现了农民乐观、坚韧的善良本性,也反映出他们对于土地、对于自给自足的自然经济、对于小国寡民式生活的依恋。从这一点出发,对现代物质文明和发展商品经济便产生一种本能的恐慌和抗拒。回到没有机器、没有化肥、没有农药的时代去吧,回到平等、仁义的桃花源去吧,那样就会有正义,有公平,苦一点也没关系。

我读田中禾的这三个小说,总有一种在读十九世纪批判现实主义作品那样的错觉。在沉重得喘不过气来的同时,也总有一个理性的声音在对我说,难道金钱果真是万恶之源吗?

这里我们又碰到了那个前几年曾经争议不休的老问题,即关于历史的道德化和道德的历史性问题。我个人认为这种关系应该包含以下三个基本内容。

一、历史无论遇到多少阻拦、曲折,总是要顽强地择路前进的。它不怕血污的淤积,不理睬道德的抗议,不计算代价的大小。然而,"没有哪一次巨大的历史灾难不是以历史的进步为补偿的"。(恩格斯:《致尼·弗·丹尼尔逊》)

二、道德作为一定历史时期的产物,是人性发展的长期积淀,因而有稳定性、继承性,但它又是发展变化的,导致它变化的最终动力是经济,是生产方式,因而每一种道德观念都打上了历史的烙印,道德最终要服从于历史的发展。

三、在历史进步和道德完善中,文学关注的主要是道德。文学最不愿意看到道德被历史践踏或出卖,在历史和道德发生冲突时,文学几乎毫无例外地扮演着悲剧的角色,它记录了在历史车轮下挣扎的痛苦呻吟,但同时留下了美和希望。历史是燃烧的烈火,文学是殷红的鲜血。

如果这几条原则可以成立的话,那么我们自不必指责田中禾的作品过于沉重和悲伤,但是对于他那沉迷于痛苦的失落感又难以肯定。这些作品似乎仍然将历史作了道德化的叙述,不愿从经济因素方面去寻找历史变化的原因,这样就限制了作者的视野。他滞留在"山穷水尽"处,无意于"柳暗花明"的旁门。他站在农民中间看农民,站在道德的地基上论道德,站在历史的转折点向后看。在《南风》中四个故事的开头,都有一段影射现实的讲古,从贾秀才的被活埋,到两个开封学生的被杀头,直到"文革"中一个女学生的自杀……作者慨叹于民族的灾难、人民的愚昧和权贵者的狡猾,却不去看一看出现了某种进步和转机。有了权就要欺压百姓,有了钱就要出卖灵魂,从古至今就是这样——他好像只留意历史的负面。基于这样一种只从道德去评价历史的标准,作品的价值取向也表现了某种繁杂和紊乱。从老庄佛道的清静无为,到许行、陶潜的绝对平均,直至朱元璋的流氓政治学说,人生如赌博的宿命论,男人为女人活着的人生观,都被请出来在道德失去准绳后来对历史作出解释,越解释便越模糊了历史的主体,陷入不可知论的泥潭。这种同感性生活纠缠不清的各种庞杂紊乱的思想观念造成了小说艺术结构上的枝蔓、语义上的重叠,甚至人称上的混乱,增加了阅读的困难,损害了田中禾固有的诗意的清新。

在相当一部分作家正"背向现实"、"淡化主题"的时候,田中禾知难而进,他直面惨淡的人生,正视淋漓的鲜血,和中国大地上几亿农民共同承担着社会蜕变期的精神痛苦,表现了一个作家崇高的人道主义襟怀和真诚可贵的社会责任感,而像我这样的批评家,却要来指责他对历史的表现不够全面。但愿蹩脚的批评家指手画脚的一番议论只是一种坐而论道的清谈,但愿作家不受干扰赶走牛虻走他自己想走的路。

1989 年 3 月 25 日
原载《当代作家评论》1989 年第 3 期

时代氛围与农家院里的悲欢
——评田中禾的中篇小说《枸桃树》

张德祥

写实文学没有也不可能过时,尤其是八十年代中国社会处在一个新旧交替的转换时代,面对这样的多种矛盾复杂冲突胶结的现实,写实文学仍然有其存在的现实基础和生命力。这就是文学不可能对生活中人们的现实处境漠不关心,不可能在人们的悲欢苦乐面前闭上眼睛,也不可能对历史的脚步声置若罔闻——文学的本性之一就是关注和描写现实的社会人生。田中禾的中篇小说《枸桃树》(《十月》1989 年第 1 期)就是一篇描写当今现实人生的较为出色的作品。这部作品描写一个农家院里从栽上那棵枸桃树秧到它刚刚结出果实而又被拔掉的短短五年时间里发生的故事。俗话说:"庄稼人的日子,枸树秧子。"枸桃树曲曲弯弯但绵韧不折,因此,作家在这部作品中赋予它以象征寓意,同时它也成为这五年间常家大院里风风雨雨、悲欢变故的默无声息的目击者和见证者。

这棵枸桃树秧是莲妮儿从路边捡来并执意栽上的,故事从这里开始,莲妮儿也就成为这个故事的主角,这棵枸桃树的弯弯曲曲就更多地与她的曲折命运相生相映。莲妮儿是家里最小的孩子,十二三岁就不上学了,光着脚在川野里跑、割草、放羊、拾柴、拣庄稼,像地里的庄稼一样悄悄长大成人,也像庄稼一样朴实无华。她是个地道的农家姑娘,表叔在城里给她找了工作,她还舍不得离开家乡和父母。爹说她是"不开窍的妮子",那时候她十七八岁。但是,农村毕竟也进入了八十年代,她生活在八十年代改革开放的社会文化背景中,就不可能不受到这个特定时代的文化氛围和情绪心理的影响,尤其是当她的从小被别人抱养长大后当兵现在回家认亲的三哥的出现,在她枯燥乏味的生活中引起了某种波动。她觉得三哥完全不同于在家里当农民的四个哥哥,而有一种令人倾慕的莫名的气质风度——那是一种相异于她的生活环境的城市文明的气息。因此,即使她在农村长大,毕竟她的青春生命中还潜藏着一种对外面世界的好奇和向往。表叔在城里给她找到工作,虽然她在感情上依恋着家乡父母,但她还是离开了家乡,离开了院子里刚刚栽上的那棵枸桃树而来到城里。她的生活环境的这种变化仅仅因为毫无任何预示的偶然机会,然而她的人生道路却从此发生了巨大的转折,这是她没有想到的也是她无法驾驭的——她被老汪所蛊惑当然也被她自身的欲望和虚荣所诱惑。在那次供销会议上,她看到了以前连想都不敢想的豪华和奢侈,在歌舞厅她看到人的疯狂宣泄,在高级宾馆里她看到人竟能如此地享受,这完全陌生的灯红酒绿的另一个世界使她单纯的心灵受到剧烈震动:吃惊、怀疑甚至嫉妒。当然,从过去熟悉的环境来到陌生的环境她也倍感孤独。在家里,虽然兄弟吵嘴打架,却仍然是亲人,而在外却是孤零零地一个人面对陌生世界。在陌生的世界中,她的单纯显然缺乏应对能力,经受不住邪恶的蛊惑。加之她来自乡下的贫穷的自卑感与欲望满足的虚荣心,她不知不觉也自然而然成了老汪的情妇,后来虽因老汪的儿女在十字街口对她施暴侮辱而回到乡下,然而一旦心灵的平静被打破,封闭的视线被开启,由嫉妒甚至仇恨而生发的占有欲望的诱惑,她也就不可能真正安心于闭塞落后贫穷的乡下,不可能回到过去单纯的莲妮儿。因此,她向大哥借了五十元钱第二次离开家乡。这次在包工队与一个青年小虎产生了真正的爱情,但就在他们最快乐的时候小虎不幸从电梯口跌下惨死,这对她又是一次沉重的打击,使她失去了精神支柱,她怀着颓唐绝望的心情又一次回到乡下,马马虎虎地嫁给了不起眼的泥狗为妻。这次回到乡下她曾想收心,"让故乡的空气将这颗不安分的心冰冻起来",埋葬掉一切不切实际的幻想和欲望。但是,她的心灵始终难以平静下来,老汪的再次召唤和撩拨,她又拔腿而走。她被欲望所燃烧,彻底丢弃了廉耻之心,看透了这欺骗的世界,干脆走上了卖淫的道路。她似乎从矛盾痛苦中解脱了,而实际上陷入了更深刻的痛苦深渊。

在这部作品中,作家除了着力展示莲妮儿的命运之外,还以较多笔墨描写了莲妮儿的大哥的忧愤和痛苦。他木讷笨拙而老实厚道,"比谁都善,像头牛","从来不藏奸"。他相信"厚诚总有好报",但这个善良厚诚的人偏偏得不到好报。父母用妹妹为他换的媳妇被奸猾的老二勾走。父母又为他买来四川女人,他本想把一切都给这个女人,与她好好过日子,她却不辞而别。他开的换面点因照顾人情而亏空倒闭。他孤独、苦闷,用茫然的眼光看这个变化着的世界,心里充满了忧郁。世界应该更美好,"可世界为什么会弄到这步田地?"他看不惯弟弟老二那副乡下光棍相,说大话,拉生意,在代销点里做手脚坑顾客,甚至欺骗亲兄弟小四、小五,他认为老二应遭报应。他也看不惯小四、小五两个弟弟留着齐脖长发,穿着红红花花的衬衫,南腔北调地怪唱,在屋里墙上贴满美人照,在戏台下勾搭女人……真不知道往后的年轻人会变成什么样!"莲妮儿是他心里最后一块光明,现在莲妮儿也像一面被打碎的镜子,闪闪灼灼地破灭了。"人要是还像从前那样仁义老诚就好了。他认为这都是因为钱,因为人造出那么多享受的东西,把人越引越坏,甚至对农药、化肥和拖拉机这些科学的产物也反感,觉得这些东西扰乱了打破了世界和心灵的恬静安宁。他那颗忧郁沉重的心显然是对着这个眼前的现实。他凭着一个农民自立感把世道人心的衰变、仁义道德的沦丧归结为现代文明的发展。这里也许包含着某些朴素的真理,正是现代文明的发展冲击着传统道德伦理,改变着人们的价值观念。只是他凭着农民的直觉也就囿于农民狭隘的眼光,只看到毁坏了的东西的代价而看不到历史的进步,甚至怀着偏见而反感一切新的事物包括科学的产物。这也说明了历史蜕变中存在着一种悖论——传统道德伦理与现代文明的冲突,进步和为此付出的代价的矛盾。作为八十年代中国社会内部的一种价值冲突,在人们心灵上的投影不是偶然的和个别的,在文学中被映现也是必然的。这一矛盾在前几年王润滋的《鲁班的子孙》、路遥的《人生》、贾平凹的《故里》、邵振国的《祁连人》、浩然的《苍生》等作品中都有反映,这是八十年代人们精神上最深刻的冲突之一。

在《枸桃树》中,田中禾表现常家大院里的故事,主要通过三个人物的心灵感受也就是通过三个视角来实现九口之家人物命运的全面再现。除了莲妮儿和她大哥的命运和心灵感受这两个视角之外,作家还着重地描写了莲妮儿母亲的命运和心理,通过这一视角进一步实现作品的整体性,同时,她的岁月更深的人生感受也强化了作品内容的历史感和深刻性。这个在贫寒中熬了一生的妇女,惊疑于这几年"日子好像到了头一样让人悽悽惶惶",多少灾难与变乱、多少苦日子都过去了,难道如今反而过不下去了?没有冰雹、没有洪水、没有战火、没挨饥饿,没有失火塌房,顿顿有白馍吃,房子都翻新了,反而不能安心过日子:老大的女人跑了,老二的孩子被绑票,老三的媳妇离了婚,小四小五连个拖拉机都养不住,莲妮儿的遭遇,老头子承包的鱼塘因人眼红发生流血事件,这一切都是怎么回事?虽然她把这一切都隐隐归结为十多年前因老头子拆了村头的小庙而遭的报应,但她因经历较长历史岁月而发出的感叹和诘问,恰恰包含了生活的某些本质内容,揭示了社会价值观的某种倾斜与人的欲望的膨胀。人们被欲望所驱使,反而又失去了驾驭自身欲望的能力。没有了自然灾难和社会灾难,人的欲望又制造出新的痛苦和灾难。"日子就像菟丝子同豆秧一样永远纠缠不清",这是生活的感受也是深刻的箴言。

历史总是要发展的,现实正处在一个新旧交替,传统农业文明向现代文明转换的过程中。这种交替和转换既充满着千丝万缕的缠结,又充满着势不两立的冲突,是两种不同形态不同价值的文明的碰撞。当人们习惯了的赖以行动的前一种文明出现了某种解体时,选择什么及如何选择对每一个人来说都是现实的和严峻的。人既不能也不可能回到过去又不能盲目地任本能欲望驱使,这就向人们提出了选择者自身的素质和能力问题。其实,《枸桃树》中这几个人物在这几年中的命运正说明他们面对突如其来的八十年代的历史现实缺乏充分的心理准备,他们自身的心理文化素质,决定了他们没有能力驾驭自身的命运。他们凭着直感把握现实,凭着道德伦理或本能欲望而拒绝现实或顺流而下,站在生活的岸边茫然喟叹或在生活浪潮中被淹没,在欲望的苦海中煎熬而找不到精神的彼岸。八面来风的喧响,僵化打破后的活跃,心灵开启后的种种向往等等,八十年代现实的发展和变化无疑向人们提出了更高的要求,要求人们有更高的文化素质、精神修养和人格力量,使人成为自己命运的主人,成为时代现实的主人。《枸桃树》中的人物命运正暴露了历史发展的这一要求与或陈旧或浮躁的主体人格力量的落差,这种落差实际上很普遍地存在于我们的社会之中,这也许是这部作品所描写的农民的悲欢命运所蕴含的内容之一吧?

1989 年 11 月 5 日
原载《当代文坛》1990 年第 2 期

现实变革与理想人格
——评田中禾的两部中篇

张德祥

《枸桃树》(《十月》1989年第1期)展示了近年一个农家院里发生的悲欢变故,《明天的太阳》(《上海文学》1989年第6期)再现了当今一个市民家庭里的爱恨烦恼。田中禾的这两部中篇小说,把城乡的现实人生都纳入了他的艺术视界,似乎作家有意识对时下的现实存在和人生境况作一种透视思考。虽然这两部作品在艺术上不能说达到了浑然天成的完美境地,但这两部作品对现实生灵的再现基本上是准确的、真实的,同时传达出作家主体对生活的深切感受和认识。

我们先进入《枸桃树》所展示的农家院落。这是一个九口之家,作家主要描写了这个家庭中三个人物的处境感受:莲妮儿和她的大哥及母亲。莲妮儿是个地道的农家姑娘,单纯朴拙。五年前,她十七八岁时,表叔在城里给她找了一份工作,从来没离开过父母兄弟、没离开过家的莲妮儿第一次离开农村只身来到城里。这是一个新鲜的也是一个陌生的世界,尤其是当她在供销会上看到的奢侈挥霍,在歌舞厅看到的疯狂宣泄,在高级宾馆看到的豪华享受,她的心灵产生了剧烈震动。对一个农家姑娘来说,这些以前是不敢想象的——人竟可以这样活着、这样享受?她吃惊、怀疑也羡慕、嫉妒,同时也被自身由嫉妒而发生的种种欲望所诱惑,当然更被那位对她垂涎的老汪的虚伪殷勤所蛊惑。老汪满足了她的虚荣心,她不得不用贞操作为代价。单纯而蒙昧的灵魂被五颜六色的世界开启,同时也在这大千世界中失去驾驭自身的能力。她曾因痛苦回到乡下,想用乡下的空气冰冻她不切实际的幻想和欲望,但她毕竟不能安分守己,最终走上了卖淫的犯罪与毁灭道路。莲妮儿的大哥是一个老实巴交的农民,他对这几年仁义沦失、乡情浇薄、利欲熏心的世情充满了忧郁,他用茫然的眼光打量这个变化了的世界:他的女人不辞而别,他的换面点亏空倒闭,兄弟间、邻居间相互眼红、相互算计,吵嘴打架。他觉得有女人,有男人,有安宁日子过,世界本来应当更美好,"可为什么世界会弄到这步田地?"莲妮儿的母亲,一辈子操持这个家,虽然日子过得紧巴巴,但"多少灾难,多少战争,多少变乱,都过去了,难道如今反而过不下去了?这都是怎么回事?"老大的女人跑了,老二的孩子被绑票,老三与媳妇离了婚,小四、小五连个拖拉机都守不住,老头子承包的鱼塘遭人眼红忌恨,莲妮儿又出了这种事,"日子好像到了头一样让人悽悽惶惶"。作家通过这三个人物的命运感受,也是把这三个人物作为不同的视角来描写这小家庭在短短五年间的变故,表现八十年代的社会文化背景对这个家庭发生的影响、对人的灵魂发生的影响。"没发洪水,没遭战火,没挨饿,没受冻,没失火塌房……顿顿有白馍吃,房子都翻新了",然而人们却陷入了新的痛苦和"灾难"中,这是人自身制造出的痛苦和灾难。《枸桃树》通过一个农民家庭向人们呈示了农民在八十年代新的社会现实中的生存状态和真实处境。

《明天的太阳》则是描写一个市民家庭的悲欢。它通过这个家庭里的大女儿小梅的眼睛和感受来切入生活。父亲赵鹞子演了一辈子戏,眼下退休在家赋闲。他对过去的时光和舞台生涯有一种特殊的感情,因此让儿子赵涛从小练功,将来继承他的事业,走正经的演戏之路。可事与愿违,儿子使他失望甚至绝望。赵涛小时候就不好好读书,把文具、书及家里养的君子兰都偷偷卖掉,后来不上学了,戏没学成,却因群奸被判了三年劳教。刑满后家里人费尽周折为他找工作,但他换了好几个剧团都不曾安心待下去,常常不辞而别。后来他贷款成立了一个"闪电霹雳歌舞团",自任团长,自封"霹雳王子北方舞星",招摇撞骗,果然混出了名气,成了一个人物,也发了大财,花钱如流水,女朋友频繁更换。他没有任何责任感,也没有什么烦恼,"不领结婚证也不举行婚礼,谁想拉倒就拉倒",只图痛痛快快地发泄和享受。二妹小静和三妹小娜相继结婚生子,没房住也没人照看小孩,所以不得不还住在这个家里。父母不愿当保姆,母亲更不愿被孩子拴住,她一刻也不能离开搓麻将。这个家彻底失去平静,嘈杂而又烦恼。小静的日子过得紧张但又不愿让人说穷,面对这几年的家电热及纷纷装饰房间的消费热浪,她被这种现实所逼迫或诱惑——她需要钱,因此随弟弟赵涛出外演出挣钱,认识了吹萨克管的姚三,她被姚三的男性魅力所征服。她不能背叛无可挑剔的丈夫薛建华,又没有力量摆脱姚三的魅力,每次与姚三幽会之后,她就感到负疚,她多少次暗暗告诉自己不能再这样下去了,但每次姚三的邀请她都无力拒绝。一次偶然机会,她的偷情被父亲发现,从此,她像得了心病一样魂不守舍,一次在街上过马路不幸死于车祸。父亲面对儿女的作为及乱糟糟的家庭,忧愤绝望,常常超凡入圣地面壁独坐,"脸上流着明晃晃的泪水"。在小静死了七个月之后,他也在孤寂凄凉的心境中死去。

无论在农家院里还是在市民家中,我们都看到了作家描写的人生烦恼。一方面作家揭示了生活本身存在着的某种不可理喻性,它充满了人伦的、情感的、利害的复杂纠葛,爱恨交错,得失相伏,正像《枸桃树》中莲妮儿母亲所感叹的:"日子就像菟丝子同豆秧一样永远纠缠不清。"另一方面,作家所显示的这种生活形态却又是特定历史时代具体的现实存在,因而它有着特定时代的印迹和意义——这里的纠葛痛苦与八十年代这个特殊历史环境息息相关。八十年代的中国社会,从经济形式到观念意识都处在变革的动态之中,人们在寻找、在适应、在思索,人们的灵魂也始终难以平静。《枸桃树》中莲妮儿的大哥,面对旧的道德观念、价值观念的解体,面对这样一个活力与某种紊乱同时并存的现实,他的诚厚为人已经不能适应这样的环境,处处捉襟见肘、手足无措,因而常常怀旧:"人要是还像从前那样仁义老诚就好了","这都是因为钱,因为人造出那么多享受的东西,把人越引越坏了",他甚至反感科学技术带来的新事物。这种回到过去的仁义道德,回到原始的恬静安宁显然是不能适应历史发展要求的,他的全部忧郁和茫然就来自于这种行为规范和心理习惯遇到了八十年代变革现实的挑战,这就是传统价值观念与历史发展要求的悖逆。《明天的太阳》中小梅的父亲面对儿女的价值选择和行为,面对这变化了的世道人心,他也不能认同和适应。小梅似乎对时风的哗变、人性的骚动、嘈杂的生活有着一种较为理智的认识,但她缺乏投入轰轰烈烈生活的勇气,反而逃避生活的嘈杂烦恼,回到封闭湛淡的心灵甲壳之中,"静静地沉思默想,一直想到整个心里充满白色的空茫"。她以清高超然骄傲,却也不乏孤独、失意和惆怅,逃避生活又逃避不了生活。从这几个人物身上可以看出,习惯了过去的价值观念和行为方式的人进入变革的八十年代,常常会出现某种不适应感,新与旧的冲突在他们心灵上引起一种情感痛苦。这种痛苦不释然,就不能主动进入生活,往往成为背时的角色或生活的旁观者。这是当过去的观念遇到现实变革挑战而解体时人的精神境况之一。另一方面,在八十年代的社会文化环境氛围中长大的人,没有多少传统道德的责任感,因而也没有什么情感负重,像《枸桃树》中的小四、小五及《明天的太阳》中的赵涛和陈璐,伴随着青春生命骚动他们恣意率性地忘我生活。"他们把复杂的生活简单化为两个内容,钱和性",追求感官刺激与心灵宣泄,只顾身心欲望放纵的快意舒畅而不顾任何道德戒律,甚至不择手段。在一个旧的价值体系开始解体而新的价值体系尚未形成及法律尚不健全完备的新旧转换过渡时代,缺乏必要的自律而一味任主体欲望膨胀,也是很危险的。莲妮儿就成了牺牲品,在五颜六色的大千世界中主体欲望不断膨胀,最后失去了驾驭欲望与命运的能力,不断地向人性的暗区堕入沉沦——离开了疯狂的爱欲放纵与金钱挥霍她已经不能活下去。赵涛也曾触犯刑律。小静实质上也是毁于不能完全自我控制,虽然她的精神境界还不像弟弟赵涛那样低下,灵魂还不至于那样空虚苍白。她不仅仅是为了肉欲金钱,但偷尝禁果的欲望使她陷入了无法自拔的精神困境,偷情与负疚的冲突折磨着她永远不能平衡的灵魂。也许她是无辜的,只是这个新旧纠缠的烦恼生活将她撕裂。

这是一个特殊的时代。田中禾这两部写实性的中篇小说所描述的八十年代人们的种种精神境况是真实的,也是令人深思的。作家以对生活的深切感受和透彻观照,不是抽象地把欲壑难填作为人的烦恼之源、痛苦之源,而是具体地表现这个特定时代、历史的发展变化对人的精神灵魂的影响,展现人在变化着的现实环境中的生存处境,呈示这一时代人们悲欢的具体内容和历史根源。从旧的到新的过渡,从传统文明到现代文明的转换,这是历史必然。面对历史的蜕变,尤其是面对免不了泥沙俱下的历史变革大潮而生发出一种怀旧性的怨尤和感伤,从情感逻辑来看有其必然性,但不能释然包含着惰性因素的情感负重,就不可能积极主动地投身生活,也注定不能主动地创造生活,只能成为生活的旁观者和现实的感叹者;同样,缺乏现代的文明修养和自持不移的人格力量而任本能欲望驱使,缺乏必要的自律而一味放纵,丧失了自我驾驭的理性能力,被欲望的洪水所吞没,就其人生的质量而言,都是低下的粗鄙的,这种浮躁之气与历史发展对人的要求是不相符合的。八十年代中国社会的改革开放,并不是意味着人欲的放纵,恰恰相反,社会变革包含着人自身的提高。新的现实环境要求人有更高的文化水平、精神修养和人格力量,这样,人才能主动进入生活又不至于在人欲海洋中淹没,才能积极进取而不会在浑浑噩噩中沉沦,才能成为自身的主人乃至时代生活的主人。这也许就是这两部关注现实的生存状态的写实性作品带给人们的启示之一吧?

原载《小说评论》1990年第2期

自由无羁　纯真自然
——田中禾《落叶溪》的美学特征

曹建玲

田中禾的短篇系列小说《落叶溪》共收文30余篇，作家的创作本意"是为写长篇整理素材"，结果却"无心插柳柳成荫"，《落叶溪》被读者公认为田中禾短篇创作的精品，并为作家赢得了一片赞誉。其自由无羁、纯真自然的特征既是内容的，又是形式的，主要从下面几个方面体现出来。

一、选材自由、包罗万象

《落叶溪》是一部历史题材的笔记小说集。就题材而言，"多数来自母亲讲述的故事，五六十年代的人物是我自己的耳闻目睹"[1]。不论是母亲的讲述还是作者的见闻，都是过往的故事，与现实拉开了距离，因此回忆起来便目光平静、心境淡泊，作品又是以一个永远长不大的孩子天真、纯洁、幼稚、好奇的目光观察生活，撷取素材，对生活的记录少一些理性选择而多了几分随意和情趣。30余个短篇，作家心之所至，笔之所至，母亲的讲述、"我"的回忆共同构成了一幅色彩斑斓的历史长卷。故乡南阳从民国初年到60年代间的历史、政治、文化、宗教等社会生活的方方面面及民风、民俗交汇在一起，这里有战乱、匪灾、疟疾、疥疮、村民的械斗、杂货铺、钟表店、恍如幻景的捉鹌鹑、变戏法、大跃进的大炼钢铁、"文革"的文争武斗、冤假错案、神秘莫测的绿门人家、牌坊街三绝的绝招。而在这形形色色、包罗万象的叙述中，作家最着意表现的是故乡南阳的风土民俗，婚丧礼俗、集市庙会、酬神祭祖、踩高跷、玩旱船、耍狮子、舞龙灯一类的节日娱乐，豫西南民俗文化中最为突出的原始信仰、原始禁忌和宗教仪式在他笔下得到了再现，祈神求雨的壮观场面，过鬼节、观鬼灯的奇异恐怖景象，还有"打混家"、庙会相亲、野合求子等等，共同构成山水阻隔的豫西南独特的民俗世界。

---

[1] 田中禾：《就〈落叶溪〉答朋友问》，《落叶溪》，河南文艺出版社，1997年。

有人说《落叶溪》"深得中国笔记小说的堂奥"。的确,《落叶溪》对生活的随笔记录,对人情世态的短简描摹等与古代笔记小说相一致,然而田中禾并不是一个淡泊的作家,他的创作目的不仅是自娱自乐,清静无为,他的《落叶溪》叙写普通、琐细的生活事件,信手拈来,看似漫不经心,无所寄托,然而在一幅幅风俗画里,在复杂的世态人心中都寄寓着作家的褒贬爱憎和生活感受。

田中禾创作《落叶溪》之前及其同时,创作了一系列现实题材小说,它们或表现对普通民众的人文关怀,或对经济大潮冲击下文化混乱、观念错位的现实进行文化反思,其思想总体趋于鞭挞丑恶,正是世风日下的现实引起作家的焦虑与不满,于是回望历史,记忆深处对美好故乡的情愫被挖掘出来,聊以自慰,这时寻求安慰成为他显意识层面的东西,抒写性灵、表现情趣是他创作《落叶溪》的主观心理追求。但是作为一个有强烈时代责任感的作家,他对社会人生的关注与思考不可能被完全抑制或抛开,只能说是暂时沉潜心底,成为潜意识层面的内容。这样一来,自我慰藉与强烈的责任感同时作用于作家一身,就有可能常常出现显意识、潜意识内容的位置互换与交替,再由于选材的自由广阔,这些都决定了表现在作品中的作家的情感态度的更加丰富复杂,出世与入世、抒写性灵与关注生活、爱与憎、褒与贬水乳交融,难分泾渭,这些具有不同美学色彩的情感得到了自由的表达。或歌咏人生智慧、人性淳朴,或感慨世道沧桑,或表现对纯真友谊的珍视,对美好事物的执着追求及友谊和美好东西失落后无限的忧伤,对扼杀人创造性的社会的愤慨,对复杂人性、人生追求价值的哲理思索。即使在同一篇作品中也追求自由表达思想,《疥疮·马夫·茶叶店》中,他既表现了童养媳小芝的智慧、兵士侉子李的幽默,也展示了他们的凶残。他们作假证,害死了无辜的余军医,其行为竟源于"想起他(余军医)穿得干干净净文文气气的样子就心里有气",一个生命的毁灭仅是因为妒忌和平衡心理的需要。《椿树的记忆》、《花表婶》中花表婶对丈夫的温柔善良盲目顺从伴随着对他狠毒的诅咒,《八姨》里文静可爱的八姨竟指使土匪残杀自己的同胞姐姐,这些人物身上纽结着美与丑、善与恶。正是描写对象的复杂带来作家价值判断的丰富多样,作品既流贯着作家由衷的赞赏,也有无言的愤怒与谴责,还有难以言说的困惑与迷惘,而这些情感的产生都是以所叙之事为支撑的,没有矫揉造作,也没有过分的渲染和夸饰,一切显得水到渠成、纯真自然。

二、无拘无束、自由创造

在人、事、情感表达上追求随笔记录,必然带来艺术上的新特点。田中禾在一篇论文学的文章《在自己心中迷失》中表达了这样一个愿望:"我觉得自己仍然应该是个孩子",因为孩子"可以不必正视世事的复杂与丑恶,(可以)用未经理论启蒙的天真的眼睛凭着直觉与想象去认识世界"。《落叶溪》圆了作家一个"孩子梦",它以一个"永远没有长大的"孩子的目光作艺术视角,凭着孩子的"直觉"与"想象"选材,只要是孩子感兴趣的人和事都可作为描述对象,因为凭了"直觉",故描写题材多为人生片断,生活的零碎,当把这些零星的往事表现出来的时候,小说呈现出散文式结构,它们不讲究起承转合、高潮悬念,就只是随笔记事,娓娓叙述。在《周相公》中,一开始先写周相公的调皮幽默,继之写他机智斗工头、老板,再写他唱京戏,听演讲,参加"相公队",片片断断。《玻璃奶》开篇写娶新媳妇的场面习俗,写婆婆对夫妻团聚的严格限制,再写玻璃奶为争取夫妻团圆的智慧,最后写玻璃奶被土匪裹走,做了营长太太,此后衣锦还乡,这些情节互不连贯,内容也较驳杂,像生活一样自然、本色、原汁原味。

当然,《落叶溪》毕竟是小说,记事之广阔、情节之疏淡只是外在特征,大多数作品做到了形散神不散。实现此境界的途径之一就是卒章显志。作家在作品中常常借人物之口或他自己的议论,或以"我"的感悟收束全篇。如果说前面是对生活的率真、写意式叙述,结尾则是建立在生活叙述基础上的潇洒的抒情,这些议论和抒情来自于文中人、事的启发,是对上述人、事的评点,是全文的点睛之笔。如《米汤姑》从写"米汤姑"的含义写起,先后写了被遗弃的少妇米汤姑问卦、纺花、看孩子,与厨子来运调情,同骡马店大少爷幽会、私奔,其间贯穿一个主体内容就是米汤姑对爱情的渴望。最后,一个充满孩子气天真的反问"她为什么不跟来运跑呢?"疑惑中既透露出对女性勇敢追求爱情幸福的"越轨"行为的肯定,也抒写了对那种在金钱、地位利诱下背叛真诚爱情做法的不满,读者也终于明白了上述海阔天空、令人眼花缭乱的叙述背后所寄寓的作家的情感态度。《牌坊街三绝》在历数了马世远、余木锁、谢国平的绝活和他们在"文革"中的不幸经历后禁不住发问:"不知牌坊街新的'三绝'该是谁?轮到我们这一代,我有点茫然,我们的幽默与趣味是日渐衰微了,这都是现代物质文明异化的后果吧?"《周相公》、《鹌鹑》、《花表婶》等的结构安排也基本如此,其中心部分写得自由,但在总体上前后连贯,衔接紧凑,文体完整。

《落叶溪》的表现手法灵活多样,它打破了叙事文体与抒情文体的界限,加强了传统文学与现代派文学的联系,不拘一格,或记事,或抒情,或议论,或注重意象的叠加,或使用象征的寄寓,一切从表现自己的主体意识出发,各种手法随意驱遣调度,抒情议论更多居于文末。另有一些作品如《疥疮·马夫·茶叶店》在叙述往事时突然插入一段议论,客观上打破了时空界限,造成情节的跳荡,引导读者穿越时空隧道,从历史回到现实,由故事的沉迷境界转入对社会人生问题的思考。作家还运用散文式的结构、散文式的语言和表达方式,营造诗的氛围,表达了强烈的诗性意蕴。《过鬼节》、《鹌鹑》、《夹竹桃》、《祠堂印象》勾勒了亦实亦虚、缥缈神秘的境界,它们是对南阳环境、风俗、物状的真实描摹,具有史学价值,但其间更多的是随意点染,是对故乡风情的诗性表达。叙事写人不尚雕琢。在田中禾的《五月》、《南风》等小说中,写景繁复,心理刻画细致入微,这些景物描写大多在烘托环境气氛、铺垫人物、外化人物心灵时起到了重要作用,但时时给人冗长、刻意为之之感,有游离作品人事之外、过于挥洒之弊。《落叶溪》也不乏洋洋洒洒之笔,但更多的是行文简约,意到为止,甚至存在事件叙述跳跃大,人物面目模糊(如《八姨》)等情景,然而当我们明白了作家所叙之事、所写之人只是他抒真情的载体,他对客体的简约描绘所要突显的是其强烈的主体意识时,我们便不再要求他叙述的完整逼真了。

就艺术而言,《落叶溪》基本上是传统的,但并不古板陈旧,时而有现代派小说艺术的特征。《钟表店》与其他小说就构成了区别,其现代性主要表现在它的总体象征性意蕴上。作品围绕钟表店主海五几十年如一日寻找钟表主人这一情节而展开,其主线突出,情节跌宕起伏,似典型的传统小说,然而它更具现代派小说的荒诞特征,作品还大量运用了西方现代派的象征手法,在荒诞的叙述中进行着理性的暗示。表主人,一个年轻的女子,她容貌俊美,举止优雅,气质神情不凡,无疑是美好的象征,她送表来修,但一去不返,海五用尽毕生精力苦苦寻找这位表主人,与其说目的是归还其表,不如说是对美好人、事的执着追求。作品的结尾更有现代派小说特有的失落和虚无——追求无果,人生被捉弄。同时也表达了作家对世界的一种哲理思索:"海五用他毕生的精力在这网里游戏,愈游发现愈多,发现愈多愈远离事实,愈远离事实便愈引人入胜。"

田中禾认为文学历来就有"实用主义"和"性灵寄托"两种,在一些谈创作的文章中,他一再强调"文学对于人的性灵的温柔、愉悦和美的享受"①。述说着自己对"自由"的追求,而且认为要谋求个人自由,必须躲避,既在艺术上躲避他人,超越自我,又在思想上逃避政治,因为"逃避政治视点,才能达到个人体验的真实"②。他曾谈到创作《落叶溪》的初衷是"为写长篇整理素材",我们虽不能主观臆断《落叶溪》是作家对政治的有意识的逃避,但从作家的自述中起码能把握到他创作《落叶溪》是没有明确的社会功利目的的,正是无目的性成全了《落叶溪》。

除此而外,《落叶溪》的自由无羁、纯真自然也是作家艺术上成熟的标志,并构成了田中禾小说题材、内容及艺术风格的丰富多样化特征。

原载《南都学坛》(人文社会科学学报)2002 年第 6 期

---

①田中禾:《超级玛莉的历险——〈匪首〉创作札记》,《小说评论》1995 年第 1 期。
②田中禾:《超级玛莉的历险——〈匪首〉创作札记》,《小说评论》1995 年第 1 期。

《匪首》：一片新的艺术天地

杜田材

田中禾的小说《匪首》是一部富于探索精神与创新活力的长篇。它以土匪司令姬有申一家的奇特经历为载体，对一方朴野奇幻的乡土人生作了富有浪漫诗情的人性探微，营造了一片新的艺术天地。这片艺术天地由三个相互关联的层面组成，展示了作家审美创造的总体追求。

一副新话语

《匪首》营造了一副新的文学话语。这副新话语由传统话语蜕变而出、融新而成，神态自若地面对着当今文坛纷繁煊热的话语世界。这是小说醒目的外在层面。它不再是田中禾在《五月》、《春日》、《枸桃树》一系列作品中惯常使用的语言体式，即在认同大众话语的基础上追求审美的精神超越，这种超越表现为对语言乡土情韵的提炼与升华。雅俗共赏常常被看作这种语言的理想品格。语言创造的通常格局和审美意向可以概括为出于"土"而不泥于"土"、炼化"土"使之生神。其实，这也正是自徐玉诺以来的大多数河南小说家语言创造的共同追求与基本范式，人们通常是把它看作河南现代文学语言的创造传统的。《匪首》的语言发生了新变。变化的基本意向，是疏离大众话语，由雅俗共赏向雅的一端倾斜，向精英话语位移，其实质则是审美精神的文人化倾向。它构成了《匪首》新话语的审美之魂。魂附语体便发生了一系列的语言变化：迎迓而来的，是口语成分的明显减少，是书面词语的明显增强；是从偏重语言、行动的外在描写转向内在心态的描绘甚至内心独白的倾吐；其语言情势，是由语言意象的偏重写实转向在写实基础上的驰骋想象与率意抒情；而在审美效果上则由倾心自然流畅转向行行止止，营造了一种艺术的"涩趣"。因而，设置悬念、增加疑窦也就成了题中应有之义。间或，还不乏思绪的跳荡、幻觉的涌流、象征的寄寓、意象的叠加，让你听到现代主义话语的喧闹声响。从总体上说，《匪首》的语言不再是白描写意的直观把握，而是透迤曲折的审美运演，语言魂魄不再执着于乡土情韵，而是萦心于文人情怀。

从传统话语中脱出,只是《匪首》新话语的来路,而当今文坛布新立异、缤纷多姿的话语世相才是作家锤炼话语风格的参照系。新时期以来,文学思潮呈波涌浪叠之势。"伤痕"、"反思"、"改革"、"寻根",渐入无序状态,继之又是"新潮"、"新写实"、"新状态",连绵不断。每一个潮头的出现都伴随着话语形式的调整或新变,酿成了一条惹眼的文坛风景线。通常认为,话语形式的重大变革是以1984/1985年为界的。1984年以前,文学依然恪守着新文学传统的基本精神,话语形式是在传统范围以内的变通和调整,变化不大;1985年以后,随着中国社会结构的变动,价值观念从政治一元化开始走向多元化,并影响到文学观念的多元走向。因而,话语形式也发生了前所未有的重大变化。这种重大变化以先锋小说和新写实小说的话语形式为两极,展开了话语形式的斑斓帷幕。先锋作家们从价值的相对观念出发,着意摧毁虚构世界与经验世界的对等照应关系,走向了对既有语言形式的颠覆、对奇语诡词的追求,竟不惜向大众的掌声告别。他们把独特的感性体验表达得淋漓尽致,给文坛带来了一股异样的生气,却同时失落着历史的理性意蕴,让人感到一种对应而生的缺憾;与先锋小说截然不同,新写实小说强调的是还原生活的"原生态",追求虚构世界与经验世界的趋同与和谐。它遵从日常话语的公共规范,话语形式带有日常风格。它给文学带来了世俗音容,却又模糊了日常语言和文学语言的界限,造成了话语内涵的浅近、审美品位的不高。先锋小说追攀诗性陷入了偏执,新写实小说拒绝诗性落入了平实。它们的优长与短缺恰好构成了对立共存的两极(刘纳:《无奈的现实与无奈的小说》)。《匪首》的话语创造显然是从二者矛盾的关节点切入的。它既遵从日常话语的公共规范,却又精心强化文学话语的诗性涵蕴,既注重依倚生活的率真写意,又强调俯视生活的潇洒抒情,追求二者的和谐统一。应当说,作家获得了相对的成功。这成功表现在语言实践层面上,是把人们带进了一个既可感可悟又深幽神秘的人生境域,带进了一个亦真亦幻、诗意郁盛的艺术世界;表现在审美精神上,则是实现了现实主义话语与现代主义话语的糅合一体,整合出新。当然,创新不可能一步完全到位。创新意识的过于强烈,往往会造成审美心态的某种失衡,致使有些语境的时空转换跳跃过大,甚至在追求诗性意蕴时还夹杂着一些矜持,留下了这样那样的缺憾。

地域文化精神的深入掘发与时代躁动

由话语层面披阅而入,便可感知一方朴野奇幻的乡土世界。小说是以豫西南一个偏远小城为背景依托、以民国前期的历史躁动为叙写话题的。这一纬一经的交叉构想富有才具地展示了独特的地域文化特色、地域文化精神及其时代躁动。

鲜明可感的是小城的地域文化风貌。这里有着浓醉的乡风和隆盛的社火。年节里,高跷、旱船、狮子、龙灯、背装、抬阁,满街涌流,日夜闹腾,也有祈神求子的温馨愚昧、庙会野合的粗陋癫狂,沉迷卦象占卜,尊崇天命图徽,甚至过鬼节、观鬼灯,加之龙精的出现,旱魅的显形,时发的瘟疫,顿生的夜惊,时而逃(阳)荒,时而跑阴反,似乎天界、人间、鬼域三位一体,混沌一片,充满了神秘、惶惑与不安。说不清人生究竟是福还是苦难。什么都仿佛是命中注定的。这一切,充分显示了小城历史文化的久远积淀。其间,甚至可以听到人类氏族图腾文化的遥远遗响。文化流脉的悠久与历史包袱的滞重构成了小城独特的地域文化特色、地域文化风情。小说成功地勾勒了小城的历史风俗画。

自然,这种地域文化特色还只是作品指涉的地域文化精神的外在氛围。其深幽动人处还在于对地域文化精神内在意蕴的掘发,即家族文化、草莽文化、现代商业文化之间的相互激荡、相互联结以及这些文化精神对人物的魂魄铸造。

豫西南地区,由于盆地地貌造成的山水阻隔,几乎把小农经济形态凝固化,形成了人文生态的极端封闭性、自适性。一个家族就是一方天下,就是一个世界。家族观念的根深蒂固滋润了家族文化的枝繁叶茂。这种文化,认同宗法家族的整体利益,着重守法家族的集体人格,尊崇家长意志,恪守伦礼名分,抑制个人情性……这种家族秩序不仅构成了人们的生存环境、生存状态,而且构成了人们的"精神家园",构成了人们的性格内蕴。小说中的"母亲"就是魂系家族文化的一个精灵。是她在危难中处理家族丧事时表现了罕见的镇定从容,是她一手包办了兼之和荞麦的尴尬婚姻,是她竭尽心力地把兼之调教成了"有出息"的当家人,而当家族败落、困窘难耐之时,又是她警语指迷、安抚了破碎的心灵,家族文化渗入了母亲的心灵、融入了她的血脉,化成了一个气度超凡的现实人物,体认着一种文化性格。

盆地风貌造成的山水阻隔也是滋生匪患的一张温床。匪情的蔓延又酿成了与家族文化相反相悖的草莽文化。这种文化疏离家族意识,崇仰叛逆精神,因而蛮勇强悍、具有破坏习性,当然,它也有讲义气、重承诺的一面。姬有申就是这种草莽文化所滋生的一个山野精魂。他自幼丧家,沦为孤儿,带着血脉里的野性开始了最初的人生。他不谙家族伦礼,要爱荞麦妹妹。求之不得,图谋"搓乱世间的一切",走上了叛逆之路。反抗家族、对抗社会,直至最后遭斩。这个人物体认着草莽文化的生气、血污与浮沉。

与家族文化、草莽文化不同,现代商业文化则与新的生产力相结缘。少年杨兼之的冒险精神与成年杨兼之的复杂性格都可以在这里得到解释。他的过人精明与富于算计更是得之于这种文化的精神滋养。这种文化的出现,构成了地域文化的新格局。它对家族文化、草莽文化具有强大冲击力,形成了地域文化精神新的时代躁动,既古老滞重,又生机掩映,展现了地域文化精神的新生面。这三者的相互颉颃、扭结一体,构成了小城极富典型特征的地域文化精神:它的历史传统,它的现实走向。正如小说的准确描绘:"这座城如一幅变色的油画,忽而如黑乎乎的古堡、铁牢,忽而又如透明放光的瓷器玉雕。"古堡、铁牢与瓷器玉雕在这里统一起来。田中禾对小城地域文化特色的描绘、地域文化精神的开掘,是得其精髓的。

富有浪漫诗情的人性探微

这是小说最里的层面,也是作家最深的寓意。《匪首》不是一部严格的现实主义作品,它写历史用演义法,叙人生有传奇韵。宏观背景的历史真实,微观创造的随意点染,建构了一个亦实亦虚、亦真亦幻的艺术世界,较之严格的现实主义作品少了几分严谨,却又多了几分潇洒。根源就在于,作家是以浪漫诗情对人生进行品味、对人性进行探微的。这是作家感悟生活的特定视角、阐释生活的个人寄意。

《匪首》超越了世俗眼界,没有简单地把匪情、匪患当作一种社会弊端、历史块垒加以臧否,而是把它看作一种历史发展的必然现象,精心探询这种现象背后的人性意蕴,开掘它的丰富内容,描绘它的复杂情状,指陈它的某种合理性,从中引出有益的人生启示。这可以从两个方面加以阐述。

一、开掘匪情背后的正常人性内容及其历史存在的某种合理性。姬有申不为"良民"、出家为匪并非出于某种主观意志,而是出于人性隔膜、人性抗争与人性污染的综合运演。这是他出家为匪、人性浮沉的三步曲。他身为孤儿,又几乎在瘟疫中死去,从小没有感遇人生的温暖。这种人性的隔膜,使他滋长了野性与凶狠,这是他出家为匪的初始基因;而那关键的一步,则是他追求荞麦未果的人生失落与心灵创痛。他不仅眼睁睁地看着自己心爱的人做了他人之妻,而且被身不由己地圈进了杨家的深宅大院。他觉得"一切都与从前不同了",他感到"透不过气来"。因此,他从心底里爆发出"毁了吧——毁了"的愤世呐喊,不能说不带有人性抗争的合理内容,因为他所反抗的正是家族文化和商业文化对于正常人性的无视与摧残。后来,他在失落的痛苦中宿荒野、串码头、进赌场、逛窑子,在人性的污染中感染了匪气、滋生了匪性,完成了由"良民"到土匪的蜕变。姬有申踏入匪道的心路历程正是痛苦而癫狂的人性浮沉。小说结尾处写到了姬有申被处决之前的心态与声口,是极为重要的一笔——他面对荒城粲然一笑,对孩子们说:"二十年后又是一条好汉。"——这意味着他已完全丧失正常人性的审视力,剩下的只是匪性的蛮勇与无悔。无论是作为生命的结束,还是作为人性的终结,到此都应该画上令人感慨的句号了。

二、叙写不同人性的交叉渗透,揭示人性的复杂意蕴。这是小说人性探微的又一重要方面。人性是复杂的。这种复杂性常常表现为不同人性之间的交叉渗透、相克相生。小说对人性这种复杂情状的着意描绘,构成了审美表现上最具魅力的部分。这首先得力于一个得体的宏观构架,即家族文化、草莽文化、现代商业文化的共存互立、激荡融合。这是人性复杂意蕴的来源与根基。在这个人生舞台上,人物充分表现了他们的复杂性。首先走来的是姬有申。这自然是一个有着劣顽匪性的人物,但在母亲,特别是荞麦的规劝、抚慰下又曾经回归家族、眷依天伦。草莽匪性与家族亲情在他身上得到了一定融合。如果说,在这个过程中他还有些被动适从,那么,在下面这个场合他则显得如鱼得水了。他被杨兼之召回安排在工厂当巡察,穿上了体面的长衫、马褂,手提一长乌鞘蛇似的长鞭,啪啪甩响,吓唬人,捉弄人,玩起了恶作剧,竟是十分开心。他在怨敌杨兼之门下得到了精神欢愉,显示了土匪情性与商人情怀的交叉叠合,尤其见出了人性的复杂与微妙;不同于姬有申的既简单又复杂,杨兼之的性格是复杂而深隐的。世人都称道他是位文雅郑重的谦谦君子,其实他同时又是个粗野恶少。这种复杂性不仅长期不被世人察觉,就连他自己也是借助一个偶然的机缘才得以发现的。他起初被家族文化熏染,后来被商业文化铸魂,出落成了文雅而强悍的人物性格,实现了家族亲情与商人情怀的一体谐和;而他在处理和姬有申关系上的灵活性与分寸感,则让人感到了他对匪性的相对容忍与有限度的接纳。这些,就使得这个人物的人性蕴涵变得丰富而复杂了。荞麦属于另外一种类型。她是个孝顺的女儿、深情的妹妹、守妇德的妻子,有着菩萨一般的心肠。她最重家族亲情,一直想念着"漂泊出的申哥",竭尽心力地规劝申哥跳出绿林、回归家族,可正是她又冲击着家族秩序,实现了心灵世界与草莽世界的沟通。这是小说中颇有光彩的一笔。荞麦走访绿林,本来是要寻申哥归返家园,可当她与申哥一起漂泊游走,过了一阵绿林生活之后,她却意外地感到了心灵的欢愉与精神的解放。这种矛盾情状正好说明了家族亲情与草莽野情的相克相生,透出了人性涵茹的复杂。小说通过对人性的探微,富有成效地深化了思想意蕴,使小说对地域精神的开掘穿透了表层、突入了内蕴,具有了咀嚼历史、品味人生的哲思理趣,获得了普泛的理性品格,实现了立足地域特色又超越了地域局限的精神升腾,由一隅乡土通向了社会人生。自然,小说对这个层面的把握也有不够周全之处,主要是人物的具象描绘和理性概括之间还不够和谐。

《匪首》是兼有写实与寓意两种意向的作品,既追求形而下的鲜活生动,又追求形而上的意蕴深邃。这是审美创造的两难困境。总的说来,作家的理性意识似乎坚执了一些,对人物形象的整饰过了一些,造成了具象描绘和理性概括的不够和谐。这种不和谐自然是一种缺憾,但它对探索者来说,又是拓进的机缘。兴许,这里面正孕育着作家更加美好的创作前景……

原载《小说评论》1995 年第 1 期

感性历史的文化复述
——《匪首》:一次放逐的体味

何向阳

> 《匪首》写了一个城市的故事。在这个城市里栖居着……人类。
> ——题记

现代主义曾被譬喻为这样一个关口:"在这里,激进的和创新的艺术思想,从浪漫主义中产生出来的实验的、技巧的、美学的思想,都陷入了形式危机——在这一危机中,传统意义上的神话、结构和组织都土崩瓦解了,而且还不只是由于形式的原因。这一危机乃是文化危机。"许是意识到了这一点,90年代以来,文学样式中文化贮量最大的历史长篇不自觉间在做着它悄然而大步的美学调整,在纵向走过历史主义、人道主义、存在主义各为特征的历程后而呈现出文学历史观念的多元并存、兼容并蓄的整合势态,而由社会、人生话语的互渗和文化、生命情态的集聚转型带出的反思或还原、故事与意境、意识形态、神话氛围和民间色彩诸种纷象的杂语现象,同时也在构成对长篇创作的另一种疑问:于同语反复不免枯燥的文化整合年代,怎样才能保持一种作家本人独有的创作个性?

对此,《匪首》的回答有些不同。

"城内":文化意蕴的双层建构

每一年代人都以其自己的方式重写历史,过去对不在场的叙述者来讲所需要的只是"复活"思维,这思维必须有使历史的非经验者变为目击者的效能。《匪首》把它要"复活"的故事置于一个城镇的框架内。这个故事的显形结构是由娘与荞麦两代母女展开继而由杨兼之、杨季之、姬有申三兄弟间的命运交互参与而完成的。模式是老旧的,几乎没有太多的情节跌宕;故事是通俗的,情感的纠葛使其获得了极大的民间性,然而五位主人公的感觉氤氲而成的大团气息弥漫成雾,游荡、飘浮并且渗透在民国年代的生活图卷之中,使得潜隐其中的深层社会格局连同作者抽象人生的意图都被罩在了弹性的感觉叙事的底层。

往事追溯中事件与感觉的叠影,使典籍、遗物、故人旧事有着与今人同条共贯的可触性,《匪首》的感觉叙事贯通了小说人物与书外读者共同的回忆,历史观念的感性复述也使得文学在整合文化背景下获得了个性的可能。剥开人物命运纠结的故事这个显形结构外壳,我们发现另有一座庞贝城完型着小说意蕴的内核。这个隐形结构,不只是有评论者发现的杨兼之、杨季之、姬有申这三兄弟角色各代表的商、官、匪三种价值取向下中国社会的基本形态及其标识的民族文化结构,引申来看,姬姓娘和荞麦母女两个女性形象也有着暗示人性结构的神与人两种表征;三位表兄弟关系的男性表征的官、商、匪的社会格局,又总体隐喻了伦理形态为特征的文化意蕴的共时性,揭示了中国人文文化的男权性质,两位母女关系的女性形象所表征的神、人则体现了一种较伦理文化更为深邃的生命价值,母女血脉承继的历时暗示,尤其后半部荞麦对母亲的寻找,似在讲述社会潜流下民族相传的特质,寄寓了中国文化深层历时性的生命意蕴,同时暗指中国生命文化的女性气质。后者结构了作为这部小说主干的感觉叙述层。

《匪首》更多地将两位女性代表的生命文化隐于深处,而明写三位男性所代表的人文文化,行文的流畅、衔接的默契、事实抽象的能力与想象,使故事叙述层的文化意蕴与感觉叙述层的生命价值显隐明暗、虚实相生。隐于文字背后的文化生命化的要义,使作品祛除了故事叙述层也是历史现实化层面易于哗众的成分,如暴力和性,而沉入到由情、感觉筑建的隐形结构中去,于文坛泼墨重彩地渲染民俗节日庆典的时尚里,作者更多地写意日常生活的民间性,或将庆典仪式写得平和、诗情,如城河观灯一节,着重写人对仪式的感觉而非仪式本身的描摹,写魆黑苍茫的城河上飘浮的鬼灯以及河水喋喋给一个女孩心中投射的迷茫和在她生命成长中搅起的恍惚。作为全书的落脚点,人对事件、氛围的直觉感受,使他的作品扔却了目前小说中的雕琢与张狂,而追求话语的日常性,真实和平朴,亦使作品在对包含城镇在内的农业文明的理解放置在潜化了意识形态的民间文化的庞大而坚固的基础上,一方面构筑了它与原生生活的关系,一方面突出了它的边缘性特征。

有意味的是,《匪首》于商、官、匪的传统社会形态中"士"的缺席,似乎给三足鼎立的社会文化蒙上了一层反智主义的文化色彩,而这种缺残似乎已喻示了荞麦作为人在神、官、商、匪所构成的两种文化取向中的往返踌躇与极度迷惘。这迷惘也是至今人未能摆脱的。所以,虽有结尾理性意味的宗教谕示,整部作品的先知、启蒙色彩却一直是弱化的;而显形结构与隐形结构的设置无法消融的仍是创作中现实主义观念与浪漫主义心灵间的冲突、迷失,这层矛盾从文本中透出的更多是对群体文化所营制的浊馨如荞麦、季之、兼之所构筑的家的气氛的恋慕与对个体选择的叛逆如申独行侠式的人生取向的满怀倾心之间的矛盾,而平和、中庸、常态的人生与不安、异态、困顿、奋争的世界观的厮杀及由此导引出的文化与个人之间更深层的心灵求安详、平和与灵魂求偏执、极端的矛盾,是作者与人物共有的;所以有那么多相似的为求宁静的漂泊与之对应——娘辞家去武当山求神、还愿并寄居于山洞静悟世事,兼之的为生计的颠簸、劳碌,季之的出洋留学,申的浪迹,荞麦的追随与寻找。

在人文文化与生命文化的双层建构中,作者塑造荞麦这个形象是有深意的,她对娘所代表的神性的寻找和对申所具有的野性的追随,暗含了人性的两重性,柏拉图有关人类灵魂"两驾马车"的比喻具有永恒的生命力,这也正是人类自文明以来最突出和最主要的精神状态。

冲突与胶着。田中禾于历史文化的感性复述中,无意触到了这个困扰生命的深层秘密。于婚丧嫁娶、兄弟反目、家族兴衰、亲和背忤所组成的世俗生活内容背后,于爱恨、亲仇、善恶、美丑所组成的二元对立模式的情感背后,这个秘密,亦如苍茫的生命河上放逐的夜灯,闪逝飘忽,浮漾跳跃,使有幸凝视到它的人有种不及捕捉无从言说的恍惚与感动。

"界河":历史观念的双向拒绝

《匪首》对历史的感性复述,界河一般,既不使它对表层显形结构的客观故事倾注过多笔墨,以求事件的始终感和因果感,这使它与盛行的陈述"事件的历史"的"史诗"观念划开了界限;又不对潜层面的隐形结果的主观理知过分渲染,以求"补正史之阙"的理性反思或激进,这又使它与时下关注"观念的历史"的新历史主义的"稗史"情怀拉开了距离;前者使它摆脱了常常是见物不见人、见整体不见个人的传统历史观的束缚,而专注于写历史中的人、写历史中人的呼吸而非人组成的历史、写作者内心中的一种生活、写生活本身所给予他的感动,而不是预备要拿它去做一桩不朽的事业,或在自觉不自觉间将文学视为工具,而这种同时也是对自己心灵的蔑视,使创作在念念不忘地赢得别人眼光的同时独独扔弃了写作更为单纯的初衷。也许正是这一点,使《匪首》同为对历史的复述,却并不着重历史的反思和文化的清理,它在感觉重构的意义上还原着人性,而不仅仅急于对历史中人性负面做批判或否定;依此,与史诗与寻根不同的是,《匪首》放弃了以上历史观中以个人形式体现集团立场的主旨,代之以将个人的立场融入个人的形式。

这种选择使它自动放逐于主流话语的河岸之外,而与经典叙事所带来的传统接受者惯性的称誉与轰动无缘。这是《匪首》在长篇历史小说成为文坛内外空前枯燥的话题时一直沉默的原因。然而,这种境况并未将它推向同样名噪一时的"新历史",相反,作者一直对先锋文学这种已呈时尚的稗史狂热保持着冷静的距离,这也是田中禾对时尚的一贯态度。早在 1989 年他写城市人生存状态的作品《明天的太阳》被《小说选刊》转载后又被一出版社收入"新写实代表作"选集,事后他表示了他的吃惊——想不到我的作品也是能被纳入某种时尚的,以后我不会再写这"类"小说了;1990 年新历史主义尚处萌芽期,他以一篇《轰炸》补述了一段鲜为人知的县志旧事,震动文坛,而在新历史主义进入成熟期,以致许多先锋作家竞相加盟并一头扎入故纸堆而翻寻可作文字依托的稗史时,新历史主义的麾下却再找不到田中禾的名字。作为作家的个性和这个性内部清醒的群体划界意识使他一直拒绝加入创作的"赶集现象",或者由理论界发起的对创作的"套圈游戏",为此,这个实际上理性较强的作家宁愿放弃"新历史主义"的观念的历史,当然同时他也避开了新历史主义发展到最后的那股几近污染文字清洁的陈年旧事的酸腐气,在先锋文学以复制为征象的文化时代也未能脱身互为摹本、自我复制的互文现象。同时,他由对他的内部群体划界意识的完善而保持了个性的清澈,这是今天一个作家不致在读者、评家、思潮、流行观念及自我成功的经验诸因素的复制要求下沦为职业写手或撰稿人的根本条件,这也极可能就是《匪首》一直落落寡合、格格不入于热衷于制造轰动效应、追求高潮迭起的已广告商化了的新潮评论界的原因。

　　放逐于流行话语之外,田中禾以观念的经验化写他自己的"感觉的历史",不同于对历史的历史理解的经验化历史或对历史的哲学理解的观念化历史,这是他对历史的文学理解,所以他的作品在放弃成为典籍或教本同时,却能在干燥与滥情间,一直保持着温润而纯正的人情味与人道气息。

　　对两种文学历史观的拒绝并不意味着个性的创作就是自我设限,实际写作中,田中禾仍从史诗思维与新历史观念中各自汲取了精华和养分。譬如,他始终看重作品社会历史背景的谋制,当然这以这种历史是一个延至今天的有生命的进行过程为前提;出于对"表述"与"真实"间距离的理解,与历史总体规律把握的虚妄性关注,他认识到重构语境及恢复既往文化氛围的重要,但这必须与他接受的"一切历史都是当代史"、"思想史"的历史观所对应;同样视创作为社会能量的集聚,使其在注重边缘取证的神话、仪式、宗教、传说等因素的化解渗透时,也并不放弃纤毫毕现地对此间有生命人的感受的表现与亲证,当然,对他笔下人物心灵搏动的参与也未能影响他自始至终的观察者身份,在主观融入客观再对客观的主观体察中,语言的诗性价值与隐喻性思维同时获得了体现,而在对本土民族特色与文化独立意识的表述中,他有意淡化地域观念,打破地方色彩的局限,尽管他祖居的南阳盆地有更多可供书写的风情故事,这一点也使他不苦心孤诣地去营制"东方主义"以强化与西方文明的差异来支撑民族个性,而是把眼光放在更宽广的人类文化的背景下透视和俯瞰人物的命运。

人类的视点使《匪首》笼罩着一层文化温婉情调,以致阻隔、影响了文学对历史文化认知的现实意义;但另一方面,也使它得以有效逃离了文化历史小说中"审父"与"恋祖"的文化反叛精神与文化自足心理的单项选择,既不纯粹服务于对民族性和民族文俗合理中愚昧、保守、呆滞等传统惰力与病态进行批判的文化目的,也不简单地对植根于生命个体维系民族存续的生力与优根加以张扬,而是将对中国文化的重新认识放在人类文明进程大背景下去统摄批判和崇慕两种意向,并将之诗化为一种对文化内质的感受性的体悟。

界河的另一种涵义是人文地理的。黄河的一重人文意义在于它划开了中国文化的北、南版图。处于北以黄土高原为地貌特征的土文化与南以长江水域为特征的水文化之间,黄河冲积扇平原的整个中原区域所呈现的文化特质便与高原北方旱裂的土文化的极端、烈性或水乡南方潮润的水文化的中和、诗性各不相同。对应于由生存的乡土构筑的北方高原文化更多逼人、灼人的感性力量、归属感强与由观念的乡土构建的南方水乡文化更多的漂泊不宁的质询、犹疑和批判性,界河流域的中原文化则同时交叠着两种文化的荒凉与繁盛,而呈现出复杂的人文特征。依这一粗浅的人文地理格局分析来看《匪首》,便不难理解其文化意蕴的界于生存的乡土与观念的乡土之间对"感觉的乡土"的侧重,在北方客观复述历史和南方主体探索文化之间,它常常显出主体选择的两难,由是,它更重体味,更多世俗伦理色彩,而富于人道主义的同情。可以看出,相对于北方的着重集体经验、南方的钟情个人体验,《匪首》包括整体中原历史题材文学则更关注自我与他人关系的展示和对这关系介入后的切身感受;北方作家着意于面的铺排,南方作家习惯于点的深掘,中原作家则更倾心于表现网与结的交错;北方作品充满生机、挣扎,用力于主人公的坚韧强悍,南方作品注目着颓败、萧瑟的历史场景中主人公的焦虑、不安,中原文学却儒雅稳重、不骄不躁、温润中和,仿佛是北文化的焦灼心理与南文化的危机意识间的一座巨大的天平,以它的黏附、凝聚与沉稳、滞重平衡着华夏民族性格的两面。这也使得介于北方历史心像与南方生存镜像的中原历史小说犹如一庞大的文化寓言,消化着来自北方的通视与来自南方的探伺。所以,包括《匪首》在内的中原历史文学其作品中感性与理性的冲突也是最激烈的,人物矛盾的性格是最多见的,而豪杰与犬儒并存的水土所呈现出的文化风貌和人格特质也是最复杂的,所以,作者本人多"两间余一卒"式的徘徊、踌躇,他的反传统的理性与感性上的偎依、怀旧交互形成的涩而暖的文学风格,相对于北方文学社会历史话语层面与南方文学人类哲学话语层面的偏重，仍无法摆脱已渗入生命的道德伦理意向，这使他的文字染有很浓的世俗性。

但另一方面，也使这种文学在北、南文学历史观念之间、文明的集体记忆与文明的个体记忆之间、时间秩序本身与时间秩序断片之间、景与物之间、事实与可能性之间、结构与解构意向之间、注目大自然的万古常新与关注人类个体的陨灭枯烂之间、普遍性与个别性之间、典籍与残简之间、必然性与偶然性之间、道德的秩序与自然的机械运转过程之间、回复与重现之间、确定性与随机性之间、史与事之间，注重充盈生命的感性价值；可以说，田中禾感觉的历史观正是对照历史的演绎与历史的撕碎的北、南文化之路而找到的历史，文化与感性绵密组合的途径。

由此，中原文学在截然不同于己的北、南阵营（文化的、作家的）组成的城池间如一道界河，波光水色，将两岸风景的倒影了然于心；无有拘束，决不放弃它放逐一样自由的冲决、奔腾。

"城外"：文本写作的双重背景

《匪首》的写作时间是1990年到1992年，几与长篇创作的复兴同步；初稿《城郭》发表于1992年第3期《花城》，交付上海文艺社出版前三个月，田中禾对这部长篇做了三分之二的大幅度改动，保留故事主干基础上，强化了语言的诗性资质，这种写作与修改的严谨、耐心恰与炙手可热以致竞相媚俗的目前文坛长篇创作现状对比鲜明。

90年代初，长篇创作尤其历史题材创作获得了极大发展，"陕军东征"为缘起，全国各地作家继"寻根文学"后重新掀起对民族文化历史认识与重构的热情；以陈忠实《白鹿原》、李锐《旧址》、高建群《最后一个匈奴》为代表的北方作家群与以余华《活着》，格非《边缘》、《敌人》，叶兆言《夜泊秦淮系列》为代表的南方作家群，各自在对历史表象下面的文化与人性的深层表现出挖掘的浓厚兴趣，多元文化背景中人的困惑逼迫着他们去探寻个体生命的群体价值和永久生命力的根源，在典型与原型并重的经验式叙述与超验性感知之间，历史事件与史实由于一代人感受的注入而获得了凸现式的表现，文学表现历史人生的隐喻和神话功能得以确认和发展；本土民族特色与文化独立意识的确立，语言的诗性价值，民间文学、民俗文化的再发现同样刺激了文学对文化的深层思考。当然，以双重甚至多重的文化背景为特征的社会形态转型期的矛盾与冲突亦被有意淡化了，作家对自我身份与根性的关注，使个体与群体间的现实联系及由此而来的时代情感的窘迫与困惑相应退到了次要地位,这是它的不足之处。我们可以指责这一阶段文学的温婉中和情绪影响了自剖、自省的尖锐,指责它对情绪的关心挤走了价值关怀,指责它回忆沉醉、微醺的抚慰性消解了一个作家的启蒙使命、忧患意识和批判精神,但同时我们也不能以简单的指责来否定它的一些进步的价值,历史题材作品由80年代"审父"、"恋祖"较为明晰的两类意向到90年代文化意蕴丰厚驳杂后未能用一两种意向加以包容、归纳和限定,不能不说是一件好事,这一事实本身也说明了长篇创作美学转型期的某些特质。其实,这种时代的特质也是世界性的。80年代至今活跃于美国的"新历史主义"时尚正是在这个前提下一面反叛着剪贴史学的传统,一面着重"历史的文本性"而倾心于对语境的重构。加拿大少数民族作家近年更是写史成风,特立尼达的黑人移民女作家狄·布兰德直言宣布她重写那个造就个体的历史的目的在于对人类的"保存和拯救"。

将自身置于这样一个历史大背景下,田中禾反而能对当今长篇创作引发的读者群接受热与评论界推崇热两大现实背景保有自疏远流的从容。他既不去师从史诗作品意识而争取广大的读者群,以百万发行量来证明自身作品的价值,也不为了博得流行或权威的大腕评家的好感而投靠某一思潮与流派共同去做"请君入瓮"的游戏。放逐于主流话语与流行话语之外,他倾心的是放逐本身的冒险性,犹如他年轻时上到大学三年级为要当作家而主动要求的退学、为写作感知生活而自愿选择务农一样。异乡的滋味,使他拥有永在家乡的感觉;放逐的快乐,使他一直能把精神的自由高擎于现实自我的头顶。放逐的目的,永在规范性之外,正如"美学是在种种特定的历史情景之中提供一个相对的反叛立场"(南帆语),这一点,创作已远远走到了理论的前面,而田中禾的《匪首》,无疑是对这句话的一个有力印证。

原载《小说评论》1995年第1期

民间神话的审美呈现
——简评田中禾的长篇小说《匪首》

巫晓燕

通常,田中禾是作为一个现实主义作家被人们接纳的,这当然无可厚非。在其早期短篇小说如《五月》、《南风》、《明天的太阳》中,他善于营造一个个具有工笔画风格的感性生存空间,这个空间散漫而又精致地敞开着,与我们所看到的现实相应和,又显示着那么点外在于现实的细腻与柔和。例如《五月》再现了农民在变革时代的生存处境和精神迷惘;《南风》和《明天的太阳》则是通过家庭来投影社会,揭示商品改革中人们的痛与思。总之,作家的这些小说没有损伤现实生活世界的刻骨铭心的实在感,相反,却是在现实中迷失。

在20世纪90年代中期,田中禾完成的笔记体小说《落叶溪》,以孩童的视角记述乡间小人物的生活、故乡南阳的民风,看似平凡、单纯,却与现实拉开了距离,体现了中国传统文学的虚化与轻灵风格。其后创作的具有一定神话色彩的长篇小说《匪首》,作家在叙事结构、叙事方法、话语模式方面都有所变化,对现实的超越,对人性及历史的思考成为其重要的趋向。但是那种坚硬的来自"生活本身"的实在性,作为田中禾叙事话语的背景,仍然凝滞在作品里,如"牌坊街"的商贾、店铺,县城内外的民风民俗,作家都是以逼真、生动的笔触点染或雕琢,使现实的情致透出灵秀而超拔的光来。像杨蒹之18岁进南山贩桐油,杨季之任县长,天虫军被围困等等场面,都被写得流畅、自如,出神入化,语句、段落的张弛、短长显示出作家驾驭文学语言的能力,同时也表现出作家对经验事态、"典型"场景感受和把握的能力。读到这些文字,我们常常会想起中国古典小说中刻画人物时形神兼备的艺术手法。

此外,人物所处的社会历史生活,如匪情、匪患、商业活动、官商勾结等情节的具体、真实,对众多人物的个性特征以及性格形成、发展的历史则是准确而精当的,正是从这些画面我们可以体会到民国初年豫西南乡土历史的情状和演变。田中禾曾经谈到自己创作《匪首》的思想动机是"把近代中国融入中原豫西南的切片","使豫西南的乡土历史民俗民风成为人类文化的一个标本"[1]。

---

[1] 田中禾:《超级玛莉的历险——〈匪首〉创作札记》,《小说评论》1995年第1期。

如果现在让我们跳出小说的现实背景,进入小说的情境空间,那些超越了现实的神幻质素以及叙述的诗性魅力则会悄然跳入我们的眼帘。一个源自民间沃土,生发为神话原型的艺术世界则会向我们展开。

一、诗化的民间

《匪首》中作家创制的虚幻气氛来源于大量的积存在乡间的神秘文化素材,"一是神话传说;二是地域的民俗和特定时代的民间信仰;三是积淀在民族集体无意识中的神秘主义;四是神喻式的语言。"①这使得阅读《匪首》的过程,就好像在中国汉民族古老的乡镇风俗中游历,一年中大大小小的阴历节日被作家拈来作为一颗颗珍珠点缀在人物的生活历程中,成为作家书写历史、勾勒人物的坐标点。作家对"鬼节放灯"、"腊月年关"、"祖师庙会",以及卜卦、风水阴阳等形形色色的民俗与祭礼的描摹,都隐藏着神秘的灵蕴;而乡村生活的传奇与特异所包含的文化性因素,又为作家提供了更多样的选择。这使我们感受到作家追怀的先人们是在充满了神性教喻与宗教教喻的历史现实情境中生存与繁衍的一代,他们的精神世界连接着神、鬼、人的世界,个体命运常常应和着天地、自然的变迁。

与某些文化生态小说不同,作家田中禾不仅"呈现"而且"强调",不仅不批判传统,而且对之似乎满怀眷恋之情,他用作品中人物的命运使读者回想起曾被人们摒弃的中国传统思维、观念和精神,即积淀在民族集体无意识中的神秘主义和民间信仰。如文中对鬼和神喻的虔敬,有相当丰富的表现。

在鬼节上坟那一天,"母亲把供香摆在墓前的石桌上,火池里点燃纸钱、银锭,一缕青烟袅袅升起。点燃一串爆竹,由大表兄用树棍挑着,噼噼啪啪,坟地的寂静被惊醒,沉睡的鬼魂被惊醒,先人的影子从坟墓里走出,纷纷乱乱。"这时申却打死了一条在草丛中经过的蛇,"母亲的脸色变得苍白。回去的路上大家都不说话,他们不知道哪位祖先被申举在空中甩过陵园的荒地,也不知道以后的岁月会有什么报应降临他们中间,可是,从那一刻起,他们知道,这群人一定会遭报应。这念头伴随他们,每当祸事降临,都让他们清晰地忆起这场面。"

接下来,作者又描写了极为壮观的鬼节祭祀仪式,这种近乎诗意的表现,凝聚着作家对中国传统文化观念的理解和体认:乡民素朴的生死观之一就是生命转换、死而复生的物化观念。正如黑格尔在谈到变形神话(人死后脱胎为物)时

---

①田中禾:《超级玛莉的历险——〈匪首〉创作札记》,《小说评论》1995年第1期。

所说:"这类作品当然具有象征的神话的性质,但是把精神界事物和自然界事物明确对立起来,使一种现在的自然界事物,例如岩石、动物、花和泉水之类,具有一种特殊的意义,即精神界事物的堕落和所受的惩罚。"①也就是说人们惧怕的是来生的惩罚,而非现时的痛苦,并由此演化为崇敬一切非人的生命体,乃至鬼魂。正是因为作品中的女性人物——母亲和荞麦,抱着生命是不可毁灭的认识和感情,并且到了否定和蔑视死亡的地步,才会如上所述般的敬祖先、敬鬼神,才会在杨家极盛的时期离家而去,以求得内心的平和与安宁。正如恩斯特·卡西尔所说:"在原始思维中,死亡绝没有被看成是服从一般法则的一种自然现象。它的发生并不是必然的而是偶然的,是取决于个体的和偶然的原因,是巫术、诱惑或其他人的不利影响所导致的。"②所以,生死是可以跨越的,而且死亡可以被理解为是生命的一种物化形式,这常使处于特定历史时期的人们对生命寄寓着死而复生的期待,或者说,万事万物都可以在生命的循环往复中获得永生。《匪首》中的母亲,似乎正因为参悟了生与死的秘密,才具有着神性和预见性。作品开篇写到,母亲带着荞麦和申幸存于洪荒之后的龙王庙,是那么的平和与安静,就如同没有经历过死亡的恐惧和痛苦,特别是对天性野蛮的申的教化,也是那么的随意而素朴,看起来颇有远古传说中女娲止淫水、造先人时的从容与大气。总之,作家正是从这样的生死转化和因果报应观中,看到民间风俗中理想化的神性与人性的结合。

二、出走与返归

《匪首》的民间色彩不是完全由传统文化的积淀构成的,它的内在元素还包含着现代文明的"侵入"所激发的传统与现代的抗衡。这种抗衡的具体表现,就是以兼之为代表的封建官商、以申为代表的农民"集体无意识"和以季之为代表的理想但软弱的资本主义之间的斗争与纠葛。对于这段富有中国历史色彩的描述,作家在自己的创作札记中,予以了总结性的表述。而我想阐发的观点,来自于作品中人物的共性行为:出走与返归,以及由此所形成的文化意象在作品中的意义。如果说,《匪首》中的民风民俗构成了作品中民间的总体风貌,凸现

---

① 〔德〕格奥尔格·黑格尔:《美学》(第三卷·下),朱光潜译,商务印书馆,1979年,第303页。
② 〔德〕恩斯特·卡西尔:《神话思维》,黄龙保、周振选译,中国社会科学出版社,1992年,第42页。

了作品的民间神话色彩,那么,对于作家理想的民间精神层面的构建或呈现却是由"出走与返归"这两个具有符号性的文化意象来传达的,此外,这两个文化意象也强化了作品中如上所述的传统与现代文明之间的冲突。

细读《匪首》我们会发现,小说中的主要人物,都经历过出走与返归之旅。首先,母亲和荞麦,是作品中贯穿始终的两位女性,她们以精神向导的形象出现在小说的深处,而"母亲"又被作家描摹成具有神性色彩的预言者和隐遁者。母亲的出走,看似源于生命的行将灭亡,其实是隐喻着孕育在民间大地上的天、地、人、神合一的理想精神境界的隐逸,但并非是消亡,作家写道:"蒹之和荞麦站在码头上给母亲送行,她头也不回,背影生气勃勃融入萌绿的山野。"正是由于有了这样的隐线和伏笔,才会有母亲幻化成"老干娘"的归来。

母亲走而复归的神话性描写,正是寄予了作家对中国民间文化的深层期待和完美理想。天人合一的至高生命境界在中华民族的历史演变中,总是如母亲的身影般投射到各个历史层面和文化情境中,她具有救赎和信仰的意义。

如果从上面的角度来分析荞麦的"走与归",则容易许多。因为荞麦与母亲的血脉联系和精神继承始终没有离开过小说文本。虽然是一个偶然的原因使荞麦见到已成为土匪的申哥,但是做出离开蒹之和杨家大院的决定却绝非偶然。这不是出于对蒹之的另有所爱的恨,而是对杨家大院失去的过去的寻找,对母亲所带走的精神和气息的寻找,当然也有通过寻回申哥重结家庭纽带的期望。所以当她一投入申所处的山野,首先就获得了如童年时期一样的自由、平和的感受。"这一刻,她觉得就像洪水过后,一切被荡涤无存,跟着母亲,走过灾荒的田野,人被上天再造,岁月从头开始。日子是怎样如尘般在心底积聚起来,加厚变黑,成为拂不去的垢巴,使岁月在不知不觉中变得沉重污浊?现在割舍一切,抛去过往,坐在秋风秋阳的荒村小路上,突然觉得异样的轻松清爽,像一阵风,一片云,一湾流水。"这时的荞麦在乡野和城市的选择中,显然醉心于更富有人情味的乡野,这也预示着她无法彻底改变已经全然沉浸在山野情怀中的土匪——申哥。当她试图引领申哥走回牌坊街的时候,她必然要面对着申哥的再一次逃离。我想,作家确立荞麦这一角色时,还是有意识地同母亲这一角色拉开距离的。因为荞麦身上的精神气质虽是来自于母亲,但是她又必须承担着在多种文化情境中进行选择的任务,因而荞麦这个人物形象更丰富、更具有人性色彩和精神深度。

其次,《匪首》中的主人公申,是一个天性充满着"大地"情绪的人,他的出现就带有自然原生态的意味,虽然,童年时他被母亲教化为一个跟普通人一样生活的孩子,但很大程度上是因为生存的需要,而绝非是源于主动的选择。这主要体现在他成长过程中一次次地出走或是逃离。作品中历时性地表现了他的三次"消失",三次"返归",直至走向死亡。需要特别指出的是,申的人生历程,事实上,也正是《匪首》这部小说的结构方式:作品中共五个章节,它经历了一个从介绍、高潮到结局的过程,预示着申一生的盛与衰、生与死。而这中间的上升(第二章)和下降(第四章),具有"生命仪式"或者"过渡仪式"的意义。从这个意义上说,"这是一种具有神话—原型意义的结构。"①举例来说,当申慢慢地理解杨家大院将完全同他的生活哲学相冲突时,那种隐藏许久的来自大地的召唤唤醒了他,他无目的却也有目的地"走出杨家宅院后角门,他连头也没回"。申的成人仪式就在离家的决定和行动中完成了。这次离开家虽然早已注定,但是作家把这样一个过程安排在第二部的开篇处却正寓意着申的生命意志的苏醒。第四部是作家唯一没有分节的一部,在这独立成章的完整叙述申的绿林生活的一部中,作家用诗一般的笔墨,极为充分地展示了一种与世俗道德社会相对立的生存状态、行为规范、生命理想与人格标准。在申身上的野性、蛮力、放纵都已成为生命力的一部分,那种用善和恶来界定人性的标尺,被人性本真的、未经驯化的原始强力所替代。虽然荞麦试图使他回归文明社会,但是当曾属于他的女人和家庭失去之后,再也没有任何可以挽留住他的东西,因此,在这部的结尾处,申又开始了他的生命和精神流浪之旅,作家也由此完成了主人公的壮年仪式。综上所述,我以为作家在这部小说的结构上所体现的"神化—原型"意义不仅深化了小说的民间精神,而且凸现了"出走与返归"这两个文化意象的文化心理层面的意义。

事实上,关于出走与返归的意象不仅具有文化内涵,而且也具有"神话—原型"批评所阐释的母题意义。所谓母题,在荣格看来是与神话相对应的概念。由于它一再出现于文学作品里,从而使得这个文学作品中的某一故事因素具有能在传统中延续下去的力量。也就是说,只有那些在一个民族中无论是祖先还是后代都认为最最重要的母题,才会经常得到复述。而这些有限的母题,也就是一个民族在神话上的遗传基因。这里我要说明的是由《匪首》中的"出走与返归"意象所映射的"追寻与希望"的神话母题,如《夸父追日》和《精卫填海》这两个神话故事从不同层面表现了人类执着于追求、寻找之途的精神。当然如果我们单视此为《匪首》的唯一的文本内容,难免有失偏颇,因为《匪首》这部作品的丰富性和开放性给了人们相当自由的阐释余地,但是《匪首》的民间立场、对民族生存历史状态的抽象正符合了神话故事得以传承的最基本事实:置身于民间文化,立足于集体无意识。

---

① 胡志毅:《神话与仪式:戏剧的原型阐释》,学林出版社,2001年,第173页。

三、语言的审美图式

阅读《匪首》，就无法回避作家在其间所运用的独特的文学语言。这是迥然不同于作家早期小说因讲求情韵而生的散文化语句，它展现的个人化风格是令读者怦然心动的。作家既没有单纯因袭中国古代文学形神兼备的语言传统，更没有在先锋性的语言漩涡中迷失，而是追求语言的个人化和现代意识。

田中禾同当代大多数乡土作家不同，他喜欢动用文言雅词，特别是《匪首》中，句子长短相间，多用四字语，充分展现汉语的音乐感和隐喻性。在描写自然和女性人物时，富有情感色彩、感觉色彩的文字更是为他所长，形成一种作家所独有的绵密、细致、精美并带有着神话般远古悠长的情调。这对当代小说语言日益滋长的直露、浅白、俗化倾向无疑是一种反拨。但是作家又并非在垄断语言，也绝对没有把语言的形式和权力强加给受众的意向，他仍然注重语言的公众性和交流性，努力在日常语言中注入或召回诗意，使语言也成为艺术的创造性之一，而不仅仅是流于生活的回声。正是从这一点上来说，《匪首》这部小说的语言是有着审美价值的，我们可以从下面这段文字体味一二。

> 对于荞麦，沉默的电话机常使她模模糊糊感觉到一种忧虑。……电话这个怪物每每将她带入不可捉摸的漫远无边的世界。在"沙沙"的风声里，像有意泄露扑朔迷离的幻境的奥秘，常常忽而捕捉到一两句话，不着边际，没头没尾；忽而有不知何人将铃声晃动成零零碎碎的耳语。这耳语富有魅力地为她撩动一道沉重的帷幕，使她如调皮孩子一样站在暗影中看两个全然不知的人的行动，既可笑又有趣。

阅读这样的文字，我们常常感到作家语言的魅力是很难抗拒的，它渗透出人物如此细微的心理体验和感受方式。同时我们发现，作家的语言从本质上说是超越的而非日常的，是诗性的而非散文的，是心灵的而非物质的。那么究竟是什么使作家以这样的语言写作，并努力地超越自己原有的文字方式？我想这是因为作家对自我的定位、对作品的定位所形成的双重标准制约的结果。首先，田中禾试图将自己的作品推入纯文学的领域，他认为一个"文学家应该明白自己的历史重担是民族的知识精英！他的任务是把民族的革新推入人类文化的殿廊"[①]。基于此种认识，作家毫不讳言："我是以危言高论为快感乐事的人，

[①] 田中禾：《超级玛莉的历险——〈匪首〉创作札记》，《小说评论》1995年第1期。

立志把《匪首》写得尽可能雅致些,艺术档次高些,文化与哲学包容量尽可能大些,这是毫无疑问的。……我想把《匪首》作为考验我虚构能力、张扬幻想的实验品。"①如果说,语言作为作家存在和文化心理的缩略方式,作为穿透文学作品形式和思想的双刃剑,可以更清晰地揭示文本的价值与作家的深度,那么《匪首》中的语言已经承载了作家的期待和希望。

除此以外,从语言的实践层面来看,《匪首》中语言的特异性还表现在作家通过审美直觉构筑而成的自然、历史、民间融为一体的想象图式。虽然这三者不属于一个意义向度,但是小说中语言的选词、语式、时态和所指分别或两相结合地指向这个图式。自然风景是田中禾十分愿意去表现的图式之一,几乎贯穿其小说写作的始终,在《匪首》中也不例外。但是,他更加注重自然情致中人物的视角和位置,注重自然与人的对应和谐。相比较而言,作家在处理民间风俗场面时,显得有些失控,常常是忽略人物的存在而专注于民俗风情,造成语言流转的缓慢和停滞,使得某些想象图式趋于现实化、具象化。比如对于年节风俗的书写。《匪首》中另一个不可回避的审美图式,即是作品中凝聚的源于想象的历史情境。它似乎充分展示了田中禾驾驭语言、制造虚构的能力。对于历史的言说是当代小说家颇感兴趣的话题之一,让作品富于独具个人话语色彩的历史感更是作家们不断追求的目标,我想田中禾也如此,但是他没有为了虚构个人化的历史而抛弃本民族的文化立场,也没有因此而悬置历史思维的顺时性,他基于本民族的历史、乡土的历史来虚构个体生命的历程,以及不同生命选择和存在的历史意义。回到小说语言本身,作家则是通过悬疑的设置、隐喻的使用、语句的跳跃等现代手法使所谓"真实"的历史陌生化,从而突出人物的生命的历史。

原载《小说评论》2004 年第 4 期

---

① 田中禾:《超级玛莉的历险——〈匪首〉创作札记》,《小说评论》1995 年第 1 期。

负重隐忍与自我删节:《父亲和她们》中的两位母亲形象

刘 军

一、作家立场和书写姿态

作为文学豫军的中坚力量,田中禾的创作实践贯穿于新时期文学的各个阶段。在"城头变幻大王旗"的小说实验浪潮的转换过程中,其作品固然难以作为明确标识屹立于某一流派或思潮的滩头之上,不过,纵观其近三十年的小说创作,却有两个显性因素串联其中。

其一是书写姿态的多元化和创作形式的不断突围。法国作家布封曾指出,一个大作家决不能只有一枚印章。这句话用在田中禾身上,可谓恰切。总体上看,田中禾的多元化探索涉及三个层面:一是文体的调整和突围;二是创作姿态方面的变焦;三是叙述手段的自我超越和多元。早在 20 世纪 80 年代,他就通过小说《五月》确立了其现实主义的基本写作姿态。但很快,他又转入到新写实和新历史小说的文本尝试之中。而在 20 世纪 90 年代创作的长篇小说《匪首》中,因为加入了拉美魔幻现实主义叙事的因素,使文本呈现出显著的神秘主义色彩,这种颇具先锋味道的新颖叙事风格也引起了评论界的极大关注。到了新世纪,小说《故园一棵树》的写作实践又步入了"忆语体"这一新的创作体式之中,这种文体的新拓展,以及内容上所表现出的深切,让人不由想起新文学发轫之初的鲁迅和郁达夫。至于新近由作家出版社出版的长篇新作《父亲和她们》,从中我们又一次看到作家不断探索的身影,复调叙述形成的多重叙述声音,及叙述人称变换所带来的冲击力,异常醒目。"娘"、"父亲"和"母亲"三条各自独立的叙事结构并行不悖,又相互切入,不但使个体叙述变得鲜活,更充分揭示了不同个体视野里的历史景观。小说的创新还在于加入了旁观者的叙述,以"我"这条暗线为纲,把另外三条平行线巧妙地编织起来,构成了一个复杂的开放式的叙事结构,从而使故事的讲述获得了最大程度的自由。总之,他的创作实践始终在变化中进行,不断会有新的质素加入进来,从而超越了原有的艺术形式,正如刘永春先生指出的那样:"他的每一篇作品都在努力开辟新的艺术天地,都在挑战作家的写作惯性。"①田中禾小说在艺术形式上"善变",即使放大到整个新时期小说家的创作谱系下,也是一个非常突出的个案,同时也是个稀有的现象。

其二是独立的创作个性与对女性形象尤其是母性特征的持续发掘。独立的个性涉及的是作家的写作立场和基本态度,在田中禾的创作历程中,既无大开大合式的亮相,又没有虚张声势的铺排,而是如其笔下的北方大地般坚韧、沉着。正如他自己所言:"综观十年的文学之路,我既不以重大社会主题使自己风云际会,又不愿用怪异的西式时髦惊世骇俗。躲避的结果是使田中禾的名字在文坛上一直保持着边沿状态。这是个恰当的位置,呆在这儿很自在。"②将自我放逐到流行话语的边缘,这来自于作家的勇气,也是一种可贵的选择。作家将写作的注意力全部放在大地和乡土之中,在这样的精神家园中,"我"与民众血脉相通。从这个意义上说,真正的写作者也必然是位思想者,他们远离时尚,以保持精神的纯粹性,所追求的是能在历史的大浪淘沙下沉淀出的固体结晶。田中禾是位有着独立创作观念的作家,更重要的是他也始终保持自我清醒而自觉的个性意识,并由此出发,伸张自己对民间书写的执著追求和对人性广袤内涵的探查和审视。

从写作主题来看,田中禾用其系列的创作来展现其对女性形象尤其是母亲形象的偏爱和独特理解。他的一系列女性形象大多以深沉的母性为内核,"母亲"构成了女性性别特征中最根本的方面,也是作家借以解剖人性和乡土文化基因的端口。其中女性以宽厚的母性光辉生育和呵护着这个世界,不仅是生理意义上的,更重要的是精神意义上的。有评论家指出:"处在田中禾忆语中心的永远是母亲。"③以新时期文学作为参照,还没有哪位作家像田中禾这样,把如此多的笔触和感情托付给母亲,贯穿其小说创作的,总会有那么一个或坚韧沉厚、或豁达自信、或仁爱博大的母亲形象。与同时期其他男作家相比,田中禾看待女性的眼光是独特的,较少传统男权观念的束缚,他总是能够超越自我性别局限而以平等的意识对待女性,这些因素渗透到作品中去,形成了一道诗情梦想与神秘主义交织而成的审美景观。总之,"母亲形象在田中禾那里超越了文本角色的单纯功能,而同时具有了许多形式意味,成为小说中极其重要的功能综合体。"④

---

①刘永春:《大地之子的歌吟》,《平顶山师专学报》2003 年第 3 期。
②田中禾:《田中禾小说自选集》,海燕出版社,2001 年,第 2 页。
③耿占春:《复现与虚构——引题〈故园一棵树〉》,海燕出版社,2001 年,第 1 页。
④刘永春:《大地之子的歌吟》,《平顶山师专学报》2003 年第 3 期。

二、性别观念与母亲形象的符号化

"五四"新文学伊始,形成了一次书写母亲形象的高潮,但因为"启蒙"、"救亡"、"革命"等强力话语的介入,母亲形象逐渐符码化。后来,随着诸多文学作品的经典化过程,抽象价值与母亲符号的对等转换也随之固定下来。新时期文学以来,男性作家笔下的母亲形象接续了现代文学的传统,继续以父权文化的立场来设定与赋值。无论是早期作为爱的化身及苦难象征的母亲形象还是晚近的恶母形象,皆是出于"被看"的叙事策略而加以符号化的结果。

这种"被看"是立足于男性视角的,因此会带有浓厚的性别主观性和先入性,而女性的真正独立往往并没有被添加进文本,于是,普遍的误读便产生了。此种误读涉及三个层面。其一是母亲外在形象的模板化,许多作品着力渲染母性外貌的种种美好,使文本中的母亲处于"被观赏者"的位置。其二是具有母亲身份的女性人物独立精神的被剥夺,一些男性作家在创作实践中选择了主动介入,替母亲思考的策略,为作品中的母性角色预先设置了情爱观和道义感,在细节处理上往往采用一厢情愿的臆造方式,如《红高粱》中"我奶奶"与"我爷爷",以及贾平凹小说《天狗》中的天狗与师娘间的情爱关系和表达方式,皆是作家潜意识中男权身份自动呈现的结果。其三是由于话语权的丧失使母亲在"被看"中沦为符号,"符号化"是这些处于"被看"地位母亲们的普遍生存状态,尽管诸多母亲遭受的苦难不同,人生命运各异,但她们却有一个普遍的共同点,即对传统母职的自觉认同,而认同的直接后果便是过分突出其生殖、养育职责及对家庭的牺牲,从而把母亲形象束缚在男权视线的交集中,形成了一种符号化的景观。莫言笔下的上官鲁氏是一个多产的母亲,一共生下了八个女儿和一个儿子,小说为了表现生殖崇拜这一主题,突出描写了上官鲁氏那深厚博大的母性,甚至强调到无以复加的地步。而贾平凹作品中大部分具备母亲身份的女性都是母性与妻性的结合体,却缺乏自我的主体性,她们存在的目的就是为男人们带来生理快乐以及为他们传宗接代。至于王朔笔下的刘慧芳,则被赋予了中国传统女性恬然隐忍的德性,以柔弱的双肩抚养养女小芳,挑起照顾家庭的重担,从而博得了大众的同情,而这种"颂扬"式的同情本身是符合男权话语所支配下的社会道德规范的,这种社会规范已经构成了一种自我蒙昧和社会蒙昧,也导致"妇女天职"成为一种无意识的存在。

纵观新时期文学,男性作家小说作品中的母亲形象依然是一种本质主义思维的体现:为子女操劳不息,无私付出,或以父亲为主体,自身为客体,这种传统的母亲形象占据着作品的主流。男性希望把女性纳入自己支配的轨道中来,使女性成为男人的影子而非独立个体的存在。另一方面,男性作家对具有母亲身份的女性的种种歌颂,固然有发自内心的感激,也反映着古老文明的沉淀,但更多的是一种站在男权立场上的单一视角,这种歌颂的背后是深深的误读以及潜在的男性话语导向。张贤亮笔下的马樱花是其着力刻画的系列女性中的代表,从表面来看,这一形象如同作家心目中的女神,马樱花既是母亲,又是贤妻,她是传统女性美的化身。往深层次去思考,这个形象何尝不是作家出于潜意识的一种约束?因为马樱花这样的母亲在生活与爱情中都是被动型的,她的价值只有在对男性对象的付出和牺牲的时候才会呈现,她生活在男性生命的周期里,当男人不再需要她时,女性自身存在的意义也就被"合法"取消了。所以,许多男性作家所谓的对母亲形象的人文关怀实际上早已被置换为对男性的人文关怀,所有关于母性特质的理解只剩下牺牲、付出等空洞的词汇。母亲们普遍处于失声的状态,其生命状态的弱小和善良成为男性作家手中的筹码,小说家们对她们牺牲精神的歌颂与过度赞美进一步暴露了男权中心思维模式的偏执,从而使小说的人文立场成为一种虚无的承诺,按照玛丽·安·考斯的话来说,女人"为符号服务,以忠诚、耐心和绝对沉默表达自己的符号,她自己本人却被一笔勾销"①。

与以上的参照系作为对比,因性别书写和立场的差异,田中禾小说对母亲形象的建构就走向迥异于他人的路途。如果说其他作家对母亲形象的勾勒基于一种因传统文化沉淀而成的男权无意识的话,那么,田中禾的写作实践则更多地秉持一种客观中性,甚至是母性叙述的立场。这种立场贯穿于其系列作品之中,他在女性世界中着力发掘和展现人类的母性本质和自然天性,而非仅仅停留在对母亲所具备的妻性的抒写上,从而规避了将母亲形象符号化工具化的可能。女人的包容性,对苦难的承受力以及其纯朴善良的品格,这些因素构成了母性的基质和天然属性,但在转型期的当代现实中,这些品格面临被污染、异化、腐蚀的现实,田中禾对此表现了极大的不安和焦灼。作者的这些心理能量转化在作品中,便形成独特的思考结晶。比如在其《五月》、《明天的太阳》、《枸桃树》、《印象》等系列作品中,作家所开掘出的是独属于女性的心理世界,也写出了母亲作为女性的内心惶惑及自我拯救,她们的心灵追求并非是来自男性世界的暗示或赐予,而是从自我母亲的天性中获取力量,不仅借以照亮自身,更重

---

① 张京媛:《当代女性主义文学批评》,北京大学出版社,1995年,第240页。

要的是,同样也照亮了周围的男性世界,并进而为小说的价值旨归作出明晰的指认。这一点,在其长篇小说《匪首》中体现得尤其明显。

母性叙述代表着独立的女性立场,关于这一点,在其新作《父亲和她们》中有着很好的印证。这部长篇的主体内容包括十五个章节,其中十个章节的叙述话语是由两位母亲来完成的,所占比例达到三分之二。关键的问题还在于,她们的叙述话语背后有着各自独立的心理世界的支撑,人物语言的个性化,使读者在跳脱和起伏中毫不费力地就可走进两位母亲那跌宕变幻的内心世界。所以,可以确认的是,这部新作所营构的是一个具有充分母性基质的世界。如前所述,田中禾对母亲的赞颂是从始至终的,甚至在一些作品中,流露出浓郁的崇母情结。但与其他作家相区别的是,在他歌颂的背后,既是一种对母亲天性美好的升扬,又开掘出母性世界的诗意葱茏,其中的诗情充分体现于母亲与大地、母亲与亲情、母亲与周围世界的深刻关系之中。这种眼光和立场放在当代文学的视野之下,显得极为难得和珍贵。

三、娘和母亲,两个向度

对于《父亲和她们》来说,作家的形式探索和突围不仅体现在文体特色和叙述方式这些因素上,更重要的是,在内容与主题方面,作家也突破了以前作品中单一的母亲形象,而是在"我"和"父亲"之间并置了"娘"和"母亲"这两位母亲形象,她们彼此相互交织,立体地介入"父亲和我"的生活。其中尤为关键的是,她们并非被作家平面式地并置,而是采用了两种人生向度来设置,如一棵大树身体上的两个枝杈,部分地连接之外,则以不同的方向朝向天空。作家借助于跨度极大的历史叙述,在不同的空间里书写她们不同的人生轨迹。如此一来,比起前期作品,这部小说中的母亲形象便更具张力,也更为丰满和完整,这对于惯常书写母亲形象的作家来说,毋庸置疑是一次更大的跨越。两个向度的设置,不是出于简单加法的考虑,而是增加了作家对存在可能性探究的厚度。米兰·昆德拉曾有一个判断,即小说的根本任务就是对存在可能性的探究。两个向度下面,包含的是两位女性不同的人生选择、性格建构、情感方式、价值取向、文化关怀。

在塑造这两位母亲形象的时候,田中禾采取了分段叙述的方式,她们各占据五个章节的分量,彼此之间,或者与父亲的叙述间交叉相织,浑然一体。三者的生活轨迹既独立成章,又相互切入,从情节的推进来看,小说中的这三位人物,恰如父亲"马文昌"在第十章的人生自述:"这个圈子,我兜得真不小。"从圆点出发,绕着圆周转了一个很大的圈子,然后彼此又回到圆点。好像有那么一根宿命般的绳索,人物的挣扎和突围用力愈甚,那种特定的束缚就愈加显明,历史与现实沉重压在个体之上,使个体的突围笼罩在悲凉的绝望色调之下。作家的这种处理方式,是一种典型的诘问人的存在困境的方式,理想与现实的反差只是情节发展的推进器,人性深处的软弱封闭与自我删改,才是作家反思和拷问的对象。

小说中,两位母亲的叙述又是以主体性叙述姿态出现的,所以彼此的区别甚大。"娘"的叙述里充斥着豫西南盆地的土语、俗语等这些直接从大地生长出来的词语,如第十一章的回目,"娘"说出的是"你爹这个浑货,他长到老也是个孩子"这样的话语,除了朴素的泥土气息外,如果将五个章节的来自"娘"的叙述贯通起来,我们就会发现,这位母亲形象并不简单,她的话语充溢着特别的自信,以及对"我"和"父亲"为代表的男性世界的规训,因为有些时候,"娘"的话语走在了将要发生的事实前头。在这里,作家不仅通过个性化的话语塑造了一位栩栩如生的乡土母亲形象,而且通过对后者的发掘,在"娘"的形象身上寄予了更深层次的文化思考,即"娘"从乡土大地的朴素常识出发,轻易地击败了以思想启蒙和自由追求为己任的"父亲",很显然,这些形象在作品中簇拥在一起,构成了对百年中国乡土传统和现代性诉求的巨大隐喻。启蒙、自由、独立与个性,在革命运动中很早就取得了合法性,但在实践过程中,如"父亲"、"娘"等,又很难在大地上扎根。对比之下,另一位母亲林春如的叙述,则是以知识分子的口吻出现的,不仅仅是用词的文雅,更主要的是掩藏在其话语背后的思维模式,以及特别注重内心感觉的私语性。在其叙述的许多段落里,我们都可读到充满哀伤的、向内心发问的语句,敲打在读者的心弦之上,让人沉思和怅惘。作家的特色叙述使两位女性在生活的交织中又呈现彼此的独立性,当然,这种成功的代言,出自前文所述及的作家的中性立场和良好的叙述能力。

与作家此前所塑造的系列乡土气息显明的女性相比,"母亲"林春如的出现,可谓是个异数。这位从旗杆寨走出的女性,其身体内蕴藏的心理能量,不是如其他女性形象一样,从自然母亲——大地,或生活母亲——血缘那里汲取勇气和启示,去承受苦难,突围并展开自我。其内心蕴藏一股强大的力量,这种力量直接来自其强烈的反叛意识以及独立的个性追求。这位接受了新思想启蒙和新文化沐浴的知识女性,在小说中甫一登场,就以其特有的现代女性气质和独立个性攫取了"父亲"的心思,他们在逃难及向往革命的过程中,演绎出一段轰轰烈烈的爱情故事。这个时候的"母亲",一门心思就是逃离她那旧式的大家庭,以及这个家庭为其安排的婚姻和生活道路。"母亲"的反叛是决绝的,也是智慧的,大哥"林春长"的禁闭,所爱的人天涯相隔,音信杳无,也没能阻止其向往另一种生活的念头和行动,拖着有孕之身,她逃出旧家庭的樊笼,加入了革命军队。

"母亲"身边从不离手的一把琴则是个符号象征。无论是早期的求学、恋爱、逃离、参军,以及后来的复员,在女儿"叶子"出生之前,这把琴一直在响着。"欲将心事付瑶琴",不灭的琴弦拨动,掩藏的其实是一颗向往独立与自由的心灵。但可惜的是,在系列政治运动的风暴中,这颗心灵并没有长成参天大树,一个永不消隐的"政治污点"压在"母亲"身上,使其在情爱和日常生活中不断受伤,这些还是作为外因而存在的,内因则是生理上母亲身份的降临,安全和生存的因素如利刃般切入原本高傲而自由的心灵,使其逐渐分崩离析。与"邹凡"的结合,女儿的出世,"我"的渐渐长大,"母亲"在心理上兜了个大的圈子后,最终又回归于相夫教子的传统母亲角色之上,而与之相随的是,那把琴弦再也没有敲打出自由的心声,而是被"母亲"深埋在箱底,直到有一天,母亲把这一最贴心之物转交给了"我"这个儿子,希望以此换取改善儿子生存条件的机会。到此为止,"母亲"的自我删节彻底完成。巴赫金指出:"长篇小说的基本主题之一,恰恰是人物和他的命运及他的地位不对等,人或大于自己的命运,或小于自己的人性。"①林春如的心路历程让我们想起了帕斯卡尔那经典的判断:人不过是根芦苇,是自然界最脆弱的东西。在这个人物形象身上,作家不仅呈现了那曾经如此真实的历史荒诞景观:政治运动、权力符号、极"左"的标签,如利箭般暴风骤雨式地覆盖个体单薄的肉体,使其扁平,并最终被同化,哪怕是多么独立的心灵和个性,也会被彻底抽空。更重要的是,作家还借此呈现了另一种推手,即因母亲意识苏醒所导致的自我阉割,对于自由来说,这种来自内心意识的自我删节,才是真正致命的,惟其如此,才真正让人痛切和沉思!

作为另一个向度,"娘"的形象更像是大地上自然生成的大树,根深叶茂,虽历经风波,却用自身的发达根系荫护着身边的男性世界。"叔叔"盛、"父亲"马文昌,还有"我"这个非亲生儿子,在遭受灭顶之灾的关口,我们总能看到其坚毅、智慧的身影。如果说作家90年代的长篇小说《匪首》中的母亲形象具备神性色彩的话,那么《父亲和她们》中的我"娘"肖芝兰,则实现了自然的过渡,由人类母亲的形象过渡到大地母亲的形象,两者之间有着一定的亲缘性,但后者是一种发展的结果,更多的人性内涵被作家贯注其中。"娘"和"母亲"不同,她

---

① [俄]米哈伊尔·巴赫金:《史诗与长篇小说》,社会科学文献出版社,1995年,第26页。

就是大地之子。虽然缺乏现代思想与情感诉求,但始终持有一种朴素的信念,即守护好自己的"家"。"家"如果没有了,人也就没有了。至于国家、民族这些宏大的概念,实在过于遥远,那是男人们闯荡世界所应该干的事情。打个简单的比方,就是恪守"你参军来我耕田"的思维意识。正是出于这个朴素信念,所以当"父亲"在新婚之夜逃出家庭,虽然自己是个知情者,因为还有"爷爷"和"盛"以及"老五叔",这个家还不至于完全破碎,所以"娘"在极度伤心的情况下,还是默认了"父亲"的出逃。而在"母亲"拖着有孕之身来避难的情况下,"娘"以宽大博爱的情怀接纳了"我们",因为这个"家"又多了一份子。至于"父亲"带着另外的女人和孩子复员归乡,她的心里如同吞下黄连,而毕竟男人在外面为家族争了光,所以,她又一次选择了牺牲和付出,甚至把自己睡的床铺腾挪出来,这个最具私人性符号的敞开,再次验证了"娘"的隐忍与宽厚的品格。当"我"与"父亲、母亲"以及"叶子"一家四口在县城里第一次汇聚在一起,乡下的"娘"不避世俗的规定,也跟了过来,宁愿担负一个"仆人"角色。这个段落构成了奇异的景观,在一夫一妻制度下,一个男人和两个女性生活在同一屋檐下,而且彼此有着割不断的瓜葛,归根结底,还是出于"娘"的心理意识。在小说中,类似的情节比比皆是,有了这位大地之母的泽被,"父亲"熬过了人生最艰难的岁月,"我"也能够在宽容的呵护中,独立地选择自己的命运。而且,在"父亲"与"娘"的隐秘战争中,"父亲"完全败下阵来,并最终皈依于"娘",也皈依于以她为代表的传统的朴素信念。

对于作品中的两位母亲形象,田中禾采用了两把尺子。一把尺子接续了自我对女性形象中母性基质和自然天性的颂扬,这种颂扬是站在中性的立场上的,也是温暖动人的。而另一个尺子,则取自人性的拷问和反思,"母亲"的自我删节和屈从是显明的,标志着现代性的自由独立观念在传统深厚的大地上落定的艰难,而"娘"的生命力的丰沛和博大,却构成了现代性最大,也是最隐秘的对手。田中禾对此并没有采取简单的否定或肯定做法,而是将深层的文化之殇寄寓其中,同时也表明了作家的思考之深、忧心之切。作家托马斯·曼有句名言:只有在提到自由二字我们会怆然涕下的时候,人类的境况才会得到好转。想一想百年来中国知识分子的历史命运和心路历程,作为美好信念的"自由"二字,和肉体存在间的拉锯和切割,怎么不令后来者怆然!而在《父亲和她们》中,人物自我精神的萎缩,绝非反常的政治运动这一单个因素使然。更重要的是,在文化转型期,为文化所化之人,必然又会为文化所痛。所以,自由之痛的宿命般承受,指向了现代性的最大矛盾和软肋,而这恰恰构成了这部小说的思想深度。另一方面,田中禾借助这部作品,所做出的对自由的反思和追问,也远远突破了作家早期对中原乡土的审视与书写，从而与"五四"新文化前驱的"立人"或"人本"思想形成深度呼应。

　　本雅明说过，小说诞生于"孤独的个人"，在今天的现实中，当作家越来越沉迷于形式的炫技，当故事越来越被推置到前台，当经验叙事覆盖了原本丰富的精神样式，田中禾却坚守在寂寞的阵地，以自己的小说去追问存在的局限，拷问人性在历史与现实中的向度，并有力地逼近"孤独的个人"这个命题，无疑是令人尊敬和深思的。

原载《郑州大学学报》（哲学社会科学版）2011 年第 1 期

"她们"中的"这一个"与"另一个"
——田中禾长篇小说《父亲和她们》中"两个母亲"人物谈

刘思谦

田中禾以20年心血写就的长篇小说力作《父亲和她们》(作家出版社2010年版),以其新颖独特的叙述方式、个性化的人物塑造、厚重的思想内涵和淡泊宁静的语言风格,在新世纪前十年众多的长篇小说创作中脱颖而出,获得好评。20年辛苦不寻常。苦思冥想找不到感觉的苦闷、左右为难的彷徨以及"山重水复疑无路,柳暗花明又一村"的喜悦,如今都凝聚在这一册28万字的沉甸甸的小说著作之中了。甘苦寸心知。我作为读者,在逐字逐句地认真细读中,一个突出的感觉是他对小说叙述方式的创造性构思。全书共15章,前面一个简短的前言,简述了小说中三个主人公即父亲马文昌、母亲林春如及娘肖芝兰三人的独生子马长安。在刚刚移居美国的一个叫做"渥好思"(wild horse)的小镇上一个宁静的月夜,马长安打开了母亲寄来的一个"砖头"式的录放机,与他的一位来自台湾的河南老乡张公一同聆听他在国内时三个亲人向他讲述的他们的"家庭秘史"即"父母一代人恩怨情仇"的故事的录音。讲述人是父亲、母亲和娘,他们的儿子马长安作为聆听者、解说者和评论者穿插其间,后来由于长安长大成人,他的婚恋问题、升学就业问题逐渐成为三位亲人尤其是母亲林春如关注言说的焦点问题,所以到了后面一、两章,长安在小说中的分量逐渐增多。这里需要说明的是,马长安怎么会有两个母亲——既有"娘"肖芝兰又有"母亲"林春如呢?这是父亲马文昌特殊的婚姻关系所致:林春如是他的生母,是父亲马文昌冲出与"娘"肖芝兰的包办婚姻之后,与林春如相恋的私生子,一个"爱情的结晶";而肖芝兰则是马长安的养母。这是因为林春如也已早就被她自己的家庭包办订了婚。她万般无奈地一个人走进了马家的大门,瞒着马文昌向肖芝兰求援,肖以母性的博大胸怀收留了她,把她藏在马家的地道里而自己担起怀孕生子的虚名,并且在马长安出生后以"娘"的身份承担抚养他长大成人的责任。小说中的"娘说"、"母亲说"这一特殊的一子二母称呼,恰恰准确地标志出《父亲和她们》两性婚姻关系的特殊性,同时也在叙述中把两个女人与马文昌"这一个"男人的婚姻关系区别开来了。最后一章即第十五章是几个"附件",最后一个附件是一段只有3分26秒的电视录像,记录下了他的父亲在电视台作报告时,谈到他听到苏联解体的广播消息后的沉重心情。他突然激动起来。"父亲站起来,把一只手举过头顶,然后訇然倒地"而逝。这段录像交代了父亲马文昌之猝死,同时也是这部家史小说的终结。第一章开始时他父亲不到 20 岁,到第十五章逝世时已 67 岁,历时 40 余年。这样一个大跨度的、经历了从抗日战争到"抗美援朝"、"土地改革"、"肃反"、"反右"、"大炼钢铁"、"文化大革命"直到 20 世纪 90 年代初苏联解体时我国改革开放年代的一部家庭秘史,该如何讲述?田中禾颇费了一番心思。其中的一个突破性构思,便是让三个当事人也是小说的三位主人公自己来言说自己的事情。三位主人公均以第一人称"我"的言说主体身份言说,这样不仅避免了当事人主体身份的被遮蔽被代言,同时也是塑造人物凸显个性的一种有效的艺术手段,收到了闻其声而见其人的艺术功效。至于他们的儿子马长安,则主要是以一个聆听者的身份出现,有时则根据情况以自己的第二代人身份边听边议边补充,给读者以必要的提示和校正,例如在每个讲述人发言的前面,冠以"娘说"、"父亲说"、"母亲说"的必要提示,对三个人的言说内容加以评议等等。在叙述结构的安排上,则采取了大体上以时间先后为序的对话式与独白式并用的办法,并不以一人一章式的一个人讲到底,而是每一章里有包括他们的儿子马长安在内的两三个"我说"这样的第一人称多声部叙述结构,以便在这样既有序又较随意的穿插讲述中既体现出家史故事的时空转换与进展,同时又达到突出每一个讲述人个性的艺术功效。

田中禾在一篇《父亲和她们》创作谈的文章《奴性是怎样炼成的》(《长篇小说选刊》2010 年第 6 期)提到,这部小说最初的题目是《二十世纪的爱情》,写了约二十来万字写不下去了,于是把它扔掉,以《父亲和她们》为题重写成现在的样子。从《二十世纪的爱情》到《父亲和她们》这两个题目的变动,是一次小说艺术构思的飞跃,是从很有可能的爱情婚姻之空泛性叙述与人物类型化陷阱中跳出来,走向在具体的进入爱情婚姻关系的两性关系中的"这一个"男人和"这一个"女人的既有爱情婚姻又不止是爱情婚姻的个性化写作。这里的"父亲"就是马文昌,而和他相关的复数性别指称"她们",主要是"娘"肖芝兰和"母亲"林春如以及后来的刘英这三个女人。标题《父亲和她们》,概括了贯穿于小说始末的这三位主人公的言说。

鉴于《父亲和她们》小说人物的个性化特征,我决定以两个母亲林春如和肖芝兰的人物谈形式进行分析解读。至于父亲马文昌这个形象,将留待以后另文解析。

林春如(曾超)

林春如作为我国第二代反抗封建包办婚姻而离家出走的"娜拉",较之她的前辈冯沅君、卢隐、石评梅等面对封建家庭的一个显著特征,便是她与家庭的义无反顾的决裂和毫不妥协的抗争。而"五四"前后那一代女作家们,在言及父母包办婚姻和反对自己对爱情自由、婚姻自主的向往和争取时,一般来说都是吞吞吐吐欲言又止。只有冯沅君的《隔绝》、《隔绝之后》、《慈母》等,从正面描写了男女主人公面对家庭的压力抗争中又有所顾忌的心理。小说中写到他们结伴回乡在火车上的矛盾心情:"我很想拉他的手,但是我不敢,我只敢在间或车上的电灯被震动而失去它的火光的时候。因为我害怕那些搭客们的注意。"① 对此,鲁迅曾评论为这是叛逆之女的一种抗争中又多所顾忌和矛盾心理:"实在是五四运动之后,将毅然和传统战斗,而又怕毅然和传统战斗,遂不得不复活其'缠绵悱恻之情'的青年们的真实的写照。"② 而林春如却不是这样。对于自己的家庭和家中的亲人们,林春如可以说是恩断义绝,毫不缠绵悱恻,有时候甚至让人感到有些极端和决绝。当她报考并参加了部队文工团穿上了军装改名曾超不再姓林时,她觉得自己像换了一个人,"觉得自己已经脱胎换骨,变成另一个人了"。这其实是在迎合那个出身不好的人要与家庭划清界限站稳立场重新做人等等革命意识形态的召唤而出现的一种"自我认同"的幻觉。她打定主意,往后除了林春生(即林春如二哥,马文昌的留学欧美预备学校同学,后来去了延安,下落不明),林家人她谁也不认。她大哥代她写"自新声明",她因此被从部队复员到了县文化馆工作。就在馆长正在查她的档案,调查她那次被民团抓捕的情况时,她的小脚母亲来找她了。母亲流着眼泪叫她"小如",她竟然不予理睬。母亲来是要告诉她,大哥林春长被政府抓了,可她还是不予理睬。母亲说:"我知道你大哥对不起你。"林春如气得冲她大叫:"谁叫你跑到这儿丢人现眼?""你们害了我一生!"不久,林春长就因向敌人告密抓捕了我们三个同志而被作为反革命枪决了。林春如更加害怕与家人有什么瓜葛。而她母亲却偏偏在这时候由于被她的大儿媳赶了出来,生计无着,臂弯里拐着个包袱又来找她。她对母亲说:"我跟你们已经断绝了关系,我不姓林,我叫曾超。"母亲反问说:"你是天上掉下来的?水里漂来的?"这时,她与马文昌的儿子马长安评议道:"对于母亲,这是个棘手的问题。她不能退让,也没法赶她走。"为什么不能退让呢?因为这是一个出身不好的又参加了革命的知识分子的一种革命的禁忌。怎么办呢?她必须表现得坚定一些,义无反顾一些。她对母亲说:"你是反革命家属,知道吗?县里正审干,你能不能少给我找点麻烦?"她从自己的转业

---

① 冯沅君:《冯沅君创作译文集》,山东人民出版社,1983 年,第 18 页。
② 鲁迅:《中国新文学大系·小说二集·导言》,《鲁迅全集》(第 6 卷),人民文学出版社,1981 年,第 244~245 页。

费中拿出一点钱给了母亲,叫她以后别到文化馆来了。可她母亲过了不久却又来了,偏偏这次又碰上了文化馆的馆长江静。江静告诉刚从工人俱乐部回到文化馆的林春如:"你母亲来了。"母亲竟然在馆长的眼皮底下又来找她,她气坏了:"不是跟你说清楚了吗?我跟你已经断绝了关系,你怎么还来找我?"母亲告诉她,她天天夜里做噩梦。可林春如正颜厉色地对她说:"你从前游手好闲,过惯了寄生生活,往后你要接受改造,好好劳动,自食其力!你知道吗?""小如……""我再跟你说一遍,我不姓林,不叫小如!我叫曾超。往后不要再来打扰我!""小如!你就这样绝情?你就这样狠心?我是你妈!我十月怀胎把你生下来,不管怎的,你也是我身上掉下的肉……"

这时,谁也想不到这个过去叫林春如如今叫曾超的女人,竟然做出了"断指绝亲情"这样的她自以为的"大义灭亲"的行动:

> 我把左手小姆指伸进嘴里,用力咬下去。骨头一下子就咬断了,皮肉很费事,撕扯着牙床,把牙齿拽疼了。手从嘴里拿出来的时候,咬断的一截手指还在指头上连着。我用另一只手把它拽下来,带着血塞进她手里。
>
> "拿上。这是你的肉,我把它还给你,从今往后咱们谁也不欠谁……"

这时,细心的作者不忘向读者补叙了这样关键性的一句话:

> 江静站在花圃对面,她应当看到了这一切。①

原来她说的和做的这一切都是给馆长江静听和看的,也是给江静和她自己背后那双无时无刻不在监视着又主宰着她的命运的"权力的耳朵和眼睛"听和看的。其预期的大约可以收到的效果是:我曾超已经和家庭划清界限站稳了革命立场,我是改造好了的脱胎换骨了的知识分子和坚定的革命者。这和不久前马文昌向土改工作队报告家里隐瞒土地逃避土改的行为出于同样的心理动机,都是对政治权力半真半假地迎合或屈从。然而,出乎马文昌与林春如意料的是,其功效却与他们的期望适得其反:马文昌因为他那个自己要来的"地主出身",林春如因为和那个真实的反革命的大哥林春长的"反革命亲属关系"以及不那么真实的"和家庭划清界限",在以后的一次又一次的"革命运动"中都遭到了报应。只不过也许是江静看穿了她的心理,向上级作了汇报,林春如的报应来得更快一些:在随即召开的由江静主持的审干生活会之后不久,她就被送进了劳改队。她的断指行动所流的血算是白流了。而且此后不久,她母亲就因病去世了。林春如总算得以在母亲的病床边陪伴她度过了最后的日子,等待母亲最后一次睁开眼睛,听到她喊一声"妈,我是小如",并且张开嘴喝了她亲手喂

---

① 田中禾:《父亲和她们》,作家出版社,2010年,第147页。

她的一勺藕粉。她看到了母亲眼角有一点点闪光的泪水。她想让妈在临死之前知道:"虽然我把话说得那么狠,事情做得那么绝,可她还是我妈,儿女情长不会因为我咬断了手指跟你断绝了关系就真的恩断义绝。"我想,从她母亲眼角流出的最后的泪水可以相信,她母亲知道并相信了女儿心里要说的话。

  笔者之所以用较多的文字阐释林春如这个"断指绝亲情"事件,是意识到这件事在林春如整个的爱情婚姻里程中的转折作用,也把她"这一个"女人和"另一个"女人刘英乃至肖芝兰区别了开来。事情本身足以说明:那个作为主导意识形态核心的阶级论在人性论的家庭亲情面前是那样的苍白无力,也说明林春如作为现代追求自由独立的知识女性被强大的以政治权力作后盾的阶级论所俘获的盲目性。母亲的死使她渐渐有点明白,也多多少少看到了自己内心深处那以失去自我失去母亲为代价的对意识形态的追随与依附心态。尽管在这之后她也还是有时候糊涂有时候明白,但是总的来看,她还是能够在一些关键问题和关键时刻以理性而不是非理性做出自己的选择的。而且直到小说结尾,我们也不能说林春如和马文昌一样,都是一个被"革命意识形态"改造好了的实乃一个蒙昧的奴性的卫道者形象。

  林春如在文工团时,政委方德胜外号"大老方"的看上了她,托于珍大姐传话要和她"谈对象",并且告诉她"大老方"原来"家里有媳妇,是父母包办,参加革命后就断绝了关系"。这时她想到了方德胜编写的秧歌剧《二壮参军》,想到了二壮与他的家庭包办妻子秀花的离婚:

>   方德胜编这个节目时,是不是想到过,秀花热情送丈夫参军,二壮参军后会抛弃她?在那个年月,这种事很平常。要把妇女从封建婚姻中解放出来,参加革命的丈夫就必须首先解放自己,和她们离婚……可不知为什么,听说大老方和自己的妻子脱离了关系,她当时就想到了秀花。在那一刻,她才明白自己为什么讨厌这个角色。这个善良的女人为了送丈夫参军,满腔热情,费尽周折。她把丈夫送去革命,自己留在家里,辛勤劳作,侍奉公婆;含辛茹苦,养育孩子,忍受孤苦,盼望革命成功,然而革命胜利了,她日夜盼望的丈夫只用"父母包办"这四个字就轻易把她甩了,像甩掉行军路上穿破的草鞋。
>
>   这就是女人。这就是革命。①

  这一长段思考用澄明的理性思维之光,把"五四"以来所谓的"婚姻革命"、"离婚热潮"中最弱势的性别群体如《二壮参军》中的秀花,如《父亲和她们》中

---

① 田中禾:《父亲和她们》,作家出版社,2010年,第89页。

的肖芝兰等等的命运,从被遮蔽被遗忘的无人问津的角落推向了读者的视线前沿。二壮作为男人在革命成功后"首先解放了自己",而秀花作为女人却只用"父母包办"这四个字就被打发到一个不为人知的角落里。这件事给予我们的启示我想大约不仅仅是同情,而是关于这个现象本身历史演进中男女事实上的不平等,还有关于革命与性别,关于在革命与性别中的男人与女人面对这一事实上的不平等而如何作出自己正确的选择。而只有正确的选择才有自由。这也是马文昌关于自由的百思而不得其解的思想迷津所在。而林春如却正是基于这样的思考而选择了拒绝扮演秀花这一角色,进而选择拒绝了大老方方德胜的求婚。

我想,林春如关于《二壮参军》中秀花的命运之理性思考,或许是建立在她与肖芝兰这同为女人的纯洁的超越个人利害关系的同性情谊之个人经验的基础之上。这是《父亲与她们》这"她们"中的"这一个"与"另一个"女人之间最为动人的美丽篇章。面对同一个男人,两个很可能会成为誓不两立的"情敌"的女人,却出人意料地成为相互理解相互关爱的朋友。无论是林春如还是肖芝兰,都能够设身处地为对方设想,做到了主体性哲学中所说的不仅把自己作为"主体"也把对方作为"主体"即与人与人关系的"主体间性"关系,完全超越了所谓"他人是地狱"的人与人之间的狭隘的"自我"与"他者"的二元对立论。尤其需要强调的是,林春如与肖芝兰这两个女性形象,出自作为男性作家的田中禾笔下,说明他已经超越了两千年来父权制男尊女卑男主女从的性别无意识,也证明了人与人之间、女人与女人之间、男人与男人之间的主体间性的人性化的平等而自由的关系,是完全可能的。

作为一个在"人是主体"、"人的权利自由和尊严神圣不可侵犯"的启蒙思潮哺育下成长起来的知识女性,林春如的命运中最重要最关键的一个问题是,她的爱情婚姻在早期遭遇到封建性的家庭包办。而在中期也就是在她的生命正当由青年向中年过渡的风华正茂时期,遭遇到了每一个中国人都无可逃避的"革命政治",具体而言是"无产阶级专政条件下的继续革命",也就是 20 世纪 50 年代以后一次又一次的"阶级斗争为纲"的革命政治运动。知识分子的思想改造,就是这样的革命运动中一个题中应有之义,一个体现革命威力革命成果的重要议题。《父亲和她们》没有回避"革命"、"阶级斗争"、"政治"这些关键词,而是遵循历史的本来面貌把他的主人公们放在历史行进里程中来表现。于是,"革命政治与爱情婚姻"这个隐含主题在这里就呈现出异常丰富复杂的多样性与个性化的景观,呈现出革命与爱情与婚姻的各种各样的排列组合。就林春如而言,我想强调的是她不同于马文昌也不同于刘英、肖芝兰的个人选择。而正是这不同选择,才有了马文昌之为马文昌、林春如之为林春如、肖芝兰之为肖芝兰的《父亲与她们》之个性化写作。

　　林春如的性格,有她刚烈奔放的一面,也有她温柔随和的一面。表现在对自己的终身大事爱情婚姻问题上,她也是时而果断时而犹豫,并没有一定之规。在与马文昌的初识初恋中,她对马文昌的感觉并不怎么好,觉得他"身上有股邪劲儿、任性、傲慢、眼里藏着让人害怕的东西",于是"下了多少次决心要离他远点,可最终还是拿不定主意"。结果是她并没有跟着自己的感觉走,而是跟着马文昌的"革命与爱情自由"的宣言走,何况马文昌也同意了她提出的"绝不跟他私奔"而是要名正言顺地双方均解除家庭包办婚约的要求。于是才有了长安(西安)城里八天八夜的热恋,有了未婚先孕,有了他们的儿子长安。瞒着马文昌怀着孩子走进马家大院向肖芝兰求援这一决定,是一个聪明的选择,尽管她事先不一定预料到会有那样一个皆大欢喜的结果。她所完全没有料到的是后来,是从她与马文昌的结婚报告因为她大哥炮制的她的"自新声明"事件而没有批准,因为马文昌这个"革命者"由此不辞而别,以及意外重逢后马文昌与刘英的政治婚姻。面对马与刘的婚姻和他们的女儿卓娅,林春如的心情是复杂而沉重的,可小说里只用了一段简短的对话而写出了林春如那一言难尽的而又冷静和沉着的心情:

　　　　你在读《教育诗》?
　　　　一位同事的,睡觉前翻翻。
　　　　还好吧?
　　　　还好。
　　　　不知道该对你说什么……
　　　　我结婚了。
　　　　她平静地说,是吗?那不错。
　　　　有了一个女孩。
　　　　她又说了一个噢,那不错。
　　　　她叫刘英。是部队首长介绍的。
　　　　我见过她。你忘了?咱们在招待所住的时候她去看你。
　　　　噢,是的。
　　　　她走后你跟我说过,你们一起从松谷峰撤退,她救了你,你是她的入党介绍人。
　　　　那时候我还没有什么想法。[1]

---

[1] 田中禾:《父亲和她们》,作家出版社,2010年,第167页。

如此简短冷静的对话,如一条被冰封了的河流,冰层下面是两人尤其是林春如那被压抑下去的千言万语。马文昌刘英的婚姻,完全是一个交易性的政治婚姻,根本没有爱情可言。可那是他和她个人的事情,人各有所好也各有各的选择。正如肖芝兰所说:"随他去吧。过好了是他的福气,过不好他活该。"于是林春如选择了沉默。出人意料的是,不久马文昌由于在"大跃进"、"大炼钢铁"、"高举三面红旗"、"鸡毛飞上天"、"跑步进入共产主义"、"一天等于二十年"的"革命年代"被扣上了"反对三面红旗"、"态度不老实"而在辩论会上"被辩论",刘英在辩论会上突然出现,指着马文昌的鼻子"义正词严"地批判"马文昌"这个"地主阶级的孝子贤孙",让他"把画皮剥开现一现原形"……在此起彼伏的口号声里,马文昌被打蒙了。刘英的"每一句话都像炮弹一样在他心上开花,打得他无法招架"①。"辩论会"后不久,刘英便提出离婚。政治婚姻因政治而聚,又因政治散。马文昌求仁得仁又有什么话好说呢?可意味深长的是,面对刘英对他的批判和提出与他离婚,他却不是由此而对刘英有了点清醒的认识,却反倒认为这可能是自己的"问题升级了","越想,越觉得自己的问题严重;越想,越觉得应该去劳动改造,脱胎换骨,重新做人"②。这是马文昌被改造史上的重要一步。正如他的儿子长安所分析的,他是害怕,是"恐惧的幽灵在他心中游荡"。怕什么?怕他的档案里装进了什么他不知道的东西。而他由"恐惧"而推导出来的逻辑结论便是更要"好好改造",好好"脱胎换骨重新做人"!我想大约就是从此开始,马文昌朝着更为"听话"的路上大步前进,最终是直达 1991 年除夕那个为苏联解体愤激而死的终点。

马文昌与刘英在那个年代婚姻的结和离,以及作为知识分子的思想改造的道路,与同样作为知识分子的林春如恰恰构成鲜明的对比。尽管同样处在那张庞大的以政治权力为强大后盾的革命意识形态阴影的控制和笼罩下,马文昌基于政治虚荣心和个人对仕途升迁的向往,朝着"脱胎换骨重新做人",也就是朝着否定自我依附政治权力的道路上越走越远;而林春如尽管也曾经走向了这条道路,也被所谓的"脱胎换骨重新做人"的号召所蛊惑,做出了"断指绝亲情"这样的自欺欺人的蠢事,但她并没有完全丧失知识分子的良知,在以后的个人爱情婚姻选择上和个人的职业与位置的选择上渐渐找回了自我,也找到了自己最喜欢的职业和最适合自己的位置——到偏远的乡村也就是远离政治中心的边缘化位置。她决定和追求自己很久的同事中学教师邹凡结婚,而且是在邹凡因为以"孤帆"为笔名写诗并组织"孤帆文学社",险些在反右运动中被定为反革

---

① 田中禾:《父亲和她们》,作家出版社,2010 年,第 217~219 页。
② 田中禾:《父亲和她们》,作家出版社,2010 年,第 224 页。

命的时刻宣布和邹凡结婚。因为她坚信"邹凡不是反革命",自然也因为邹凡爱她而她也爱邹凡。由于林春如在已成为"运动"领导小组负责人的马文昌面前据理力争,邹凡没有被打成"反革命"而下放农村劳动改造。林春如当机立断决定和邹凡一道下放到邹凡的家乡三棵松农村,在那里一边教书一边劳动和读书,并且有了她和邹凡的女儿叶子,度过了她一生中最充实最快活的日子。小说中那一把经常出现的提琴,便象征着她为自己选择的最喜欢做的又是相对于政治中心的边缘化事业。

在小说最后一章,林春如的婚姻结局大大出人意料:正在为儿子长安的就业问题一筹莫展的林春如,偶然从学习会上一张报纸上,她看到了当年追求过她而被她拒绝了的大老方方德胜的名字,如今作为"地区革委会主任的方德胜在批林批孔大会上的讲话"。她的眼睛一亮,当即决定去找已是她的顶头上司的大老方,并且决定和他结婚。她儿子立即看出了母亲这是"为了我","打算和他做笔交易"。什么交易?那便是儿子长安的就业问题。这最后一章的大部分篇幅,是在说已经高中毕业两年的长安的升学问题、就业问题和婚恋问题。取消高考的前一年即"文革"前最后一次高考,长安可能由于父母亲档案里的历史问题、出身问题即政审不合格而落榜,而第二年即 1966 年又取消了高考,接着又"停课闹革命"。长安无学可上无业可就,跟着出身好的红卫兵们大串联、大批判,整天无所事事。林春如作为母亲心急如焚,大老方的名字一出现,她便立即行动而且立竿见影马到成功,很快长安便被东风厂乌兰牧骑文艺宣传队录取。长安说这是"凭借了方伯伯的协调",换句话说是凭借了方伯伯手中的权力,让他占用了一个"可教子女的指标"。全书最后一句话是:"母亲输掉了人生的第一场战争,可赢得了她人生的第二场战争。"这"第一场战争"可能指的是她和肖芝兰对父亲马文昌的争夺,这"第二场战争"指的是她们对马长安的争夺吗?然而林春如和肖芝兰之间,能称作"战争"吗?而且她这场"战争"的"赢",是以突如其来的与她所曾经坚决拒绝了的"大老方"的结合为代价。林春如为什么会作出这样的选择?母性真的有这样大的力量吗?这还是林春如吗……如果真是这样,那么作家所思考的"二十世纪的爱情婚姻"的关键词,就应该增加一个"母性",而成为"革命政治"与"母性"与"爱情婚姻"的组合了。我作为读者百思不得其解。不过不要紧,第十五章"几个附件"的第三个附件"母亲的几封来信"中,长安告诉我们:母亲的信里涉及不少个人隐私,如母亲、父亲、娘和叶子、刘亚非(即卓娅)等。"不过考虑再三,还是不公开好,说不定将来是另一部书的素材。"那么我们就等待着这另一部书也就是且听田中禾的"下回分解"吧。

肖芝兰(兰妮、兰姐)

在我的阅读经历中,还从来没有遇到过像肖芝兰这样的从小便被钉在了"封建包办婚姻"这棵命运之树上而又活得如此自信洒脱的女人。如果说以"人的发现"和"女性的发现"为特征的"五四"新文学是中国现当代文学的开端的话,如今已将近一个世纪过去了,无论是在女作家或者男作家的笔下,我都没有读到过一个像肖芝兰这样虽然包办婚姻、虽然面对男方解除婚约的要求,却能够自尊自信以其博大的母性胸怀不卑不亢地活着的女性形象。文学遗忘了这个距离我们并不遥远的无声的性别群体:她们没有自己决定自己的爱情婚姻的权利,只要你的双脚一旦踏上那个迎娶你的花轿,你便只有从一而终这一条路可走。至于所谓的"离婚",正如林春如所说,那只是婚姻双方男性这一方"他们"单方面的权利;对于女方"她们"这一方而言,那便是流传千年至今也还没有完全失去其效力的八个字:"嫁鸡随鸡嫁狗随狗。"而一旦这"鸡"或"狗"不想要你了呢?林春如从大老方方德胜的《二壮参军》剧情领悟到:大约只有像秀花似的被"革命"了的和"首先解放了自己的"二壮那样如同抛弃一双旧草鞋那样把她抛弃。读了田中禾的《父亲和她们》中的肖芝兰,我才突然意识到文学终究还是没有遗忘这个在新旧文学转型期中被定型为"封建传统"、"小脚"、"没文化"等"旧女性"套子里的更为弱小和失声的女人。田中禾让肖芝兰这"她们"中的"这一个"从被遮蔽的幕后走向台前,以和马义昌、林春如同样的主体性言说来言说自己,言说马文昌和林春如。在小说的一男二女性别结构中,肖芝兰的性格显得特别生机勃勃有声有色,读来有一种横空出世的感觉。这是田中禾对"五四"以来新文学人物塑造的一个突出贡献。肖芝兰这一独特的女性形象的出现,弥补了"五四"以来现代新文学一个不应有的空白。

如按家庭身世而言,肖家与马家至少可以说是门当户对。她的祖父在家乡办了一所私塾学校,马文昌的父亲和肖芝兰的父亲同在这所学校读书,都是她祖父的得意门生。出生于这样的家庭,想来也应是知书达理、粗通文墨。按照那个时代的婚姻习俗,肖芝兰不到两岁就由马文昌的父亲做主,与肖家订了娃娃亲。不料"民国"十八年(1929年)一场洪水过后瘟疫流行,马文昌的父亲和肖芝兰的父母亲均被瘟疫夺去了生命,马文昌的爷爷便把7岁的肖芝兰接到了马家,"既像童养媳,又像我祖母(即马文昌的母亲,马长安的祖母)的小丫头"。从此,7岁的肖芝兰认同了这个命运安排给她的身份,洒扫庭除,照顾两个比她更小的男孩(即马文昌与马文盛兄弟俩),后来又纺花织布,操劳一日三餐,直到十六年后马文昌 20 岁、肖芝兰 23 岁时由马家爷爷主持二人的完婚典礼这一天。小说第一章,便是以"娘说"为主向她的养子长安补叙与评议她与马文昌成亲的故事。标题是:"不管那个不讲理的愿不愿意,拜过天地,他就是我的男人。"言语之间透着自信,还有几分由于"爷"为她撑腰而流露出来的得意。她一口一个"这个不讲理的"、"这个浑货",把当年的新郎马文昌据理抗婚的言行说给她的养子马长安听,也强调了自己抓住"拜过天地"这个既成事实而不同意离婚,形成了新娘与新郎对自己的这个包办婚姻截然不同的价值态度:"我父亲不承认"、"他坚持认为那个婚礼不算数";而"娘"理直气壮地反问他:"你敢说没有在天地桌前磕头?你敢说没看见天地桌上的秤、尺、斗?那可是三媒六证。"①针锋相对,寸步不让,马文昌无言以对。这是一个特殊的婚礼,也是一个特殊的洞房花烛夜。以此为起点或曰原点,这一男一女随即又加进来一个林春如而形成的一男二女这一特殊的进入爱情婚姻的两性与同性结构,在时代的历史运转中依照各自的性格与思维逻辑而各有各的理、各走各的路,从而呈现出分分合合、合合分分的动态变化,演绎出那个时代一部独特的性别关系的悲欢离合故事。

  肖芝兰为什么要紧紧抓住自己与马文昌的包办婚姻不放?这是我们如何认识肖芝兰这个女人而又难以说清楚的一个起点性问题。我不大同意有论者把她定位在"传统"这个位置上,因为首先什么是传统以及我们对传统的价值判断一直就是众说纷纭的。在 20 世纪中国历史由传统向现代转型的进程中,每一个人之为人的实体"个人"都不可能是天生的和一成不变的传统的或现代的,而常常是各种传统与现代因素在一个具体的"个人"那里的错综复杂的变化中的杂陈。就肖芝兰而言,她之所以不认同马文昌对与自己的婚姻关系的否认而完全认同这种关系,传统的"父母之命媒妁之言"观念固然是一个原因,但更重要的是她对马家多年来相依为命的关系的依恋和知恩必报的信念。而这种"依恋"和"信念"是基于她"这一个"女人的人性的与个性的表现。她认为这是她的命而她乐于认同与承担这个"命"。何况她已经感觉到了她内心深处对马文昌的爱。她把这种本来属于性爱的感觉叫做"疼他",因为她还分不清她内心深处的性爱与母爱:

    一看见这张脸我心里就不由得怨恨自个儿。上辈子我和他肯定是冤家对头,阎王把我托生到人世,就是要我受他的折磨。无论他怎样气我、伤我,只要看见这张脸,我对他就恨不起来。他躺在床上伸手摊脚的样子惹

---

① 田中禾:《父亲和她们》,作家出版社,2010 年,第 16 页。

得我心里更疼他,直想把他揽在怀里,给他唱儿歌,哄他睡觉,给他擦鼻涕、提裤子、系腰带,像给盛(即马文盛,马文昌的弟弟)洗澡那样把他的裤子扒掉,露出屁股蛋和小鸡鸡,让我用热布帕给他擦拭、抹弄。①

这是一种女人自己也不大容易分得清的母性与妻性、母爱与性爱交互作用的女性情感现象。鲁迅所说的女人只有母性而没有妻性便属于这种现象。其实问题不在于也不大可能只有其一没有其二,而常常是母性与妻性、母爱与性爱相交作用,难以把二者截然分开或区分清楚。这一切取决于"她们"中的"这一个"的具体情况而不能一概而论。就肖芝兰这一个具体的女人而言,她的"妻性"只是被暂时压抑下去了,一旦遇到时机或反方向的打击,就会出现非常精彩的个性化的反弹:区委会干部给她送来马文昌给区政府写的与她离婚的申请,说是封建包办婚姻要求离婚,并对她说:"解放了,他是革命军人,咱们妇女也要翻身。封建包办害死人。妇女也要解放。离了婚,你不是更自由?"她不领情地说:"噢,翻身就是离婚啦?我没娘家,也没亲人,我这身往哪翻?从床上翻到地下?"犀利的反问句一语中的,刺中了在这个问题上的意识形态话语把翻身等同于离婚,而且只是强者男性一方的"翻身解放"而无视女性弱者一方的"翻身解放"。"她们"该怎么翻身怎么解放?肖芝兰以她的妻子身份提出来的这个问题在近一个世纪以来一直是一个性别思维盲点,至今也不见得有人能回答肖芝兰充满了幽默感的"她"往哪翻和怎么翻的问题。加之村长针对小叔文盛"他凭啥跟俺兰姐离婚"的回答,更在无意间暴露了这个问题潜在的被所谓"新社会"、"新中国"遮盖着的革命等级制的价值观:因为马文昌是"志愿军","在前线打仗抗美援朝保家卫国",所以他就有了离婚的特权——"他说离,还有不离的?"因果关系的推导,完全由于马文昌的"志愿军身份"和"战功",所以马文昌说离就不可能不离而无须考虑另一方肖芝兰的意愿,这就叫做"离婚没商量"!肖芝兰尽管还说不出区长的话为什么不对,但她不承认马文昌离婚的特权。

处在这样一个比较尴尬的"封建包办婚姻"和"被离婚"的性别角色身份的肖芝兰,反倒生活得自信自尊一如既往地该干什么干什么,表现出难得的应对自如的生存智慧。在马文昌抗婚并离家出走之后,马文昌的自由恋爱的情人林春如,肚子里怀着孩子站在了她的面前。她又面临着一个更加预料不到的难题:自己的丈夫的情人怀着即将出生的孩子来求她帮忙。对于一个女人,世界上还有比这更难堪的事情吗?肖芝兰"心口像刀穿一样的难受,眼睛里直往外喷火","我知道那会儿我脸色也一定很难看"。她想到这女孩肯定是四处找马

---

① 田中禾:《父亲和她们》,作家出版社,2010年,第13页。

文昌而找不到。"她是没处去了才想到我。她怀的是马家的后代呀？马文昌这个浪荡鬼！他是拿刀子捅我的心，他捅下的窟窿还得叫我替他补。"人同此心，心同此理。这样的内心语言我相信天下所有的女人，此时此刻都会这样想。然而肖芝兰之为肖芝兰，其与众不同之处便是很快便拿定了主意当机立断把林春如藏在她家的地道里，由她来代替林春如"怀孕生子"。可是家里添了个孩子，该怎么对亲戚、邻居交代呢？她几乎是同时设想了这样做的可信性："反正寨里人都知道文昌回来过。老憨姨夫、老五叔、文盛他们都看见他回来过。"既然"他"回来过，那么"我"作为"他"的妻子怀上孩子便是自然而然的事情了。这个并非可有可无的内心活动，表现了肖芝兰这个女人既胆大又心细，在一个很短暂的时间里，就把这件事的合理性与可信性几乎是在同时都想好了。于是我们便看到林春如走进马家的地道隐藏起来，看到肖芝兰缝了一个棉布口袋贴身塞在衣服下面，随着林春如肚子的增长，不断往口袋里塞荞麦皮。叙述到这里，这两个女人的儿子马长安评议道："我被两个女人养育着。在我还没来到人世之前，我的命运就被决定了，他既是母亲的血肉，又是故乡土地上的荞麦皮。"至此，我们可以说伴随着那个叫马长安的男孩之呱呱坠地，和他满月时的十桌满月宴，这个家庭一男二女一子两性爱情婚姻结构，便完成了一个两全其美的两代人——一个父亲两个母亲一个孩子的家庭传奇。也就是以这个传奇为基础，两个母亲林春如和肖芝兰，完成了同一个男人的两个女人之间的超越男女性别对立与超越女人与女人之间同性对抗的姐妹情谊传奇。

马长安以"肖芝兰的儿子"的身份出生，并被"娘"肖芝兰一天一天抚养长大。她的母性母爱在这里得到了充分发展，狗娃（娘给他起的小名）成了她的心肝宝贝，她待他视同己出并且高于己出。长安真是一个幸运儿，一身而兼得两个母亲的抚育与厚爱。可是肖芝兰的作为女人与生皆来的"妻性"与"性爱"呢？却是长期阙如。作家田中禾把这个问题暂且搁置起来，直到第十章说到马文昌在大跃进、大炼钢铁运动中因为说了实话而"被辩论"又被送到劳改场劳动改造，肖芝兰突然拿着一份盖着"古庄店人民公社肖王集大队"公章的"肖芝兰与马文昌复婚证明"，来到劳改场把马文昌接回老家肖王集劳动了。她对马文昌说："不管你愿不愿意，只有这么办，才能找个理由把你弄出来……往后啊，你要学着听话点，别再给我惹是生非。"父亲忽然明白了："我这十几年，不过是兜了个圈子，兜得可真不小。"这个圈子兜得大也罢小也罢，一个不能再悬置的问题即娘的妻性与性生活问题已经提了出来，被乡亲们和她的长大成人的儿子所议论："父亲回到肖王集时，娘三十八岁，按照丁香妈的说法，正是一个女人如狼似虎的年纪；父亲三十五岁，算得上男人的金刚期。我没法猜测父亲回到娘身边之后，两人怎样度过他们的新婚蜜月。毕竟他们之间有过一次婚姻挫折，心里存下的芥蒂能一下子消除,给他们带来同床共枕的快乐吗?"①

　　长安所提的问题也是男女读者所关心的问题。正是基于作者对他的人物的人性关怀构思,"他们"和"她们"中的"这一个"男性与"这一个"女性主人公的性生活问题终于冲破了长期的性禁忌,被光明正大名正言顺地提了出来。肖芝兰与马文昌这一对久别胜新婚的夫妻,能得到正常的性生活的快乐吗?逐字逐句读下去,所得到的回答令人失望。肖芝兰说:"其实他回家几个月我也没让他和我在一起。我不想让这个不讲理的觉得我是馋男人才把他弄回来。这么多年都过来了。现在把他从集石场接回家,难道就为的和他办事儿?说来说去,我还是像小时候那样疼怜他。劳改了一年多,这浑货垮了架,又黑又瘦,人走了形,再也不像从前那样气势汹汹。二三十里路走了半天,一路歇了几歇,进到院里还张嘴喘气;叫他上床,我怕他也办不成啥事儿。"②这段话可以读出两层意思。一是她作为一个已经长到快四十的女人,一个结婚十五年的妻子,对于自己与生俱来的性爱要求与作为妻子的性爱快乐,竟然懵懂无知,而且存在着严重的性羞涩甚至性恐惧。她是在躲避自己的妻性而以母爱母性来压抑她自己作为妻子的对性快乐的要求,而且总是以"疼怜他"的母爱来冒充和代替妻性的性爱。二是他们这一对刚刚回到家乡的夫妻,却不幸遭遇了史无前例的"大跃进"、浮夸风所带来的大饥荒,遭遇到吃树皮草根和煮皮带,遭遇到公社食堂关门和活活饿死人的惨剧。和"食"并列的"性",共同经受着极度匮乏的悲剧。在这种情况下,无论是马文昌还是肖芝兰,都没有心思也没有力气和他(她)"办事儿"。

　　由此看来,肖芝兰是一个母性膨胀而妻性被压抑被扭曲的女人。她的一生,基本上没有享受到多少天然合理的作为妻子的性爱快乐。林春如当年正是想到这一点,才觉得马文昌对兰姐"很残忍"。这是同为女人的女人,对另一个女人的设身处地的人性的关爱和忧思。

原载《中州学刊》2011 年第 6 期

---

① 田中禾:《父亲和她们》,作家出版社,2010 年,第 229 页。
② 田中禾:《父亲和她们》,作家出版社,2010 年,第 230 页。

身份：二十世纪的"中国结"

黄　轶

　　田中禾的长篇小说《父亲和她们》讲述了一个具有典型意义的二十世纪"中国式爱情"故事。"我"（狗娃，即马长安）在美国小镇邂逅一位同样在异域漂泊的故乡人，小镇酒吧的蓝调民谣和"母亲"寄来的录音磁带，勾起"我"对故乡、对父辈无尽的歉疚和思念，作为一个叛逆之子，"我"愿意以一本书的形式将"我的家庭秘史"保留下来。小引之后，是"父亲"马文昌、"娘"肖芝兰（兰姐）、"母亲"林春如（化名曾超）轮番讲述（实为录音回放）的他们之间近乎荒诞的合合分分的悲剧——从抗日战争、解放战争、抗美援朝一直到"文革"结束，"我"既是前辈的故事的解说者和补述者，又是故事发展中的一员。作为二十世纪三十年代开始走向社会的知识分子的代表，马文昌等在社会动荡中一波三折的人生遭际和情感历程，与整个二十世纪尤其是当代中国的社会进程宿命性地纠结在一起。

一

　　我们先从马文昌的三次不幸婚姻谈起。像许多社会转型期从知识青年走向革命的人们一样，马文昌的第一次婚姻是纠缠主人公一生的噩梦，同时又是其政治落难时的庇护所，这注定了他叛逆与复归的无尽纠结。

　　马文昌的第二次婚姻是一场人间闹剧。在政治高压的阴霾下，所谓爱，所谓自由，都变得无关紧要、一文不值，甚至成了"有罪"的代名词。被大哥带回时已有身孕的林春如逃婚逃到了马家，肖芝兰忍下怨怒和痛苦收留了这个痴情女子。为了林的体面和保密，也为了自己有个后人，肖假装自己怀孕，从此"我被两个女人孕育着"。"母亲"把"我"交给"娘"后，化名"曾超"参加了部队文工团。马文昌则在朝鲜战场上差一点牺牲，卫生员刘英救了他，归国后在医院疗伤期间邂逅了分别5年的林。当初在旧中国报纸上登过"离婚声明"的马向新政府正式申请与肖离婚、与林结婚，沉浸在抗美援朝光荣军属荣耀中的肖突然间就被宣布了旧婚姻的无效！她从小生活在马家，含辛茹苦伺候马家爷爷、叔叔、傻弟弟，她已成为这个家真正的主人，结婚与离婚都只是个名分而已。他们的婚姻原本"与我无关"，"我"在"娘"的护爱下已经5岁了，但那份"自新声明"却成了横亘在马、林之间无法跨越的重大历史问题！在接踵而至的一次次运动中，政治高于一切，他们无可逃遁。林不得不复员，历尽屈辱，以致在审干中进了劳改队。做了政委的马文昌与刘英结合，这是他的第二次婚姻，但马永远无法割舍对林的感情，这份情感折磨了他一生，肖、林、刘三个女人也各自默默舐舐着自己的伤口。

如果说马文昌的第二次婚姻还是为了"政治进步"，第三次完全是命运的莫名摆布。秉性倔强的邹凡在改造中死去，正当"三年自然灾害"中一家人濒临饿死的边缘时，带着幼女的"母亲"从"娘"手里接走了"我"。"我"游荡在两个家庭之间，在叛逆中成长，因早恋被迫分手而离家出走，让望子成龙的母亲肝胆欲碎。为了让"我"有一个完整的家，"母亲"要求正式和"父亲"结婚，"父亲"再一次"忘恩负义"背弃了"娘"。这是"父亲"的第三次婚姻。随后，孤苦一人的"娘"以"招呼孩子"的名义也加入了这个本已复杂的家庭。小说最后以"几个附件"的形式交代了马文昌到处做革命报告的热闹晚年，在一次电视台录制访谈节目时，马因谈及前苏联"被几个政治家、野心家、叛徒"解体而愤激，以致"訇然倒地"，与世长辞。这样一个喜剧化"晚年"似乎是对个人悲剧命运的巨大反讽！

二

在阅读的过程中，我一直在追问：到底是什么造成了马文昌的婚姻悲剧？如果说他与肖芝兰的包办婚姻是违背人性的、非人道的，那么他与革命伴侣林春如志同道合、心心相印又为何不能厮守？他与刘英从朝鲜战场相依为命的战友到后来反目成仇究竟是什么造成的？为什么在他危难时候总是那个出身贫微，在知识分子的眼中代表着落后、愚昧的肖芝兰有能力予以施救？马文昌的人生就像一个过于盘根错节的"中国结"——正如作者所写："我"很"惊奇是谁想出了这样好的名字。是不是每个中国人都在绕着自己的结呢？"那么，打下这个"结"的幕后黑手又是谁呢？在笔者看来，正是那个决定了当代中国无数人命运的"身份"！

就身份问题而言，《父亲和她们》可谓一部中国当代知识分子的身份改造史或说重塑史。这一代成长于上世纪二三十年代的读书人也曾经像八十年代一位诗人一样宣言："告诉你吧，世界/我不相信"，但最终历史倾倒的"所有的苦水"却都注入了他们心中！从"抗战"到"文革",知识分子特有的思维方式、社会意识及知识结构失效了,在诡谲多变的政治风云中,中国人已经少有自然身份或者说个人身份意识,有的只是政治身份和社会身份。他们被贴上了不同的身份标签,这些标签处处突显着自己的淫威,出其不意地成为其以后命运的伏笔。《父亲与她们》主要在两个方面揭示了无可逃避的"身份"对命运的决定作用。

在"非常"年代,一个人的"出身"是身份有没有政治问题的有力旁证;换言之,一个人无法选择的出身会成为影响其终生的身份问题。马文昌家原本并非大户,他失去父母后,跟着爷爷和有点痴傻的弟弟马文盛以及娃娃亲兰姐一起生活。我们需要注意到以下两点:第一,这户人家拥有土地,但因为一家人老的老、小的小,种不了地,所以雇有长年的帮工,"段姨是咱马家的佃户,老憨姨父种着咱家十五亩河滩地";第二,这个家庭的家长相对来讲是比较开明的,马文昌从小就读书,十七岁就进了欧美留学预备班,"为了让你爹去留洋,你老爷卖掉了二十亩林地"。这两点后来都成为马文昌革命道路上的紧箍咒,出身一旦和阶级挂钩就成了大问题!

除了"出身",《父亲和她们》着力揭示的还有言行与主流意识形态的抵牾所造成的身份问题。当马文昌在晚年回顾自己走过的路,才发现一个人走过的岁月,似乎无时不充满着造成以后危险"身份"的细节,那些曾经真诚的言行如此"幼稚可笑、漏洞百出,经不起组织的考问,让人意想不到哪个细节会变成重大污点",成为后来无法辩驳的"身份"证明!例如,学生时代一时意气的活动,保不准会"站错立场",流亡途中被日本人抓住,为其带路,算不算投敌变节?在战时中学和同事一起办报纸,对方下落不明,要是对方的身份有问题,自己说得清吗?小报上发表的文章,保不准哪一天就成了无法辩解的证据!在去解放区的途中私自返乡被民团追捕,在朝鲜战场救了一个美国佬,肃反时包庇旧情人的未婚夫,写报告攻击大跃进、污蔑大炼钢铁……马发现自己一生留下的"身份"污点太多了,再加上与这些"污点"相伴生的情感上的无数周折和煎熬,生命之重真是无法承受!

有意味的是肖芝兰的社会身份问题。肖自小失去了父母亲人,七岁起就从肖王集到了兴隆铺马家,既是未来媳妇,也似帮家女佣。她没有什么文化,也没有很高的"政治觉悟",但她凭着在底层摸爬滚打的生存智慧和博大的爱,当马家面临劫难时,其认识和选择有时确实更为实际,也更为切实可行:当林春如躲在马家生孩子,她假装自己怀孕,养育马长安这一做法使得马、林在她面前永远成了抬不起头的罪人;当马文昌被民团追捕,她把马藏起来,和对方斗智斗勇地周旋;当马家被化为地主,她带着长安回了娘家,"到那儿我是贫农,把我狗娃的名字改成肖长安,离你们马家远点。……我这个当娘的,不能叫他背着地主羔子的黑锅长大";当林春如被作为"叛徒"批斗,她出点子让她逃到乡下;当马文昌在"文革"中遭遇不测,她果断地带着他躲到湖北养鱼为生。多大的屈辱她都领教过,即便"心上像扎了一把刀",还是以宽忍撑下来;多大的动荡她都见识过,即便倾家荡产、寄人篱下,她都能从容地应对生活。对比起来,马文昌、林春如这些政治觉悟很高的知识分子,虽然在政治运动中小心翼翼地为人做事,生怕对不起人民、对不起组织,却依然时时碰壁,处处倒霉。那么,肖芝兰的"游刃有余"仅仅是因为上面所说的富有生存智慧和博爱之心吗?似乎问题还有另一个层面:肖芝兰出身过硬,贫农,自然是"根正苗红"。一个显明的例子就是,肖芝兰替马家瞒报了土地,甚至卖地文约也是假的,当工作队来向她调查的时候,她敢于理直气壮地辩解;也正是由于"出身好",她才有资格带着长安从兴隆铺迁到肖王集。可以想见,如果是地主分子或者知识分子(一般都有家庭出身问题)这么做,一定是"欺骗政府,罪该万死"!当然,这里只是从"身份"出发强调的问题的一个方面,在非常年代,乡下和乡下人并不因为"天高皇帝远"就能够躲过哪一场政治运动。

三

在《当我们老了,当我们谈论爱情》的访谈中,田中禾认为马文昌一生的幸与不幸和肖芝兰关系密切,"她是中国传统文化的代表。善良、宽容,富有生存智慧和顽强意志力,内心秉承着封建的伦理信念,执着地关怀着叛逆的主人公,终于把一个不听话的孩子改造成了驯顺的奴才。她的最终胜利是传统势力对自由思想的胜利。一个看似柔弱、宽宏的女人,其实是三个人中最有力量的人。"①我不很同意这种解读。

首先,把肖最终得以"与子偕老"视为其"胜利",忽略了这个"胜利"的过程渗透着这个女人多少心灵血泪。悲剧也同样属于肖,她更是这场婚姻的受害者。即便站在知识分子的立场发言,即便认为传统女性对男人的依恋更多只是一种"先天性"的"嫁鸡随鸡、嫁狗随狗"的旧伦理观念所致,也不能武断地认为草民就不懂得爱、没有丰富的情感世界。在马与肖打交道的过程中,肖并没有以自己秉承的"封建的伦理信念"来约束、控制马文昌,对于这样一个"叛逆的"男人,她能做的仅仅是自己遵从封建伦理,"拜过天地,他就是我男人",这种"遵

---

① 参阅 http://blog.sina.com.cn/s/blog_4f8dcedb0100kg05.html.

从"并没有对马的"自由思想"造成管控,他完全可以自作主张、擅自行事;同样,她"执着地关怀着主人公"也并不能够改变马不顾惜她的局面,那种关怀中母性远远多于妻性。因此,仅就爱情和婚姻而言,他们的悲剧可以说是文化的悲剧,他们就是裹挟在时代风浪中的沙粒,人性的善与恶都救不了他们。所以,真正的"中国结"不是由"娘"织就的,真正的悲剧力量来自时代,来自"身份"。

第二,把马文昌晚年"成了驯顺的奴才"看作肖的"力量"改造的结果,这冲淡了文本所具有的反思的力量,或者说是社会批判和政治批判的力量。肖最终和马相依为命、安度晚年是"传统势力对自由思想的胜利",这种看法似乎夸张了"伦理信念"的力量,恰恰在那样一个时代,传统伦理是被踏在脚下的,父子怀恨,夫妻成仇,同志离弃,人人自危……"把一个不听话的孩子改造成了驯顺的奴才"的并非一个"柔弱、宽宏的女人",恐怕更重要的是那个时代;也并非"全怪他不争气,不断落下把柄让娘握着",他只得乖乖地和娘过日子,实际上他的"风流惹事"既有家庭氛围所致,更是社会风气逼压的结果。他们年轻时意气风发、敢爱敢恨,几十年后"回归了现实与平庸,而且变成了奴性十足的卫道士",或许正是时代"洗脑"的结果——非常年代的强权话语不会允许人性发出灿烂的辉光,例如林春如由于恐惧政治身份造成的对母亲的冷待,恐怕并非仅是人性的丑恶;刘英在政治斗争面前选择和马文昌划清界限,其主因也并非女人之间的妒忌,而是形势所迫,也是为自己和下一代选择一条生路;相反,邹凡的执拗显呈了知识分子的批判精神和反抗意志,但最终却付出了生命的代价。诚惶诚恐走出这个强权时代的人或许汲取了桀骜不驯的教训,不得不"驯顺"起来,把一生虔诚地奉献给了造成他们无数个人悲剧的革命伦理。

对于这部小说的主题,有学者剖解其"漂泊",有学者阐释其"爱与自由",有学者偏重其"母性文化",它确实是多义的,但首先是它成功地呈现了二十世纪中国知识分子被改造的历史。作家将忧郁、感伤的探询之笔插入这段历史的底部,书写一代知识分子"被改造"的人生,不仅仅是因为"他们曾经是我少年时代的偶像。他们年轻时满怀激情,意气风发,追求自由和梦想",主要是想探问:"他们的人生,是不是就是中国人的人生缩影?"英国社会学家 T. H. 马歇尔在《公民身份与社会阶级》一书中认为公民身份包含公民的、政治的、社会的三种要素,分别对应了公民权利、政治权利和社会权利,他指出:"公民的要素由个人自由所必需的权利组成:包括人身自由、言论自由、思想和信仰自由,拥有财产和订立有效契约的权利以及司法权力……"[①]但按照政治的逻辑,似乎一个现代民族国家的建立必须以牺牲公民个体的精神自由为代价!无疑,这种代价过

[①] T. H. Marshall, Sociology at the crossroads and other essays. London: Heinemann, 1963, p. 74.

于沉重,它使得这个民族至今还时常被这一问题压得喘不过气。田中禾以面对历史沧桑时的敏锐和清醒,以沉实稳健又不失诗性的语言,以从容宽宏、善解人意的语风,在宽厚、细腻与睿智间,将文学触角探入现代中国的社会进程,当事人追忆、"我"的旁述与历史实景相互交织,似乎漫不经心,其实却暗含"杀机",复原了那个时代无处不在的政治风云以及那些历史皱褶处个体的挣扎、喘息与泣血,充满对一个世纪政治兴衰、人生宿命的慨叹和惋惜。由此可以说,《父亲和她们》通过对一代知识分子"身份"悲剧的探查,揭示出"身份"是缠绕整个二十世纪中国革命史、政治史和个人精神史的"中国结"这一重大命题,使这部"一个男人与三个女人的故事"有了与二十世纪中国社会史、思想史对话的角度和力度,其反思意识亦有了丰富的历史感和冲击力。

原载《小说评论》2012年第2期

话语嬗变与革命叙事的转型
——田中禾《父亲和她们》对传统革命叙事的突破

刘宏志

田中禾的《父亲和她们》意图展示特殊年代中国人的特殊命运,文中借助父亲、母亲、娘等人的叙述,再现了一段特殊的历史,表现了作家对这一代中国人命运的认知。这部小说显然凝结了作家太多的心血,整部小说语言干净,结构精巧,尤其是小说的结尾,"我买了一个红绳攀结的小饰物,我看中它,是觉得它很像父亲的人生,一根红绳,绕出难解难分的无奈。商场里的中国女孩说它是'中国结'。我把它摊在手掌上仔细观看,惊奇是谁想出了这样好的名字。是不是每个中国人都在绕着自己的结呢?"①文终点题,以中国结这个带有典型中国意味的东西暗喻父亲这一代中国人的复杂命运,可谓是极为绝妙的比喻。当然,小说并非仅仅想要表达每个中国人的命运都是一个中国结这样的简单论点,而是展示这个中国结是怎样形成的,即通过细致叙述,展示话语在个人命运构成中的作用。

一

《父亲和她们》以父亲一生的经历为线索,叙述了出身于地主家庭的父亲,背弃家庭投奔革命的故事。这样的叙事在中国文学中并不少见。从上世纪巴金的小说,到左翼文学,再到新中国成立后的革命历史叙事,有大量的文本涉及这样的主题。在既往的此类文学叙事中,基本都存在一个革命伦理和血缘伦理的对立。中国人原本都是按照血缘伦理来生活的,这从孔子的"老吾老,以及人之老,幼吾幼,以及人之幼"可以清晰地体察出来。在这样的生活伦理中,人际关系的远近主要是以血缘关系的远近为基本衡量准则的。而革命伦理则是在上世纪初革命话语兴起之后在中国形成的一种伦理话语,这种伦理话语对人际关系远近的判断依据不是血缘,而是革命。即有血缘关系的,未必是最亲近的,

---

① 田中禾:《父亲和她们》,作家出版社,2010 年,第 337 页。

只有有着共同革命理想的人才是最亲近的。在20世纪的左翼文学以及革命文学中,都出现这样一个状况,即革命被无限圣化。从血缘伦理来讲,家人本来应该是最亲近的人,但一旦家人不符合革命伦理的要求,就往往变成了被打倒的对象。于是,在面临这一抉择的时候,众多出身不好的革命青年都义无反顾地选择了打倒家庭。如殷夫的《别了,哥哥》,就是典型的以革命伦理取代血缘伦理的文本。这种情况在上世纪80年代以来发生了变化,但是这个变化却从一个极端走到了另一个极端。在新历史小说的叙事中,革命这种原本神圣的宏大叙事得到了戏谑化的表现,通过表现革命青年走上革命的偶然性、革命者革命动机的可疑性以及革命者人品的低下,小说更加强调了血缘伦理的可靠性,而对革命伦理表达了某种程度的质疑。可以这样说,在既往的关于革命历史的叙述中,革命伦理和血缘伦理基本不能共存,他们是"不是东风压倒西风,就是西风压倒东风"的关系。客观而言,无论是片面强调革命伦理大于血缘伦理,还是片面强调血缘伦理大于革命伦理,显然都是把生活简单化了。因为人是具体的,是生活在种种社会纠葛、社会矛盾中的。在这一点上,《父亲和她们》呈现出了其卓异之处。小说并没有片面地强调血缘伦理或者革命伦理的合理性,从而对另一方面的伦理进行诋毁,而是真实地写出了两种伦理的纠结,展现了生活在其中的人的复杂性。小说中的马文昌是一个出身于地主家庭的坚定的革命者,但是他并没有凭借革命伦理而把家人妖魔化,而是直到爷爷去世都对爷爷抱有深厚的感情。小说中母亲林春如的哥哥林春长是在解放后被镇压了的反革命,因为由于他的告密,曾经导致了革命同志的牺牲。但是小说也指出了林春长曾经救过革命者马文昌。林春长之所以告密,并非对革命怀有深仇大恨,而只是想借此把妹妹林春如拉回家,因为他特别看重名誉,担心妹妹和马文昌跑了,他没法给林春如原来订婚的家庭交代。在作家平淡、节制的叙事中,作品中人物并非是单纯的革命或反革命,而是真实地写出了生活在特殊年代中的人在革命伦理和血缘伦理中的矛盾和纠结,不露声色地展示了生活的复杂性,呈现了生活本身的多种可能性。

小说中的马文昌和林春如在加入革命初期还不能说是坚定的革命者,但是随着小说叙事的深入,在他们身上,革命伦理开始压倒血缘伦理,而呈现出强势的一面。在他们身上曾经存在的,曾经让他们苦恼的革命伦理和血缘伦理的矛盾随着革命伦理的强势也消失了。小说饶有意味地点出了革命伦理对血缘伦理压倒性优势的完成,是因为革命话语对他们的影响越来越大。换言之,如果说在他们加入革命初期,影响他们的同时有革命话语和血缘话语的话,随着革命的深入,在革命队伍中,革命话语渐渐成为影响他们的唯一话语,而血缘话语则渐渐从他们身边消失了。小说多次说到革命理论对林春如的影响,其中有一段,在林春如开始批判自己的家人的时候,小说这样说道:"当她用阶级分析的方法讲她的家庭和亲人时,她被自己的语言激动,深切地体会到革命的快乐,周身焕发出青春活力,激情在她的血管里奔涌。文工团长停下脚步,对这位入伍不久的新战士流露出赞赏的目光。这目光使她兴奋、自信,她的口才显得更出色,思路也更清晰、流畅。也许她并没有意识到,她的思想,就是在她的话语中升华出来。她对家庭、亲人的看法,也就在这样的叙说中被加工完成,变成一种信念。"①革命话语在这个新入伍的革命战士身上展现了魔力,并使她原本所认同的血缘伦理开始剥落,一步步被革命话语所取代。对于话语的魔力,20世纪以来的西方语言学革命已经做了深入的分析:"20世纪的'语言学革命'——从索绪尔和维特根斯坦直到当代文学理论——的标志即在于承认,意义不仅是某种在语言中被'表达'或者'反映'出来的东西,意义其实是被语言生产出来的。我们并不是先有意义或经验,然后再着手为之穿上语词;我们能够拥有意义和经验仅仅是因为我们拥有一种语言以容纳它们。"②田中禾的书写形象地表明了语言在革命伦理和血缘伦理纠结中所起的作用。

  由于革命话语对革命者的强势影响,血缘伦理开始一步步地在革命伦理面前败退,小说形象地展示了革命者对待家人前后不同的态度。如果说刚加入革命的时候,林春如对林春长的行为还能理解,还能体会到哥哥对自己的血缘之爱的话,到正式参加革命,成为革命大熔炉中的一员的时候,家庭成员形象在她心中已经发生了改变:"从变成革命军人曾超那一刻起,说起家庭,我就会情不自禁地情绪激动,好像心底有一堆干柴,见火就会轰一下燃烧起来,只有用最苛刻的词句才能表达我的憎恶。我把父亲形容成封建专制制度的卫道者,把母亲形容成十足的地主婆。天天抱着水烟袋,打牌,听戏,什么也不干,连洗脚都要丫头伺候。特别不能提到大哥。说到林春长,我心里的仇恨就会迸发出来。这个资本家的奴才,地方反动势力的走狗!……他帮助二哥营救过我们的同志,可那完全是为了保护自己。他知道我二哥加入了共产党,不营救就会牵连二哥,连累到他。"③新中国成立后,在进行阶级清算的时候,林春如对自己的家庭出身仍然是痛恨到了极点,在妈妈去找她的时候,她竟然把自己的手指咬断,还给自己的妈妈:"我把左手小拇指伸进嘴里,用力咬下去。骨头一下子就咬断了,皮肉很费事,撕扯着牙床,把牙齿拽疼了。手从嘴里拿出来的时候,咬断的

---

① 田中禾:《父亲和她们》,作家出版社,2010年,第89页。
② 〔英〕特雷·伊格尔顿:《二十世纪西方文学理论》,伍晓明译,北京大学出版社,2007年,第59页。
③ 田中禾:《父亲和她们》,作家出版社,2010年,第88页。

一截手指还在指头上连着。我用另一只手把它拽下来,带着血塞进她手里。'拿上。这是你的肉,我把它还给你,从今往后咱们谁也不欠谁。'"①在这段冷静的叙事中,我们却读出了惨烈的意味。按照血缘关系来说最为亲近的母女,突然成了仇人。女儿为了能够彻底了断这种血缘关系而愿意咬断手指,这表明革命伦理方式已经彻底压制了血缘伦理,使得女儿以有这样的母亲、这样的家庭为羞耻。在林春如、马文昌他们怀着理想加入革命的时候,他们本身未必对血缘伦理多么仇恨,这就造成在刚开始革命的时候,他们身上存在着革命伦理与血缘伦理的纠结,如林春如既向往革命,又理解大哥。但是随着革命话语的不断重复,革命伦理就完成了对血缘伦理的彻底压倒,革命话语成了唯一的被圣化的语言,在革命者背弃家庭走向革命的过程中起到了不可替代的作用。

二

如前所述,对于走入革命队伍的每一个成员,革命话语起着纯化革命队伍的作用——通过对革命话语的不断强调,逐渐消除革命者意识中存在的其他伦理意识,而代之以纯而又纯的革命伦理。事实上,革命话语的功用不仅如此,它在人对自我命运道路的选择上,也有着极为重要的影响。《父亲和她们》这部小说就展示了话语对人的命运选择的巨大影响,即人的生命道路的选择是受到话语的左右的。这可以从这部小说中马文昌、林春如的革命道路选择中体现出来。

马文昌和林春如都是革命者,可是按照一般的阶级伦理,马文昌和林春如并没有必然革命的理由。他们都出身于地主或者士绅家庭,属于旧社会的统治者阶层,所以,对于旧社会他们本来应该是拥护的,可小说却用令人信服的逻辑表现了马文昌和林春如走上革命道路的过程。从小说叙事可以看出,在他们走上革命道路的过程中,革命话语功不可没。相对于林春如来说,小说一开始就借助肖芝兰的叙述,展示出马文昌这样一个叛逆青年的形象。但是,这样的叛逆绝不意味着一定会走上革命道路,因为直到马文昌走上革命道路之前,他的叛逆更多的还是对长辈为自己规划好的生命道路的反抗,尤其是对长辈为他指定的婚姻的反抗。每一个青年都有青春叛逆期,都有追求自己的理想的愿望,只是在传统的中国话语氛围中,青年常常不被视为具有独立能力的人,所以他们关于自己独立话语空间的诉求,对于自己独立立场的要求通常都被视为小孩

---

① 田中禾:《父亲和她们》,作家出版社,2010 年,第 147 页。

儿的胡闹。这样,由于自己的诉求得不到支持,在青年人的心里就形成了种种生活中的挫败和痛苦的经验,这种经验在遇到革命话语之前,并没有得到有效的命名,成为一种缺乏"能指"的"所指"。当然,这种缺乏命名的生活挫败感也就不能给他们生活道路予以某种有效的指点。马文昌们在遇到革命话语之前,只是对社会不满,对家庭不满,并且只会在不满中瞎撞,并不知道自己的前途在哪里。但是,当他们遇到革命话语之后,他们的生活挫败感也就和革命话语得到了某种契合。革命话语给他们的生活挫败感提供了一整套的"剩余能指",这就为他们的生活挫败感找到了原因,也指出了他们消除这种挫败感应该努力的方向。同时,在革命话语为他们的生活挫败感提供"剩余能指"的过程中,他们的"主体"也得到了重塑,一个革命者形象就诞生了。小说中马文昌在遭遇革命话语之前接受了新思想,这当然也是一种话语,即年轻人应该自己做主自己的命运。在婚姻上,这种伦理就和传统的"父母之命,媒妁之言"的传统伦理发生了冲突。特别是当马文昌和林春如相爱之后,他们和传统伦理的冲突就达到了极点。因为按照传统伦理,马文昌是有妻子的人,而林春如也是有未婚夫的人,他们两个的结合是大逆不道的。这样,在传统伦理的压抑下,两个年轻人就处于极为痛苦、压抑的境地。在这样的情况下,革命话语提供的革命伦理给他们指出了前进的方向,于是,对于这两个深受不能自由恋爱之苦的年轻人来说,革命就成了他们唯一的选择。事实上,对于任何时代的年轻人来说,都有独立诉求被父辈忽略而导致的挫败感和苦痛感,这也使得叛逆成为青年的某种精神特质。小说后半部浓墨重彩地描写了"我"的叛逆,其实就表明了这是一种青年的日常状态。这种叛逆本来并不是革命的必然理由,但是当革命话语和马文昌们的挫败感结合后,就给他们找到了一个发泄的通道。所以,恋爱不自由并不是革命的必然理由,但是在革命话语影响下,恋爱自由就成了革命的必然理由了。《父亲和她们》摒弃了传统的关于革命叙事的必然阶级论或单纯偶然论,展示了革命话语在特殊年代对人的道路选择的影响。

革命话语虽然为马文昌、林春如反抗父权、自由恋爱提供了理论依据,并且引导他们反抗家庭,走上了革命道路,但是革命话语并非是以男女恋爱自由为旨归的,它也是一套用来整合社会的伦理规范,这就导致了之后马文昌和林春如的爱情悲剧。在青年们的恋爱处于旧伦理压抑的时候,由于革命话语能够为他们提供一整套的"剩余能指",这二者之间就可以达成共谋。但是当男女青年的恋爱不符合革命伦理的时候,革命伦理也会摇身一变,从青年恋爱自由的支持者变为阻挠青年自由恋爱的另外一种权威伦理。《父亲和她们》中马文昌、林春如的悲剧正在这个地方。马文昌、林春如在自由恋爱的激情之下,冲出家庭,走向革命,但是在革命成功,他们申请结婚之际,林春如的历史问题却被掀了出来——她哥哥林春长当年为了能够把妹妹拉回家,就以她的名义在报纸上登了一份宣布脱离革命的声明。这个历史问题成了林春如解释不清的问题。虽然她曾经毅然决然地参加革命,为革命出生入死,但是,这个关键问题的解释不清,使她还是成了革命队伍中的可疑分子。这个时候,马文昌和林春如的结合,对于马文昌来说,就带有了政治上的风险——革命伦理是不允许一个真正的革命者和一个革命队伍中的可疑分子结合的。况且,此时的马文昌已经深受革命话语的规训,在某种程度上,革命话语已经成为他生命中唯一有效的话语了。所以,虽然马文昌渴望恋爱自由,但是在他认同的革命话语面前,他还是能够自觉地放弃爱情,于是,马文昌抛弃了林春如。更加具有讽刺意味的是,当年马文昌拒绝的妻子,肖芝兰,由于其贫农身份,反而比林春如更有资格成为马文昌的妻子。至此,革命话语已经跟马文昌开了一个大玩笑:他是为了和林春如的爱情参加革命的,而革命话语却又让他抛弃了林春如。生命的悲剧性、这一代人的悲剧性在这个地方淋漓尽致地呈现了出来。

三

《父亲和她们》是以不断变换叙事视角的众多第一人称完成叙事的,这样的叙事方式使得小说在处理这一段宏大历史的时候一方面更多地带有了个人的体温,另一方面由于不同的叙事者具有不同的伦理立场,这就构成了不同话语的多声部复调现象。小说中的马文昌是以一个革命者的形象出现的,他的话语伦理明显属于革命话语。林春如原来是一个革命者,但是后来的坎坷经历,使她对革命话语有了较多的反思。而肖芝兰则是一个典型的农村妇女,她对革命的理解就是胡闹,她可以说代表了某种民间的声音,表征了尊重传统、尊重血缘的日常生活伦理。马文昌、林春如、肖芝兰的轮番叙述,其实展示了从上世纪初到八九十年代近百年间不同话语的嬗变。

马文昌和肖芝兰的关系很有意味,他们关系的离合,正好表现了革命话语和日常伦理话语在中国社会中地位的变迁。马文昌的声音,更多的是革命话语的表达。在马文昌刚参加革命的时候,肖芝兰为马文昌的家付出了自己所有的一切,但是马文昌还是抛弃了肖芝兰,选择了爱情,选择了革命。此时,在两个人的叙事中,马文昌完全处于强势地位。但是,随着革命的成功,日常生活伦理开始逐渐在生活中呈现出强势的力量,在这样的状况下,马文昌的革命行为,例如回家后主动要求把自己家庭划为地主,为此导致弟弟自杀,就呈现出了某种荒诞性。当小说表述这个事件的荒诞的时候,其实已经表明革命话语开始在生活中失去它的有效性和权威性。小说中的肖芝兰表征着一种日常的生存状态,以及对血缘伦理和日常生活伦理的尊重。所以,肖芝兰做任何事情,都是以符合日常伦理为旨归的。只要是符合日常伦理的事情,在她看来就完全是合法的。当然,她本人也非常善于运用日常伦理为自己服务。她没有自己,没有个性,只是日常伦理的一个代表性存在。所以,和马文昌的婚姻,肖芝兰从一开始就是受尽了委屈的。她无所谓爱情,因为有婚约,于是她就义无反顾地嫁给了马文昌。即使这个男人完全不爱她,在新婚之夜就逃出家庭,再也没有回来。她在孤单中承受着一切,承担起了这个家庭的所有重担。肖芝兰完全以日常伦理为自己的价值准则,并且能够在其中游刃有余地应对来自外界的所有侵扰:当革命成功,划分阶级成分的时候,她能够让租种她家土地的佃户出面作证土地早已不归她家所有,从而巧妙地避免了被划分为地主成分;当马文昌落魄,成为一个阻碍革命的落后分子而无法生活的时候,她又把马文昌带回自己娘家,通过和马文昌复婚,让马文昌能够生存下去。虽然马文昌在革命刚成功时和"文革"结束以后也曾经风光无限,但是,相对马文昌,肖芝兰显然更能适应社会的变化,更具有顽强的生命力。

显然,肖芝兰表征着在民间一直存在的日常生活伦理,甚至在某种程度上,也可以说肖芝兰是中国日常生活的支撑。虽然马文昌在开始一直不承认和肖芝兰的婚姻,但是如果没有肖芝兰,马家显然早已不会存在。就是马文昌本人,在落魄的时候,也还得投入肖芝兰的怀抱,只有在她的庇护下,他才能安然度过生命中最困难的时期。我们一方面可以说肖芝兰是国家的脊梁,但是另一方面我们也必须承认,正是她这样的人的大量存在,才使得马文昌那样的人的革命性消隐得更加彻底。肖芝兰在给马文昌这样的革命者施以各种帮助的同时,也在以她的温情一点点改变着革命者遵循的革命话语。马文昌以从肖芝兰身边逃离为其人生的起点,又以回到肖芝兰的身边为其人生的终点,这正好是用自己的人生画了一个圆。这个人生的圆,在某种程度上,也是一个隐喻,表明了曾经强势的革命伦理对日常生活伦理的全面认同,呈现了革命话语在日常生活伦理消磨之下的消隐以及日常生活伦理的巨大包容性。小说以马文昌向肖芝兰认同,恢复自己曾经不承认的和她的婚姻作为结束,正表明了革命话语在中国的消隐以及日常生活伦理在中国的勃兴。

或许作者想要思考马文昌这样的人是怎样从一个自由的反抗者最终绕了一个圈又成为一个体制的卫道者,但是其叙事却向我们展示了这个世界上本没有自由者,所有的人都生活在不同的话语场中,所谓的自由反抗,不过是从一个话语场跳进了另一个话语场而已。马文昌由一个自由反抗者到革命者,再到体制的维护者,这种身份的变化,其实不过是在社会主流话语影响下的自然而然的结果而已。

或许由于革命话语和日常话语之间缝隙巨大,可以构成叙事的张力,革命和革命年代的人物命运一直就是中国当代文学中极为重要的叙事对象。《父亲和她们》通过革命话语对马文昌、林春如的影响,呈现了社会主流话语嬗变与人生命运的关系,对于以革命作为叙事对象的文本来说,这部小说显然更加呈现了革命本身的丰富性和复杂性,是对类似题材小说的一个极为重要的丰富和补充。当然,它对于我们重新认知革命,重新思考这一代人的命运显然也有着极为重要的意义。

原载《郑州大学学报》(哲学社会科学版)2012年第6期

十七岁:个人切片与历史还原
——田中禾《十七岁》阅读札记

刘 军

对于许多小说家来说,寻找家园是一个重要的小说母题。寻找的过程本质上也是种回归的过程,至于回归的目的地,可以指称为"家园",也可以指称为"童年"、"回家"、"精神故乡"等等。从某种程度上说,作家在内在的旅途上跋涉得愈深广,那么,所观照出的家园特性(即个体与亲人、社会、大地的本真联系)就会愈发纹理清晰,诗性葱茏。

作为一个习惯书写中原乡土的小说家,田中禾始终以密实的笔触,在不同的方向上切入中原乡土那发达的根系,勾勒出的不单单是乡土画卷这个表层的因素,而是乡土世界中的人本特性、情感维度、历史真实等家园之根的要素。最新长篇小说《十七岁》(凤凰出版传媒集团2011年3月第一版)的出版,践行了其一贯坚持的乡土、情感、母爱的写作主题,尤为重要的是,这部建基于个体回忆的小说,以"变"为视角,审视了身处历史语境中的个体存在,触及了"自由"这一人本的问题。

一、重现历史真实与亲情写作

上世纪以来,随着分析哲学和新历史主义的兴起,所谓历史真实的命题遭遇了前所未有的颠覆和解构,克罗齐"一切历史都是当代史"的命题大行其道。流风所及,在文学中,整体的真实观同样也崩塌了,各种现代或后现代的文学书写中,所能找到的只是些许真实的碎片。解构真实的风潮同样覆盖了近二十年当代中国的小说写作,从而导致了各种叙事魔方的兴起,先锋写作也好,新历史小说也好,在消解出于意识形态目的而构建的宏大叙事的同时,对历史事件也加以大规模戏仿和拼贴。尤其在当下,文学的商业化愈加强化了作家们的某种写作策略,故事化、传奇性、悬疑性等等,替代了传统小说中人性、人情的因素,成为小说的显性因素。

如何回归人情、人性的立场,是《十七岁》的重要写作策略。这个策略直接朝向如何还原历史真实的问题,小说对还原历史真实的两个向度进行了整合,既包含了对历史精神的敬畏,又采用历史细节的忠实记录作为细部支撑。《十七岁》是一部自传色彩颇浓的小说,十七岁作为人生的切片,是小说叙述的切入点,不仅是"我"的人生切片,还涉及家族中的其他人等,他们包括母亲、大姐、二姐、大哥、二哥、春梅。来自不同时空的十七岁的切片被作家置放到一个平面上,并以此为节点,展开那些血肉丰满的人生细节。

在笔者看来,对历史真实的还原不仅需要作者良好的文字呈现能力,更重要的是思想立场和主体情感态度。在这部小说中,母亲的十七岁处于民国早期,而大姐、二姐、大哥的十七岁则在民国晚期,二哥和"我"的十七岁横跨民国和新中国建立的阶段。长期以来,因意识形态的强化及某些观念的预设,二元对立的思维方式,阶层、阶级分类理论,社会学方法,等等,是二十世纪至今诸多文学作品的指导观念。而田中禾先生在这部作品中却摒弃了这些预设的思维方式,站在超越意识形态和道德评价的立场,以人情和伦常的角度,通过对沉淀在岁月深处的细节,为我们重构了那段活生生的历史。

以十七岁的切片为生发点,作家呈现的是家族史的演变,并在此基础上延展到社会的各个层面,从乡绅到工商阶层到农民,从城市到乡村,从党派之争到全民族罹难,称得上是一部中原地区底层社会的完整画卷。在这部画卷中,每个人都立体地活着,作者并没有紧盯住他们的政治立场和价值选择这些宏大层面,而是准确切入他们的日常生活,再现他们的人伦诉求、交往准则及对待生死的平静。提及家族史的叙述,很容易让人想到现代史上影响很大的巴金先生的"激流三部曲",也是相关旧时代的家族史叙述,在这部明显带有"五四"色彩的系列小说中,反叛和追求进步成为最显著的主题,无论是"大哥"、"瑞珏"、"鸣凤"还是"我",皆是旧式家长制拼命扼杀的对象,他们代表着新生的力量,切合了人们关于"新家国"的想象,家族中的长者则恰恰相反,他们纷纷被作者设置到"反动保守"的立场上,并加以强烈的控诉和批判。由于此三部曲在现当代文学史上的重要地位,余波所及,在很大程度上影响着读者的价值判断。多年过去了,距离那段历史越远,今天的作家反而越能跳脱开时代局限性,以自然轻松的笔触去打量那段历史,开掘个体的记忆。在《十七岁》中,你很难找到二元对立的立场,作者满含温情地向我们叙述了家族成员在十七岁这个切片前后所发生的一切,历史的片段因为"去蔽"而得到"澄明"(海德格尔语)。

因为一头驴子的丢失,母亲在十七岁那年走进了父亲的世界,这个细节饶有兴味,但这就是过去时代的真相,这个事实既不涉及民众的麻木,也不涉及家长专制类的命题。下层百姓有他自己立身处世的逻辑,女儿大了要嫁人,再加上应时的利害算计。所以,当一个手工业者以小手段(指隐瞒年龄,找替身去母亲家见面)将母亲迎娶进门时,母亲虽然有些愠怒,但很快进入角色,不仅成功地转型为能里能外吃苦能干的新媳妇,而且在以后的岁月变故里,一个人成了整个家庭的脊梁,羽翼几个孩子的长大,在充满波折和变数的时代风潮面前,带有预见性地引导着几个孩子的人生方向,在局势未明的情况下,二姐及二姐夫,还有大哥选择站到中共领导的新生政权一方,后面皆可见母亲那隐隐的推手。从十七岁的田家小妮子到张家媳妇,再到寡居的张二嫂,再到田琴的身份转变,我们可以看到一个紧随时代波折前行的女性形象,这是母亲不断地自我身份调整,从中我们可以看到母亲开明的思想和阅世的深度。母亲还有她的不变的一面,即她的隐忍、坚毅、善良、豁达、大度等,这一不变的一面与北中国诸多底层女性有着千丝万缕的联系,可以毫不夸张地说,正是她们的默默守护和自我牺牲的品格,才使得大变动中的中国得以继续运转和前行,这一点,可能与革命或者制度的维新无关,却与社会结构的良性积淀密切相关。因此,与其说《十七岁》这部小说是一曲献给母亲的赞歌,不如说是一曲献给中国底层众多女性的赞歌。

　　作家的中性写作立场在另外两个细节上表现得尤为突出。其一是关于李春梅的叙述,她是一位在家族中非常特殊的人物,所谓特殊,指的不是她的出身或其他,而是在"反右"的政治运动中,在二哥的人生坠入谷底的时候,选择了与自己的丈夫划清界限的立场,从此脱离家族的视线,成为一个他者,准确地讲,她是一根嵌入家族喉管的鱼刺。面对这根鱼刺,作家既没有采取敌对的态度,也没有特意地矮化对方,而是如实地书写,依然将其当作自家的一分子去书写,这份宽容的情怀颇让人动容。李春梅是带着小聪明和小把戏登场的,在和二哥见面的过程中,她故意遮盖了自我的小小生理缺陷,虽然有点小小的介意,但以母亲为代表的家族以一颗包容心接受了她的到来。作家毫无隐讳地写到了她刻苦、勤快、能干的优点,也写到了她工于心计的心理特性,既遵循了性格即命运的逻辑主链条,又考虑到了人的性格本身的立体性,从而表现出对历史真实的充分尊重。

　　其二是对日本侵华事件的处理。作家就出生于日本飞机轰炸县城全家下乡辗转逃难之际,通过他人的多次转述,使作家对之有着刻骨铭心的体验和回忆。战争的残酷性、侵略者的歹毒和蛮横在小说中有着逼真的描写,"清真寺旁的大树上挂着一截血肉模糊的人腿,零散的肉块和衣服碎片在树枝上当风颤动。老五奶和她的孙子一起进城赶集,刚跑出南阁,一块弹片把她的半边脸削平。"这是小说第一章节中的一段描写,惨烈和内心之痛可见一斑。但在另一处,当日本兵进城驻扎后,作者还写到一个负责采购的矮胖曹长,这个日本兵用半通不通的汉语嘻嘻哈哈地和小城居民开玩笑、骂人,人们叫他"老头儿太君",

他在街上走过,连小孩都敢不避让,小孩一边叫他"老头儿太君",一边摸他的屁股。当日本战败的时候,大家听说日本人把不能回国的伤员都枪毙了,母亲和许多人都为这个"老头儿太君"担心。这是日常状态下的人性表现,作家并没有因为战争而将其符号化。总的来说,这两处细节放在一起并不冲突,皆是源于作家既忠实于历史的过程和结果,又忠实于内心的人伦准则,所以才会出现两个反差极大的细节狭路相逢的局面。

总之,小说中诸多人物在十七岁这个节点上所产生的转换和变异,作家在处理上并非简单地归之于时代风潮的刺激和推动这些直接性因素上,而是设定在家庭亲情、人伦积淀、乡土文化惯性这些更为厚实的因机之上。也正是出于作家不虚美、不隐恶的立场,《十七岁》所涉及的民国晚期及新中国初期的历史,才会如此地鲜活,并枝叶分明。

另一方面,因涉及家族史的叙述,作家在小说中必然渗透进诸多温情的因素,毕竟,十七岁的人生切片,直接对应的就是青春与诗性。如果说田中禾在2010年出版的《父亲和她们》这部长篇中倾注的是人性的拷问和文化的忧思的话,《十七岁》这部长篇中,除了人情、人伦立场的回归外,倾注更多的则是自我的一往深情了。歌德曾把艺术作品称为一种丰产的神圣精神灌注的结果,《十七岁》可谓是极好的例证。

从话语呈现的角度,《十七岁》以诗意的描述呈现了浓郁的乡土气息、鲜明的地方文化。这里有融融的亲情、小城醇厚的人伦关系,有独具特色的饮食和地方风俗(庙会、手工艺等),还有在破碎时代中依然野趣浓郁的乡野及奔放热烈的庄稼和大地。

亲情书写本身就意味着情感母题的确认。小说中,除了伸张母亲在时代危局面前的大义外,凡是涉及细节处,皆可见作家温情脉脉的刻画。而作家的温情在对大姐的叙述上尤为突出,大姐是作家出生不久就离开人世的,这位备受整个家庭宠爱的姑娘,在十七岁的当口,因为爱的忧伤而导致精神抑郁,并最终香消玉殒。有人曾说过,爱是两种诗情的相逢,两种梦想的融汇,但是,当大姐的情感世界开始萌动之际,小城的风气并没演化到开明的境地,更重要的是由家庭所选定的亲事不如其意,当两种诗情、两种梦想只剩下自我单独的一个,当纯真的大姐找不到方法突破藩篱之际,她选择了自我的压抑以至于肉体的陨落。大姐虽然离世很早,但她的影子却总是生活在"我"的周围,从那唯一的照片,再到城外那孤苦的坟头,以及他人的讲述,使作家陷入"神圣的哀伤"的境地。总之,关于大姐的章节,很容易让读者沉浸到一种难言的伤感之中。

二、痛感的"自由"

　　人是一根脆弱的芦苇,帕斯卡尔的这个论断众所皆知,尤其是在快速变幻的时代风潮挤压与覆盖下,人这根芦苇的"匍匐"与"易折"愈加显明。《十七岁》所涉及的岁月往事集中在抗战胜利到新中国建立之初这一时段。从短暂的胜利欢悦到国共两大力量在中原地区长达数年的拉锯争夺,再到新中国成立之初的系列运动,时代的风云变幻所形成的负重,对于个体而言乃是生命中不能承受之重。此负重不仅考验着每个人的生存忍耐力,对个体的精神性存在也无疑是一种磨砺或碾压。《十七岁》并不讳言家族成员之"变",作家解剖别人的同时也解剖自我,从而使小说具备了审视和反思的品格。

　　小说中的母亲是跨越新旧时代的人物,在她身上,凝聚了中国传统女性的诸多优点。作为一家之长,尤其是父亲缺位之后,她以个体的巨大牺牲来换取家族尤其是孩子们的平安和顺利长大,但现代性发生的问题不可能萌发在她身上,这是由个体必须服从于家国的传统文化基本格局所决定的。从某种意义上说,母亲是特定时代的特定人物,更具体地说,她更像一块"历史的门板"。关于这个问题,鲁迅曾有个著名的判断,即"自己背着因袭的重担,肩住黑暗的闸门,放他们到宽阔光明的地方去;此后幸福的度日,合理的做人"。对比这个判断,我们会发现小说中的母亲做到了前半段,而且非常突出,至于后半段,结果则恰恰相反,不仅没有"放手"及促进后辈自由选择,而是紧紧地箍住他们,如老鹰护子般将其笼罩在翅膀下的"阴影"里,从而成为改变孩子们自由选择的重要力量。对人本的认识高度,母亲的踪迹依然被限制在惯性轨道的滑行上,无法与鲁迅等第一代思想觉醒的启蒙者相提并论。所以,作者一方面在小说中以无上的敬意投向隐忍牺牲的母亲,书写她的爱意和温情,另一方面,也直面因母亲一方过多的渗入所导致的"我"和其他兄弟姐妹们人生的"弯曲"。小说中,母亲对四兄妹的影响无处不在,大到人生道路的选择,小到生活细节的考虑,作家满怀着复杂的情感抒写母亲无处不在的气息,有温软的暖意,也有淡淡的苦涩在里面。

　　庞大的时代潮流,推举着单薄的个体之"变"。母亲也不例外,不仅有身份的转换,还有隐在的立身处世的变化。比如解放初期她主动解除了与方相公的雇佣关系,把自己的店铺从私营改成合营,在胡政委思想工作的影响下,成了中苏友好协会的委员、劝储委员,还得到了纳税光荣模范的称号。在解放前后,母亲迅速由讲信义、友善互助的杂货店主向着政治进步的"新人"转换,虽然,有些时候,母亲也有过踌躇和怀疑,但顺从于时代大势则是必然的选择。在母亲的影响下,二姐和二姐夫先后去了率先解放的开封,而大哥则辗转武汉、鸡公山等地外出求学。更关键的地方在于,母亲直接介入了二哥和许小玉的情感生活,成为许小玉与胡政委、二哥与李春梅结合的双重推手,或许在母亲的理念里,她是绝对正确的,但二哥与李春梅间悲剧的种子却由她亲手所种。回到二哥的选择这个层面,他、许小玉、李春梅三者之间,在当时的情境下,他们都做出了似乎正确的选择,而结果呢,则是三段"弯曲"的人生。

卢梭在《社会契约论》中曾指出,人生来自由,但无往不在枷锁中。相比于姐姐和兄长,《十七岁》中的"我"可谓拥有更为自由的充分条件。小说不仅写到"我"少年时代的个性奔放,还写到,在十七岁这个青春成长的分界岭上,"我"是兄妹间唯一一个自由恋爱者。不过,极"左"的时代语境很快如利箭般穿透"我"的生活,谢敏之右派子女的身份,再加上两人在下乡劳动中犯下严重的政治错误,导致两人皆无法正常取得劳动鉴定,缺了劳动鉴定就意味着没有资格参加高考,从而丧失了改变人生命运的唯一机会。"我"得知结果后,并没有轻易顺从周遭环境的"压迫",然而,母亲以她十几年来未有过的眼泪和伤心彻底"打败"了"我",同时也规训了"我"的个性和锋芒。小说的结尾,"我"离开了母亲,也离开了恋人,背上行囊外出求学。

"我"和"二哥"的人生弯曲,是必然的吗?是时代的限定还是母亲的制约?或者是因为我们自身的不成熟和"软弱"?作家在小说中并没有给他们提供固定的答案,而是将这些发问隐入文本的内在结构之中,留待每一个读者的思考和开掘。德国作家托马斯·曼曾说过:"只有在提到自由二字我们会怆然涕下的时候,人类的境况才会得到好转。"换句话说,那些以怆然的情感书写自由的人们,也许就是真正理解了自由的人。

新时期以来,关于中国乡村的生态书写,鲁迅式的发掘与批判成为显明的脉络,愚昧与荒诞、衰败与凋零、毁坏的惨烈、人性的沉沦等等绝望而黑暗的色彩,在作家笔下比比皆是,无论是阎连科《受活》中的举众疯狂,或者贾平凹《古炉》中乡村文化的式微,以及张炜笔下的家园破败,皆是例证。在这个问题上,我们看到,作家田中禾既没有选择沈从文式的田园牧歌的路子,也没有轻易地侧身于颓败后的荒凉与绝望,而是选取了守护与批判同时并举的"中庸"路线,在我看来,他所守护的是乡土文化中的良性积淀,诸如亲情、人伦底线、人与大地的朴素关系等;所批判的,则是专制时代的积弊对个体现代性的侵蚀与毁坏,而最后的落脚点,终归于"大写的人"身上。

原载《扬子江评论》2011 年第 4 期

"青春之歌"的多重变奏曲
——田中禾《十七岁》成长叙事研究

苗变丽

作家田中禾先生已是年逾七十的老人了,然而敏捷不逊当年,深刻远胜昔日,愈臻晚境愈深刻眷念其童年旧事,且对之郁勃反思不已。在长篇小说《父亲和她们》之后他又推出了一部力作《十七岁》,小说写的是家族性故事,充满自传情景,其中叙述人"我"的命运与作者的命运有着某种互文性。小说叙事以建立在安全的可把握的回忆基调上追溯了包括"我"在内的六位家族成员的青春岁月的悠远故事,温习着那些斑斓有声的往来,感叹着今昔的物是人非,涌起人世潮汐的感慨,大有麦秀黍离之感。叙事语调平稳舒缓、亲切自如,这是一次温暖的叙事。

一、重影式人物形象系列阐释

从生理学上说,青春是烙印在个人生命成长史上的一段不可逃避的年龄。在中外文学叙述中,青春本身已然是一个大命题。仅拿它在当代文学中的表达形式来看:青春或是一支赞扬青春、理想、爱情和美好岁月的抒情曲,漾出一团团热情的火焰,或是一部部"残酷物语"的愤怒叙述。前者以王蒙的《青春万岁》和杨沫的《青春之歌》为代表,后者以王朔的《动物凶猛》为代表,在动荡不安的"文革"社会局势中荡漾出一曲青春反叛的无羁激情叙述。和以上的青春叙述类型相比,《十七岁》彰显出不同的思想情蕴和艺术特征。该小说讲述了一个由"民国"初期到新中国五六十年代的家族故事。我们不难看出,它涉及繁复波澜的时代风云和历史际会。国家民族的历史演变在这里有着客观实在性,所有沉重的、重大的东西都在人物的生命中产生着作用。家族命运的兴衰沉浮,就是中国社会历史变迁的缩影,家族是个小社会,它与历史大社会建构的关系几乎完全是同构的。但是作者并不倾心于叙述那些重大的历史背景或历史事件,不以揭示某种客观历史规律为己任。作者的叙事立场在于家族故事和个人身世,所以在这个意义上这又是一个大时代里的家庭小故事,这是一种小历史,是作者亲身生活于其中的小历史。这里面有欢喜也有悲苦,但这都是普通人生的喜怒哀乐和情欲理念而不是正剧的无限江山的悲喜——提供给人的受苦受难和大喜大悲的苍茫全景。对于作者来说,往昔的家庭岁月确立了他的全部的原初质朴的记忆,形成了他写作这部小说的态度、情绪和思想。

《十七岁》讲述的是一位老人在看穿自己经历的一生后开启了被岁月尘封的沉重的幕布,在回忆中拓展开昔日岁月的画面,过去的岁月也在记忆的回放中频频闪回。然而在回归点落在何处这个问题上,作者回归了人物的"十七岁","在我的家里,十七岁是故事发生的年龄。无论是母亲、大姐、六姐,还是大哥、二哥、春梅,每个人都从十七岁开始自己的旅行,走入岁月深处……"①"十七岁","十七岁"轻诵这个词,好像带一种甜味脱出我们的口唇,十七岁的年龄是何等灿烂光华的岁月!法国作家杜波斯有一句名言"我生于十七岁",其意思是:我生于十七年的非生之后。这也就是说对于个人而言,成长并不始于某种身体标志出现的那一刻,而是意识到它的那一刻。如果说在"十七岁"这一确定的时刻,由于一种思想的产生而发生了内质的根本变化,那么就应该承认"十七岁"成为一个精神繁殖阶段的原点②。十七岁是儿童期和成年期的过渡阶段,是人生成长的一个重要门槛。十七岁的人已不是小孩子了,但还没有长大成人。在十七岁,人是一个老练的少年,一个懵懂无知的小大人。

在这篇小说中,我们也不难看出作者同样的情感倾向和观念意图,小说结尾的那句话无疑是点题之意。"母亲"、"大姐"、"二姐"、"大哥"、"二哥"、"我"都是在十七岁开始了新生活,十七岁成了他们的成人仪式。在这里成人仪式有着许多的新课题和新方向,像"母亲"是婚姻生活成了她的文化成人式,婚姻所携带的现实改写的力量成为她必须经历的成人式;像"我"和"二哥",朦胧的爱情情愫和伤痛之怀是人生之初遭遇的苦涩和无奈,特别是"二哥",爱情中的痛苦感受与凄凉的心理后来就扩充到人生之中,像一滴浓墨在白纸上渲染为一片阴暗;像"大哥",青春涉世的艰苦历练无疑是他的"成人仪式"的"洗礼",他辗转武汉、鸡公山等地外出求学是其体悟人生、面接社会然后识其真面目的一种方式。

在这里作者唱的依然是"成长"的主旋律,但又多了一些声部,演奏的是一场"青春之歌"的多重变奏曲。"母亲"、"大姐"、"二姐"、"大哥"、"二哥"、"我",这些"称谓注定在各自的及对方的时间之维中占据某个特有的不可取代的刻度"。由于血脉的蔓延,生命的个体存在才不至于太孤单,生命的存在空间

---

① 田中禾:《十七岁》,江苏文艺出版社,2011年,第293页。
② [比]乔治·布莱:《批评意识》,郭宏安译,百花洲文艺出版社,2010年,第64页。

才因此得以拓宽。就这样,作者借助血缘家族的人称关系完成了一个家族集体性成长历史的叙写。但是家庭集体性成长历史的广度和深度、方向和过程是不尽相同的,"表面上说着共同的成长话题,内中却伏着潜流,向着各自的目标交错涌动"。叙述者从不同的角度去尝试建立他们心灵的坐标系,有着不同的元素——人物的思想、他们身处的地方、那里的气氛以及那时候的感觉,由此也使每一个人物都形成了自己独特的成长历程和心理脉络。

关于母亲的形象,已经构成了田中禾创作中的一个话语空间和终极母题,他执念甚深。也就是说在田中禾的作品序列中,母爱构成了一个最有力而复沓的主题。如《匪首》中的"母亲"、《父亲和她们》中的"娘",等等,这类形象大多以感人的母性为基质,她们都在一种放大了的母爱情境中,以一种自我牺牲的慷慨实现或呈现她们的价值与独立。这是一个东方圣母的形象系列,是一个大地和母亲的载意符号。关于这一点已为论者指出,此处不赘。从这个意义上说作者一直生活在他的主题里。但是我更感兴趣的是,在这部小说中,这个人物身上出现了一些新增的个性品质和形象质素,那就是海明威给勇气下的定义"困境下的优雅"。尽管作为一个没受过什么教育的乡村妇女,这个人物一出场就显示出气质不俗、骄矜自若、个性坚强的精神底蕴,而相应的,身材的高大、姿态的优雅、口吻的温婉是其显在的外部行为标志。这从其独特的、富有象征意味的走路方式上可以看出来,年逾八十的母亲"衣着整洁,持杖款行,一边回应熟人们发出的亲切招呼,一边领受认识或不认识的人的目光"①。

"母亲"的十七岁生活是从一头驴子开始的。父亲家族里的人在用驴子换取"母亲"的交换中,使用了一个小小的"阴谋"——刻意隐瞒了父亲的年龄,并让别人(在文中是让"我"的"叔叔"代替"父亲"去相亲的)代替相亲。尽管婚后母亲也有懊悔和不满,但还是遵照了生活的这一安排,她知天而乐命,安时而处顺,与丈夫始终不离不弃相携相助,共同竭力营造出一个其乐融融的小家庭。诚然在人的生命中总会有失落、委屈、伤痛、徘徊,但怎样才能找到生活与生命的平衡点,从容接纳一切不如意,同时在尘世的辛苦中自得其乐,这就是以母亲为代表的中国普通大众的生存哲学。这不是苟且的庸人哲学,而是一种达观知命、平正通达的生活观念。

这样一种顺从命运造化运行的生命形态不禁让我想起了冰心的身世:"冰心的家庭无论在当时还是在现在都是少有的健全、正常的家庭。她的父母之结合在那个时代里不可能不是封建包办的婚姻,而且看来也并非月下老人的天作之合,然而她的父母在承诺命运的安排中好自为之,夫妻同心合力地创建了一

---

① 田中禾:《十七岁》,江苏文艺出版社,2011年,第1页。

个父慈子孝、夫妻恩爱、姐弟和睦的家庭。"①还有闻一多的婚姻生活也是一个同样的例子。闻一多与高真由包办而结合的婚姻,在开初是种悲剧。闻一多对这种封建礼教表示深恶痛绝。但他并没有把这种憎恨发泄到同是受害者的高真身上,而是同情她、理解她,以至以后深切地恋她爱她。在远渡重洋后,这爱恋与思念之果是结出了这四十一颗红豆②。

母亲温良贤淑,深明礼义,仁慈厚爱。对于丈夫,她是一个温顺的贤妻;对于孩子,又是一个慈祥的母亲。在历史的重轭和生活的艰辛里,这个家庭的小幸福也没有保持很久,在"我"年幼时父亲就因病去世,家道也遽然中落,全靠寡母一人辛劳撑持着繁重的日常家务、店铺生意,并把几个孩子养大成人。在打理自家店铺生意时,母亲显出了商人精明圆通、睿智善变的一面,同时也不乏慈心善意、轻财重义的豪爽之举。在自我和儿女的前途选择上,她有着明澈大是大非的决断和勇气。在家庭生活的历史纹脉和社会潮流的发展涌动中,"母亲"显得是那样的果敢英勇、深明大义、热情爽朗。在复杂多变的生活中俯仰随意,苦乐同观,虽置身于动荡的岁月,而始终与大灾难无缘,过完了平顺而不平淡的一生。母亲的这一切都成了孩子们生活的明镜,她如长明不灭的灯塔,指引着几个孩子在漫长的人生道路上艰难地探索。

整部小说写得朴实、厚重,唯独作者在写"大姐"这个人物时采用了诗意而朦胧的文笔,那种处于回忆和幻觉中的缓慢而哀伤的忧悒色调被烘焙得浓浓热热。"大姐"是在我出生后不久就去世的,有关"她"的回忆模模糊糊,朦胧不清,宛如一块石头,在流水底下闪烁不定,飘忽无形。作者的叙述时而清晰,时而飘逸,在迷离的光影之中,"大姐"闪烁着神奇的色彩。"大姐"是一位受过新式教育的城镇姑娘,身体柔弱、性格温婉、容貌秀美,在家人亲友的宠爱下过着富裕舒适的日子。对于小城众生来说,她就是一枝青翠翘楚的荷尖。不难想象,对于这样一个豆蔻年华的美少女,爱情的想象于她简直是一部浪漫而美丽,不乏乌托邦色彩的成人童话,爱情的乌托邦被她一厢情愿地涂抹上一层艳丽的玫瑰色。在她的爱情假想中,她的未婚夫应该是一个才华横溢、风流潇洒的白马王子。但在一个偶然的机会里,"大姐"目睹了未婚夫尴尬滑稽的拙劣举止,未婚夫形象平庸、举止委琐、唯唯诺诺、讷言少行,他更像一个牵马坠镫的仆从马弁而不像一个倜傥才俊。这一发现不啻是对少女脆弱而又重于生命的爱情

---

① 刘思谦:《"娜拉言说"——中国现代女作家心路纪程》,上海文艺出版社,1993年,第99页。
② 唐鸿棣:《诗人闻一多的世界》,学林出版社,1996年,第56页。

神话的沉重一击,由此她每时每刻经受着内心的慢性虚脱——对未婚夫的嫌恶变成对人世的厌倦,她的健康受到了极大损坏,最终忧郁成疾,十七岁就结束了如花的生命,在作者笔下,大姐如林黛玉那样"质本洁来还洁去",死亡使她摆脱尘世的污染,在纯净的世界里永生。

和"大姐"的不幸相比,"六姐"十七岁的爱情故事就亮丽多了。两人虽然仍是父母包办,却因为未婚夫对爱的执着,一桩平常的婚姻显得妙趣横生。这让我想起托尔斯泰的话:"生命是对幸福的追求,对幸福的追求就是生命。""大哥"的十七岁青春之行是一次进入社会的成人礼,年轻的生命与社会现实的碰撞充满了个人的挫折和困厄,他在战乱中辗转武汉、鸡公山等地,在迷茫中寻找人生之路,第一次远行备尝了人世的酸辛,增长了阅历,领悟了世事,再次远行时已经是一个成熟的青年。"二哥"和"我"的十七岁充满了青春期的浪漫和冲动。"二哥"和许小玉、"我"和谢敏之,四个中学生、两对少年恋人的恋情,既是个人走入人生的过程,也都打下了时代的烙印。其中的痛苦凄凉、柔情爱意一并沉落在心田的深处,带来一种永不释怀的伤逝之情和难言隐痛。

《十七岁》以串联并列的方式展现了两代(父、母、大姐、二姐、大哥、二哥、我)七位人物的成长史,纵贯了中国现当代百年历史,通过青春期的人生切入点,以独特的、人性的、个体的视角,揭示了中国历史进程的文化底蕴。

二、叙事结构和叙事视角的特征与意义

在叙事结构框架上作者也是独具匠心的,表现在两个方面。其一是卷首引语的运用,母亲下葬后第二天的一则日记摆在了引文的首要位置上。巴赫金曾指出,卷首引语的功能是对话性质的。它们"发挥题旨的结构作用,以十分明显的对话姿态,导入正题,引出下文,评说后面的故事,为接下来的叙事暗示指向,制造情景,烘托气氛"[①]。但是在当今的小说创作中,这种形式有反其道而用之的趋向。在一些小说文本里,引文与正文话语交织混杂,相互指涉,相互呼应,结构上形成或认同、或反驳、或戏仿、或反讽的多重对话关系和语义关系。那么,这则母亲下葬后第二天记下的"死亡日记"以卷首引语的形式转化为现文本的有机构成,究竟有着怎样的对话意义?

首先是小说叙事形式的策略需要,当人在面临着重大的选择与人生转折时

[①] 程倩:《历史的叙述与叙述的历史》,人民文学出版社,2007年,第74页。

往往会倾向于回忆,即意识在时间上反向而动。母亲的去世和"死亡日记",这一深切的伤逝之情诱发了"我"对人生的追思和回忆,于是,沉落于内心深处的相关回忆便自然而然地汩汩涌出。这一"死亡日记"就如"序曲中长笛吹的引子,预示了一切也唤醒了全部"。但是这只是小说叙事形式的表面化策略需要,而其实质性的存在之思是,它的开启将奔涌和生发出一股股内心反思与对话的激流:只有面对死亡依借死亡,此在的可能性质才能最为鲜明地展露出来。在《十七岁》里,一部青春成长小说却是寓借"死亡"而起首,莫不也暗含着生命与死亡的伟大隐喻?这一隐喻包括了这样一个要求,在叙述者主观的自觉下,以"死亡"为存在的透视镜,从中可以映照出个体存在价值的获取途径,从而为人的成长、发展寻找到方向和根据,"叩虚无以求有",重新坚信生命的意义,使人想到海德格尔的"先行到死"和尼采的关于生与死的创造性关系的论述。这和托马斯·曼的《魔山》有迹近之意,在该小说中,作者有意将一个风华正茂的年轻人的成长之旅开端于对先辈死亡的记忆,将对未来的希望与对死亡的悼念交织在一起。我们可以看到价值领域里的"语义"结构和叙事的情节结构之间的密切联系。存在之思一开始就在情节结构中体现出来,其语义就受到这个情节结构的支持。

文本结构上另一个可阐释的空间是横组合关系与纵组合关系的叙述形态。小说是一部回忆性文体,通过"回忆过去"叙述的故事情节按年代的顺序铺展,"母亲"的十七岁处于"民国"十二年(1923年);"大姐"的十七岁开始于40年代初;"二姐"的十七岁开始于1945年;"大哥"的十七岁则在1947年,"二哥"和"我"的十七岁开始于新中国建立初期。众多的"十七年"连续出现,首尾依次衔接,每当一个"十七年"出现时,它本身便加入到先前"十七年"的行列中去。最终当它们积聚起来时就在时间中排成了一行,构成了一幅历史线路图。历史和时间的线性发展在小说里如河流的一脉涓流,时间上的承接关系使小说沿着历史的踪迹,组成了巨幅社会图景和人生境况。但是叙述者借助一连串冰糖葫芦式——十七岁成长故事的过程使小说的叙事具有更广阔的情节结构方式。书中每个人的青春年岁像地图上的村庄或山峰在空间上向外伸展,在自己的轨道上前行时还横向浸漫,这极大地拓展了故事内容,使叙事的张力更加丰富。从小说结构和人物之间对话关系和相互关照看,"母亲"、"大姐"、"二姐"、"大哥"、"二哥"、"我"的十七岁成长故事组成了"大型对话"[①](巴赫金语)的结

[①] "大型对话",关涉小说结构和人物之间对话关系;"微型对话",主要指人物结构或人物心理结构的"对话",包括独白性对话和对话的对话等几个层次。

构语义图,表面上看它们各自独立,情节发展具有平行性,但是不同的声音各自不同地唱着同一个主题,这种多声部现象形成了高架多层立体交叉的结构图。总之,这种横断面的扩展和历时性叙述的叙事方式,既给读者一种追根溯源的满足,又有利于展示故事的广度与密度,在凝固的画面上铺陈生活的繁复、驳杂和千姿百态。

在这部小说中,是将所有事物都通过一个指定的人物"我"——母亲最小的儿子的叙述来表现的,"我"作为贯穿始终的人物及某种意义上的目击者,讲述了这部成长的复合故事。"我"既是叙述者又是作品中的人物,在某些场合甚至还是作者本人,作者和人物的互文性关系极为突出,叙述者"我"的身上投射着作者忽明忽暗的精神影迹。这样,第一人称的叙述,就使作者、叙述者与人物三位一体。

在三位一体的创作视镜下,叙述自身成为事件,成为推动文本向前延伸的底力。叙事总是把历史事件作为对象,并在一种时间距离之外对历史事件作出价值评判并对历史走向进行分析,对一往不返的生命之流作某种事后追加和事后构形。这种怀旧文学常常同时交织着过去与现在两种叙事时间视角,叙述者可以在回忆中把时光在几何层面上推演——在过去和现在之间自由游移,由此交织出斑斓的叙事色彩和复杂的情感色调。正如孙甘露所说:"时至今日,对原初一刻的记忆包含了无奈的思念以及读解和阐释的分析性倾向,它所遵循的思路像英语中副词化的后缀。"小说叙事借助于过去—现在之间的视域调整从而延展了它的时空。

另一方面,叙述者同各个人物的亲密的血缘关系,给叙事带来了极大的便利:他既可以身临其境,介入故事,又可以作为一名旁观者评述事件,展开议论和抒情,这也在一定程度上延展了叙述的时空。

在当今的文坛上,有太多的小说写作完全消解了作家的主体性,写作对于他们来说只是一种自我的即时性消费,生命的意义和文本的深度不再存在。但在这部小说中,对人的关怀、对人的命运的深刻叙写,无论是从丰富文学内涵的角度,还是从丰富人的情感方式的角度来说,它在此主题意旨的深刻性上的探索都是值得赞赏的。这是一部家族历史小说,作者既没有借助当下的流行时尚、消费意识对历史进行娱乐性重构,也跳出了意识形态的既定历史框架,而是从"人道主义"和"个体人格"的积极建构来看取历史。为了不让历史遮蔽生活,为了突现历史"活生生"的一面,小说叙事极大限度地呈现生活的感性和人生的诗性,这样既有家族历史又有家庭生活,历史的脉络也通过伦理的排序一目了然,作者的人道主义精神与对历史的理性沉思合而为一。在文学作品日益向娱乐化、大众化靠拢的今天,这部小说优雅的文笔、从容的姿态、唯美的表达方式,为我们提供了文学的纯粹性与品质性的思考。编者在书的腰封上提示:"阅读此书,增加一点我们对于中国文学的感情与信心。"可以说是对本书的衷恳评价。

原载《南方文坛》2012 年第 4 期

取法乎下与随心见性
——评田中禾散文

刘 军

新时期以来,以小说家身份涉足散文随笔写作且卓有成效者,可以拉出一个很长的名单。小说家田中禾利用小说写作的间隙,见缝插针,时断时续地"挤"出随笔文字,或长或短。如作家在随笔集《在自己心中迷失》的后记中所言:"这些小文章大多是随兴随手,务见真诚,不拘深浅,必显性情。"

作为文学豫军的重要成员,田中禾向来以小说闻名。从《五月》、《落叶溪》,到《匪首》、《父亲与她们》,再到最近的《十七岁》,其创作轨迹与新时期文学的起起落落脉搏共振。尤其是最近几年,田中禾的写作似乎进入了一个喷发期。2010年他出版了长篇小说《父亲与她们》并入围"茅盾文学奖"评选,2011年出版自传体长篇小说《十七岁》,2012年初又出版了散文随笔自选集《在自己心中迷失》。一年一本扎实的著作出版,这在田中禾先生个人的写作历程上,构成奇崛的姿态。

如此集中地推出作品,在当代作家群体中,也是不常见的事情。毕竟,他所坚持的纯文学写作道路,非市场化写作路数所能比之。而细读这部刚刚问世的散文随笔集子可知,这些著作皆是十年磨一剑的成果,比如《父亲与她们》这部长篇,构思过程长达二十年,动笔去写,则费去了十几年的光阴。至于这部随笔集子,其跨度也在二十年之上,准确而真实地再现了作家的思想历程,包括他的生活态度、艺术观念、写作经验等等。其中收录的文章或长或短,若进行整体比照的话,中心词语为"变"。在此处我不想使用"超越"一词,因为自我超越容易将个体的思维历程定向化。线性发展对于文学来说,并非恒定,恩格斯早就指出历史呈现螺旋形上升的曲线过程,而作家个体的艺术观念嬗变在某个意义上也对应了这个螺旋形曲线。

作家的多面写作由来已久。而对于小说家而言,小说和散文的写作在其笔下还是有区别的。小说写作对应的是上手的事物,而散文写作对应的则是手上的事物。上手的事物指的是作家最熟悉,也是经过深刻观照后的一段相对完整的生活素材;而手上的事物则突出随机性、日常性特色。鲁迅先生在谈到自己的写作时曾说过:"有了小感触,就写些短文……得到较整齐的材料,则还是作小说。"鲁迅在这里提到的"短文",即围绕《新青年》杂志前后兴起的随感录这种文体,包括随笔和杂感。这些文章皆具有很强的现实针对性,因此带有此时此地的色彩。对于田中禾来说,其主要精力放在上手的事物上,但对于手上的事物,他也保持了艺术的敏感性;至于两者之间的区别,则持有足够的清醒。在我看来,通过上手的事物,读者可以思量作家的写作立场、思想深度、艺术理念、传达能力;通过手上的事物,读者则直接触摸到作家个体的学识与感悟,阅历与关怀,更重要的是,可以近距离把握作家"此在"的体温。

《在自己心中迷失》这个题目取自作家的一篇艺术札记,这部集子凡四十五万言,内容五卷:卷一卷二皆为随笔,其中卷一侧重于现实观感,卷二侧重于文学艺术的观察;卷三为回忆类散文;卷四为艺术札记;卷五为创作评弹。也许因为内容的复杂多样,再加上思维纵横宽窄、日常感性的深浅不同,所以很难以某种固定的风格学概念加以涵盖。然而无论什么类型,留下的皆是作家切实的脚印,作为读者,如果想更进一步了解作家的生平及个性风采,更准确地把握作家艺术理念的嬗变的话,这部集子则构成一幅完整的镜子,重重倒影在其间闪现。

这部集子里相对集中了作家的多篇怀人、回望往事等回忆性散文作品,这些作品比较切合林非提出的"真情实感论",归类于刘锡庆"艺术散文"门下也不为过。但在整体上,应该归结为随感录的路数。随感录本身包罗万象,写法上可以更自由随便一些,兴到即来,兴去即止,不必拘泥于章法结构,却更见作者的学识与性情。随感录式的写作在某种程度上来说,避免了自我的重复和边界的限制,恰如鲁迅所指出的那样,"是大可以随便的,有破绽也无妨。做作的写信和日记,恐怕也还不免有破绽,而一有破绽,便破灭到不可收拾了。与其防破绽,不如忘破绽。"这个判断乃警示之言,强调了散文作者应该忠于自己的本色。随感录形式给了作家更多的表达自由,作家的学识与洞见得以全方位融入日常的感兴之中。田中禾虽处中原内地,但就视野的开阔度来说,早已越过河南层面。在一封信件中,他告诫我要以世界级的眼光来读书,这也是他多年读书的心得。随笔集卷一卷二部分,有一篇文章就提及他这些年来坚持对《世界文学》的热切跟踪。一年读数十本杂志并不稀奇,难得的是二十年如一日跟踪一本介绍国外最新文学动态的杂志。

在这里,还有涉及人伦层面的篇章,如《关于诚和信》,有解读民族性格的《眷念皇帝》,有周遭的事物,他谈中国画与西方绘画的区别,谈东西文化的对接,也谈影视作品,对中原地方戏——豫剧尤为钟情。其中《钟摆·树叶·人性的两极》这篇长文更具冲击波,一个从事文学写作的作家居然对新兴的混沌学产生了巨大兴趣,须知混沌学以数理逻辑为基础,是自然科学的一个组成部分。作为读者,通过此文我第一次遭遇"洛伦兹蝴蝶"命题,而且我注意到,田中禾在其后的篇章中数次提到这个概念,并以此观照历史的发展、社会的运动、人性的展开。卷三卷四的艺术札记及创作谈,不仅有经验之谈,亦可见其追踪最新艺术理念的眼界。

我国南北朝时期的理论家刘勰以"才、气、学、识"为审定文章的标准。以此标准来看,"才"和"气"的贯通在田中禾的小说写作中可以充分领略,而这本随笔集子的突出品格则落定在"学"与"识"两个层面。如上所述,视野的开阔是"学"与"识"深厚积累的必要条件。"学"这个因素涉及两个层面,其一是高尔基式的,生活这部大书给予写作者丰沛的社会经验;其二是如大江健三郎般学者式的,经典的阅读给予其扎实的积累。田中禾可谓兼而有之,这位大学中途辍学,历经波折,亲历各种运动,在社会底层辗转二十年的作家,胸中装填的生活岂是千般述说可以道之!另一方面,这位少年时代就出版诗集,因痴情于读书而遭劫却终不改其心的作家,几十年的阅读下来,所积累的学问绝不能等闲视之。两种经验的融合也给予他契机,使其在散文随笔中挥毫泼墨。"识"这个因素涉及的是审美判断力。周作人之所以被称为现代大家,为人所称道的就是识见因素,清人沈德潜说:"有第一等襟抱,第一等学识,斯有第一等真诗。"如此看来,学与识在大家那里,必须要打通。"学"与"识"的统一在这本随笔集中,集中体现在篇数众多的学术随笔。且举《画说东西六题》为例,如其他篇一样,作家谈艺术问题是放在中西比照的视野下展开的,并深入解剖,其中有人物画的对照,有文人画、印象画与山水画的类比,不仅涉及中外绘画史上成就非凡的画家,还就此深入他们或传奇或颠沛的人生片段,以此观照他们的艺术理念。而这些因素只是构成了沃野,在其中还有学术洞见所构筑的高台,诸如风俗人物画与宗教意识淡薄的关系、文人画作中所体现出的中国文人安身立命的态度等。得益于这种中西贯通的观照体系的建立,在艺术札记部分,作家对艺术形式、创作原则、小说内核、海内外作家风格等皆有精准的判断。其中一篇谈乡土性、现代性、世界性的文章给人显著启发,其中关于乡土性不等于扎着羊肚巾,不等于俚俗描写的判断,让人莞尔。

散文随笔这种文体,除了自由这个本体特性之外,因为其最具个人性,所以对写作主体的人格层面也提出更高的要求。换成通俗的说法,散文除了要散发作者个体的真实体温外,但凡是好的篇章,都不俗气。有许多人写了一辈子散文,为何提升不了境界,我想根本原因就是他本俗人。田中禾是温柔敦厚的,谨严、认真、中和是其特色,他的文章中甚少小品文传统的幽默特色,也没有激越的批判姿态,这或许和他的立身处世之道有关吧。在这部集子中的回忆性散文部分,写作主体的感性生发本真涌现,也最能见出作家人格的底色。温和、宽容、热情、儒雅的因素调和在一起,诉诸这些相对纯正的散文作品。文章篇幅皆不长,语淡而有味,因写到对故土、对亲人的牵念而显得一往情深。其中对母亲的书写与小说中对母亲形象的刻画,形成同构关系。他还写到故乡的塔、民俗、年味,笔法是朴素的,情感则真挚动人。田中禾甘居文坛边缘多年,在他的自我认知里是一个寂寞守夜人的角色。这样一个远离喧嚣、厌恶世俗袭扰的写作者当然和"俗"不沾边。在读到他遣生平历程的几篇短文后,尤其是对青年时代到中年时代的动荡岁月的追述,我突然生出一个强烈的念头:以作家的运思能力,任意选取一个切片展开冷静而从容的陈述,这些个人史的记录将会非常有力地推举那些逝去的时代重新浮出水面,即准确对应"江山不幸诗人幸"的命题,其思想发现的意义,无疑是巨大的。可惜的是,这些深刻的切片皆被作家处理进入小说中。世事难以两全,作为一个对当代散文饱含热情的读者,我只能为散文错过一些可能而惋惜。

对照《十七岁》中诗情饱满的话语风格,再对照《父亲和她们》中语言的生动、逼真、准确还原场景的能力,我们会发现,《在自己心中迷失》这个集子中的语言走的是明白如话的路数。"明白如话"几乎是"40后"、"50后"这两代作家的习惯,甚至还可以上推,张中行、冯亦代、金克木等老作家皆是如此。"明白如话",很长时间内作为散文语言的内在标准而树立,然而如何看待"明白如话",似乎是个两难的问题,虽然林语堂早就提出"平淡为文学最高佳境"的观点,后世对之也表现出诸多认同。然而当下的散文语境中,这个标准逐渐被淡漠,才思类散文喷薄而出,追求语言的诗性与灼痛感或深沉感,成为新的光芒,在更年轻的作者手里不断变换着花样。好在田中禾先生并不在意这个,我手写我口,但求本色语。

《易经》有"取法乎上,仅得乎中"的判断,讲的是宏观层面的目标确立问题。而对于艺术来说,谁更亲近大地,谁能够更准确地呈现千物万态的流逝,方才真正靠近艺术的本真之道。取法乎下并随心见性,是这本随笔集子的出发点,而渊然而深的学识与朴素诚实的人格底色则是这本集子的突出和显明。

原载《东京文学》2014年第1期

作品年表

田中禾作品年表

1959 年

《仙丹花》（长诗），河南人民出版社，1959 年。

1981 年

《鲁迅的眼睛》（散文），《人民日报》1981 年 9 月 10 日。

1982 年

《小城里的新闻人物》（小说），《百花园》1982 年第 4 期。

《玉鸽》（小说），《百花园》1982 年第 5 期。

1983 年

《两垄麦》（小小说），《百花园》1983 年第 3 期。

《月亮走,我也走》（小说），《当代》1983 年第 4 期。

《遥远的彼岸》（小说），《百花园》1983 年第 7 期。

1984 年

《秋水》（小说），《百花园》1984 年第 2 期。

《小手拖》（小说），《广州文艺》1984 年第 4 期。

1985 年

《槐影》（小说），《上海文学》1985 年第 1 期。

《嫩伢儿》（微型小说），《广州文艺》1985 年第 1 期。

《巴尔扎克对理想形象的塑造》（文艺评论），《文学论丛》1985 年第 4 期。

《五月》（小说），《山西文学》1985 年第 5 期。

《无花泉》（小说），《莽原》1985 年第 6 期。

《山这边》（小说），《奔流》1985 年第 10 期。

《剑峰之雾》（小说），《百花园》1985 年第 10 期。

《横吹》（小说），《百花园》1985 年第 12 期。

1986 年

《泥路》(小说),《躬耕》1986 年第 2 期。

《春日》(小说),《奔流》1986 年第 3 期。

《我写〈五月〉》(创作谈),《文学知识》1986 年第 4 期。

田中禾、顾潇、刘恒、郭萍、张韧:《"莽原文学奖"获奖作者谈创作》,《莽原》1986 年第 5 期。

《椿谷谷》(小说),《奔流》1986 年第 7 期。

《秋天》(小说),《山西文学》1986 年第 10 期。

《文学的乡土性、世界性和哲理性》(文艺评论),《奔流》1986 年第 12 期。

1987 年

《娃娃川》(小说),《奔流》1987 年第 6 期。

《玻璃奶》(小说),《上海文学》1987 年第 12 期。

《人头李》(小说),《上海文学》1987 年第 12 期。

《周相公》(小说),《上海文学》1987 年第 12 期。

《八姨》(小说),《上海文学》1987 年第 12 期。

《米汤姑》(小说),《上海文学》1987 年第 12 期。

1988 年

《落叶溪》(小说),《北京文学》1988 年第 7 期。

《母亲三章》(散文),《散文选刊》1988 年第 10 期。

《最后一场秋雨》(小说),《人民文学》1988 年第 12 期。

1989 年

《枸桃树》(中篇小说),《十月》1989 年第 1 期。

《南风》(中篇小说),《当代》1989 年第 1 期。

《鬼节》(小说),《当代作家》1989 年第 2 期。

《如果你没有迷失》(创作谈),《中学生阅读》1989 年第 2 期。

《流火》(小说),《莽原》1989 年第 2 期。

《倾听历史车轮下人性的呻吟》(散文),《莽原》1989 年第 2 期。

《你不必太在意,也不必……》(创作谈),《中篇小说选刊》1989 年第 3 期。

《"小垫窝"的艺术与人——悼念豫剧沙河调表演艺术家刘法印》,《河南戏剧》1989 年第 4 期。

《明天的太阳》(中篇小说),《上海文学》1989 年第 6 期。

《相信未来》(创作谈),《中篇小说选刊》1989 年第 6 期。
《在历史与人性的切点上观照乡土》(散文),《山西文学》1989 年第 12 期。

1990 年

《坟地》(小说),《当代》1990 年第 1 期。
《河滩》(小说),《莽原》1990 年第 1 期。
《青草地(外一篇)》(小说),《莽原》1990 年第 1 期。
《轰炸》(小说),《收获》1990 年第 5 期。
《落叶溪(小说二题)》,《当代小说》1990 年第 9 期。
《落叶溪》(笔记小说四题),《上海文学》1990 年第 11 期。
《草泽篇》(中篇小说),《人民文学》1990 年第 12 期。
《河南劳工之歌》(报告文学),杨贵才编《追逐太阳——黄河两岸的一百个精灵》,中原农民出版社,1990 年。

1991 年

《元亨号和石义德商行》(小说),《当代作家》1991 年第 1 期。
《落叶溪(三题)》(小说),《人民文学》1991 年第 6 期。
《短篇小说与门杰海绵》(文艺评论),《山西文学》1991 年第 8 期。

1992 年

《天界》(小说),《小说家》1992 年第 1 期。
《落花溪》(中篇小说),《天津文学》1992 年第 2 期。
《城郭》(长篇小说),《花城》1992 年第 3 期(上海文艺出版社出版时更名为《匪首》,内容改动篇幅约三分之二。据何向阳《感性历史的文化复述——〈匪首〉:一次放逐的体味》,《小说评论》1995 年第 1 期)。
《印象》(小说),《小说家》1992 年第 6 期。

1993 年

《落叶溪(三题)》(小说),《中国作家》1993 年第 2 期。
《人性与写实(与墨白对话)》(文艺评论),《文学自由谈》1993 年第 2 期。
《一样的月光》(小说),《黄河》1993 年第 2 期。
《为鲜活的你积存美好》(散文),《人生与伴侣》1993 年第 2 期。
《在自己心中迷失》(散文),《小说家》1993 年第 4 期。
(《月亮走 我也走》中短篇小说集),作家出版社,1993 年。

《落叶溪二题》(小说),《钟山》1993年第5期。

《文学的领域和作品的定位》(文艺评论),《小说家》1993年第5期。

《作品的定位和文学的三个领域——创作通信》,《小说家》1993年第5期。

《在绅士的客厅里聊天》(散文),《世界文学》1993年第6期。

1994年

《匪首》(长篇小说),上海文艺出版社,1994年。

《我和〈百花园〉》(散文),《百花园》(小小说世界)1994年第2期。

《高雅而潇洒的遁逃》(散文),《随笔》1994年第3期。

《浪漫种子》(小说),《莽原》1994年第4期。

《为了梦中的橄榄树》(散文),《公安月刊》1994年第8期。

1995年

《超级玛莉的历险——〈匪首〉创作札记》(创作谈),《小说评论》1995年第1期。

《文学与人的素质》(对话录),《文学世界》1995年第1期。

《徐家磨坊》(小说),《文学世界》1995年第1期。

《享受人生(三题)》(散文),《金潮》1995年第3期。

《花儿与少年以及春天》(散文),《热风》1995年第6期。

《钟摆·树叶——人性的磁极(散文)》,《随笔》1995年第6期。

《美和年轻的要诀:保护你的好心情(散文)》,《美与时代》1995年第9期。

《莴笋搭成的白塔》(文艺评论),《人民文学》1995年第10期。

《更自觉地追求审美价值——关于长篇小说〈匪首〉的对话》,《河南日报》1995年12月22日。

1996年

《青春,一个梦的诱惑》(散文),《妇女生活》1996年第1期。

《印象》(中短篇小说集),上海文艺出版社,1996年。

《更自觉地追求审美价值——关于长篇小说〈匪首〉的对话》,《文学世界》1996年第2期。

《任怪圈继续旋转》(创作谈),《时代文学》1996年第2期。

《诺迈德的小说》(小说),《莽原》1996年第3期。

《杀人体验》(小说),《人民文学》1996年第3期。

《沉静中突围》(散文),《人民日报》1996年4月4日。

《不明夜访者》（小说），《天津文学》1996年第4期。
《读音乐（二题）》（散文），《随笔》1996年第4期。
《十字街头的漫想》（散文），《公安月刊》1996年第5期。
《姐姐的村庄》（小说），《山西文学》1996年第11期。
《人生的目光》（散文），《中外妇女文摘》1996年第11期。
《乡村：原生态的文化标本》（创作谈），《山西文学》1996年第11期。
《在梦境中追寻现实：读墨白小说》（文艺评论），《鸭绿江》1996年第12期。

1997年

《母亲和年》（散文），徐长青主编《都市风铃》，河南人民出版社，1997年。
《落叶溪》（中短篇小说集），河南文艺出版社，1997年。
《轰炸》（中短篇小说集），华夏出版社，1997年。

1998年

《博尔塔拉》（散文），《绿洲》1998年第2期。
《梦中的妈妈》（散文），耿占春编选《新时代的忍耐》，社会科学文献出版社，1998年。
《获诺贝尔文学奖的戏剧家》（文艺评论），《河南戏剧》1998年第3期。
《写作与激情》（文艺评论），《四川文学》1998年第5期。
《重读苏金伞》（散文），《莽原》1998年第6期。
《田中禾小说自选集》，河南文艺出版社，1998年。
《丰子恺的奇闻和大江健三郎的趣事》（散文），《书摘》1998年第11期。
《纯粹的过程》（散文），《散文选刊》1998年第12期。

1999年

《进入》（小说），《中国作家》1999年第1期。
《白色心迹》（小说），《莽原》1999年第2期。
《外祖父的棺材和外祖母的驴子》（小说），《人民文学》1999年第4期。
《文学的经营》（文艺评论），《散文选刊》1999年第4期。
《"角色"和"我"》（散文），《公安月刊》1999年第5期。
《1944年的枣和谷子》（短篇小说），《钟山》1999年第6期。
《出世记》（小说），《上海文学》1999年第8期。

2000 年

《美术与文学(六篇)》(散文),《莽原》2000 年第 1~6 期。

《咱县的城标》(小说),《故事会》2000 年第 3 期。

《亲人》(小说),《小说家》2000 年第 3 期。

《准备好你的客栈》(散文),《散文选刊》2000 年第 4 期。

《六姑娘的婚事》(小说),《绿洲》2000 年第 5 期。

《小说倏忽远行》,《莽原》2000 年第 5 期。

2001 年

《波普艺术与第三种文学》(文艺评论),《散文选刊》2001 年第 1 期。

《我的大学》(散文),《河南图书馆学刊》2001 年第 1 期。

《造访马克·吐温——旅美杂记》(散文),《热风》2001 年第 2 期。

《故园一棵树》(中短篇小说集),海燕出版社,2001 年。

《写实艺术的生命力》(文艺评论),《生活时报》2001 年 3 月 27 日。

《圈外说戏——关于振兴豫剧》(文艺评论),《东方艺术》2001 年第 3 期。

《照顾好自己》(散文),《公安月刊》2001 年第 5 期。

《从〈沙恭达罗〉到〈第二十二条军规〉》(散文),《世界文学》2001 年第 6 期。

2002 年

《从"王小放羊"说起》(散文),《妇女生活》(现代家长)2002 年第 1 期。

《关于礼仪之邦之瞒和骗》(散文),《随笔》2002 年第 5 期。

《关外洋芋》(散文),《散文》2002 年第 6 期。

《黄昏的霓虹灯》(小说),《春阅读》2002 年第 6 期。

《让好奇心深入精彩的世界》(创作谈),《少年作文辅导》(小学版)2002 年第 12 期。

2003 年

《眷念皇帝》(散文),《随笔》2003 年第 2 期。

《来运儿,好运!》(小说),《长城》2003 年第 2 期。

《关于地球上的一个山沟——读陈天然(散文)》,张啸东编《守望故园 陈天然艺术研究文集》,荣宝斋出版社,2003 年。

《拥抱春天》(散文),《公安月刊》2003 年第 4 期。

《小车庄》(小说),《牡丹》2003年第5期。

2004年

《独自远行》(散文),郭萍主编《成长之门》,长江文艺出版社,2004年。
《关于诚和信》(散文),《随笔》2004年第4期。
《深闺识秀》(散文),《大河报》2004年11月30日。

2005年

《康涅狄格寓言》(散文),《环球彩虹》2005年第4期。
《博尔塔拉(新疆三题)》(散文),《环球彩虹》2005年第5期。
《画说东西(六题)》(散文),《世界文学》2005年第1~6期。
《我足走我路 我手写我心》(创作谈),《躬耕》2005年第9期。

2006年

《关于心理健康》(散文),《散文选刊》2006年第1期。
《窗外风景(六题)》(散文),《莽原》2006年第5期。
《在美丽与怀想中迷失》(散文),《文艺报》2006年8月12日。
《在美丽与怀想中迷失》(散文),《文艺报》2006年8月12日。
《走过阿坝(二题)》(散文),《四川文学》2006年第10期。

2007年

《与中学生谈写作(六题)》(创作谈),《中学生阅读》(初中版)2007年第1~6期。
《个人——文学的至高无上的主人公》(创作谈),《作品》2007年第4期。
(小说)《进步的田琴》,《作品》2007年第4期。
《写作着是幸福的——序〈丛中笑〉》(文艺评论),《牡丹》2007年第6期。
《在现实与传说中穿行》(散文),《党政论坛》2007年第9期。

2008年

《贝·布托死了,如果……》(散文),《大河报》2008年1月2日。
《走亲戚》(散文),《大河报》2008年1月25日。
《中国年和中国神》(散文),《大河报》2008年1月29日。
《何家沟的星星》(小说),《北方文学》2008年第1~2期。

《1978:历史的瞬间》(散文),《随笔》2008年第4期。

《中国年·乡风三题》(散文,包括《故乡的年》、《童谣中的年》、《中国年和中国神》),《散文选刊》2008年第6期。

《让人惊讶不已的1978年》(散文),《老同志之友》2008年第10期。

《一九七八:让人惊奇的一年》(散文),《百姓生活》2008年第10期。

2009年

《阅读——人生的需要和快乐》(散文),《中学生阅读》(初中版)2009年第2期。

2010年

《十七岁》(长篇小说),《中国作家》2010年第2期。

《二十世纪的爱情》(长篇小说),《十月》2010年第2期(单行本出版时更名为《父亲和她们》)。

《颍河的精灵——漫说孙方友》(文艺评论),《时代文学》2010年第3期。

《最美味的夜宵》(散文),《新一代》2010年第6期。

《父亲和她们》(长篇小说),《长篇小说选刊》2010年第6期。

《奴性是怎样炼成的》(创作谈),《长篇小说选刊》2010年第6期。

《植树造林莫"造零"》(散文),《晚霞》2010年第7期。

《父亲和她们》(长篇小说),作家出版社,2010年。

《桑振君与祥符调》(文艺评论),《中国演员》2010年特辑。

《纳什为什么获奖》(散文),《南京航空航天大学报》2010年9月30日。

墨白、田中禾:《小说的精世界——关于田中禾长篇新作〈父亲和她们〉的对话》,《文学报》2010年10月14日。

《那年头儿的洋芋》(散文),《老年博览》2010年第10期(下)。

《浪漫是人生的翅膀》(散文),《老人春秋》2010年第11期(上)。

《墨白的近景与远景》(文艺评论),《阳光》2010年第12期。

2011年

《白马塔的春天》(散文),《民族日报》2011年2月21日。

《十七岁》(长篇小说),江苏文艺出版社,2011年。

《四十年前的一场争论——艺术的未来(之一)》(文艺评论),《文学报》2011年4月14日。

《上海编辑》(散文),《上海采风》2011年第5期。

《小圈子与大众——关于艺术的未来(之二)》(散文),《随笔》2011年第3期。

《艺术中的集体无意识》(文艺评论),《今晚报》2011年8月29日。

《鲁迅与梅兰芳》(文艺评论),《今晚报》2011年10月26日。

《定鼎门里的故事》(散文),《今晚报》2011年11月9日。

《答文学报问》(创作谈),《文学报》2011年11月24日。

2012年

《二十一世纪我在怎样生活?》(散文),《小说评论》2012年第2期。

《木匠之死》(小说),《东京文学》2012年第3期。

《以人性之光烛照历史——写在〈木匠之死〉之后》(创作谈),《东京文学》2012年第3期。

《在自己心中迷失》(散文随笔集),河南大学出版社,2012年。

《重读〈五月〉》(创作谈),《今晚报》2012年4月19日。

《西行日记》(散文),《绿洲》2012年第6期。

《济渎悟水》(散文),《今晚报》2012年10月1日。

2013年

《从莫言获得诺贝尔文学奖谈起》(文艺评论),《躬耕》2013年第1期。

《踏青戴柳话清明》(散文),《今晚报》2013年3月28日。

《一个人的主义——"新古典主义"对中国当代戏曲的意义》(文艺评论),《艺术评论》2013年第8期。

《从21世纪的诺贝尔文学奖说起》(文艺评论),《文学报2013年》10月31日。

2014年

《春游踏青到孟津》(散文),《河南日报》2014年4月20日。

《马尔克斯:中国作家的启蒙者》(文艺评论),《今晚报》2014年4月29日。

《明天的太阳》(中短篇小说集),河南人民出版社,2014年。

《永远的小寇》(散文),《大河报》2014年7月31日。

研究资料索引

田中禾研究资料索引

报纸期刊文章

曾凡:《田中禾小说印象》,《百花园》1983 年第 11 期。

张石山:《成熟在丰收时节——读田中禾的〈五月〉》,《红旗》1985 年第 15 期。

李新叶:《全身心拥抱生活的人——访我省作家田中禾》,《开封日报》1985 年 12 月。

艾云:《田中禾新作〈春日〉讨论纪要》,《奔流》1986 年第 4 期。

郑波光:《从"五月"到"秋天"——评田中禾的两篇小说》,《山西文学》1987 年第 4 期。

《编者的话》,《上海文学》1987 年第 11 期。

赵福生:《彷徨于恐惧和希望之间——田中禾小说随谈》,《奔流》1987 年第 6 期。

曹增渝:《对弱者灵魂的关注和透视——田中禾小说片论》,《奔流》1987 年第 6 期。

张朝洲:《读〈落叶溪〉》,《上海文学》1988 年第 6 期。

胡文:《被撞碎了的心理现实——读〈最后一场秋雨〉》,《小说评论》1989 年第 2 期。

宋遂良:《沉沦·困惑·悲愤——评田中禾近作三篇》,《当代作家评论》1989 年第 3 期。

吴秉杰:《发现一片新大陆——田中禾近作片谈》,《当代作家评论》1989 年第 4 期。

周熠:《作家应有自觉的社会责任感——获奖作家田中禾访谈录》,《南阳日报》1989 年 8 月 16 日第 1 版。

周熠:《作家应有自觉的社会责任感——作家田中禾一夕谈》,《文艺报》1989 年第 9 期。

思清:《生活的本色——读田中禾〈明天的太阳〉》,《小说评论》1989 年第 5 期。

《编者的话》,《上海文学》1989 年第 6 期。

陈继会:《对文化失范的困惑和忧思——田中禾近作的意义》,《文学评论》1990 年第 1 期。

王彬彬:《关于几篇情绪化的小说》,《当代作家评论》1990 年第 2 期。

张德祥:《时代氛围与农家院里的悲欢——评田中禾的中篇小说〈枸桃树〉》,《当代文坛》1990 年第 2 期。

张德祥:《现实变革与理想人格——评田中禾的两部中篇》,《小说评论》1990 年第 2 期。

段崇轩:《田中禾和他的"人性世界"》,《上海文学》1990 年第 8 期。

段崇轩:《合金式文学——谈田中禾小说的艺术表现》,《小说评论》1991 年第 2 期。

孙忠超、何安志:《南阳有黄金——从〈五月〉等谈田中禾的创作特色》,《南都学坛》1992 年第 2 期。

刘春:《别有滋味的命运美——读田中禾中篇〈落花溪〉》,《小说评论》1992 年第 3 期。

孙先科:《理性精神与乡村情感——河南近期小说创作透视》,《当代作家评论》1992 年第 3 期。

田中禾、墨白:《人性与写实》,《文学自由谈》1993 年第 2 期。

田中禾、陈韧:《作品的定位和文学的三个领域——创作通信》,《小说家》1993 年第 5 期。

《田中禾谈先锋派小说的贡献》,《中文自学指导》1994 年第 12 期。

杜田材:《〈匪首〉:一片新的艺术天地》,《小说评论》1995 年第 1 期。

田中禾、何向阳:《文学与人的素质》,《文学世界》1995 年第 1 期。

何向阳:《感性历史的文化复述——〈匪首〉:一次放逐的体味》,《小说评论》1995 年第 1 期。

南丁:《浪漫的田中禾》,《中国作家》1995 年第 1 期。

何秋声:《田中禾长篇〈匪首〉研讨会纪要》,《小说评论》1995 年第 1 期。

孙荪、田中禾:《更自觉地追求审美价值——关于长篇小说〈匪首〉的对话》,《河南日报》1995 年 12 月 22 日。

张书恒:《渴望超越——对南阳作家创作的当代性思考》,《南都学刊》1997 年第 1 期。

梅惠兰:《母亲:永恒的生命底色——田中禾创作论》,《中州大学学报》1997 年第 1 期。

王敏:《变革时代中国农村的深刻剖析——试论田中禾的小说创作》,《河南师范大学学报》(哲学社会科学版)1997年第3期。

孙荪:《关于文学豫军的话题》,《郑州大学学报》(哲学社会科学版)1997年第3期。

李静宜:《叙述的焦虑——90年代河南小说创作一瞥》,《中州学刊》1997年第6期。

梅蕙兰:《母亲:永恒的生命底色——田中禾创作论》,《小说评论》1999年第4期。

张书恒:《田中禾小说创作略论》,《南都学坛》1999年第4期。

张书恒:《非先锋的先锋性——论田中禾九十年代的创作转型》,《河南师范大学学报》(哲学社会科学版)1999年第5期。

江胡、木耳:《中原突破文学豫军长篇小说研讨会纪要》,《小说评论》2000年第2期。

陈继会、曹建玲:《历史·人性与诗性眼光——田中禾的文学世界》,《郑州大学学报》(哲学社会科学版)2001年第1期。

刘学林:《田中禾——探险的故事或在路上》,《北京文学》2001年第8期。

王熠:《重建诗意的心灵家园——田中禾小说创作论》,《殷都学刊》2002年第3期。

《文学会消亡? 田中禾说不!》,《大河报》2002年9月2日。

曹建玲:《自由无羁 纯真自然——田中禾〈落叶溪〉的美学特征》,《南都学坛》2002年第6期。

阎连科、梁鸿:《"中原突破"的陷阱——阎连科、梁鸿对话录》,《小说评论》2003年第1期。

刘永春:《大地之子的歌吟——田中禾小说论》,《平顶山师专学报》2003年第3期。

巫晓燕:《来自民间的神话——简评田中禾的长篇小说〈匪首〉》,《平顶山师专学报》2003年第3期。

李少咏:《建构一种梦想的诗学——论田中禾的小说创作》,《周口师范学院学报》2004年第1期。

巫晓燕:《民间神话的审美呈现——简评田中禾的长篇小说〈匪首〉》,《小说评论》2004年第4期。

刘永春:《乡土情感与人生况味——论田中禾的民间书写》,《小说评论》2004年第5期。

周水涛:《论新时期乡村小说对离土现象的文化思考》,《新乡师范高等专科学校学报》2005年第1期。

王万里:《"以须代头"?》,《咬文嚼字》2005年第3期。

《夜访田中禾》,《大河报》2005年4月6日第74版。

李国英:《略论新时期河南小说的乡土性》,《中共郑州市委党校学报》2006年第6期。

刘海燕:《当幻想气息渗入写作者的血液》,《作品》2007年第4期。

李春:《河南作家创作的三大特点》,《河南商业高等专科学校学报》2007年第6期。

蓝风、徐一:《田中禾小说的诗性意蕴》,《躬耕》2008年第9期。

刘宏志:《豫籍作家的文化表达》,《文艺争鸣》2010年第13期。

王春林:《二十世纪中国历史的回望与沉思》,《长篇小说选刊》2010年第6期。

《〈父亲和她们〉很真很动人:专家在郑研讨田中禾新作》,《郑州日报》2010年10月1日第4版。

王春林:《多样化文体的尝试与实验——2010年长篇小说印象》,《长城》2011年第1期。

刘军:《负重隐忍与自我删节:〈父亲和她们〉中的两位母亲形象》,《郑州大学学报(哲学社会科学版)》2011年第1期。

苗变丽:《讲述和反思——〈父亲和她们〉论》,《扬子江评论》2011年第1期。

张舟子:《传统、现代、革命文化间的复杂对话——〈父亲和她们〉的思想意蕴》,《平顶山学院学报》2011年第3期。

李少咏:《现代知识者的创伤记忆与文学想象——解读田中禾长篇小说〈父亲和她们〉》,《平顶山学院学报》2011年第3期。

王春林:《知识分子、革命与二十世纪中国历史——评田中禾长篇小说〈父亲和她们〉》,《平顶山学院学报》2011年第3期。

相裕亭:《幽默田中禾》,《皖南晨刊》2011年5月7日第X12版。

林虹、胡洪春:《历史·爱情·人性——评田中禾新作〈父亲和她们〉》,《文艺争鸣》2011年第5期。

刘军:《十七岁:个人切片与历史还原——田中禾〈十七岁〉阅读札记》,《扬子江评论》2011年第4期。

谢春红:《论南阳作家群作品鲜明的地域特色》,《中州大学学报》2011年第4期。

米学军:《又一曲母爱的颂歌——评田中禾的长篇小说〈父亲和她们〉》,《新闻爱好者》2011年第8期。

刘思谦:《"她们"中的"这一个"与"另一个"——田中禾长篇小说〈父亲和她们〉中"两个母亲"人物谈》,《中州学刊》2011年第6期。

黄轶:《身份:二十世纪的"中国结"》,《小说评论》2012年第2期。

李勇:《思想者的苦恼和艺术家的逍遥——论田中禾的小说创作》,《小说评论》2012年第2期。

《田中禾主要作品目录》,《小说评论》2012年第2期。

米学军:《又一曲母爱的颂歌——评田中禾的长篇小说〈父亲和她们〉》,《小说评论》2012年第2期。

李勇、田中禾:《在人性的困境中发现价值与美——田中禾访谈录》,《小说评论》2012年第2期。

何弘:《中国新文学中的中原作家群》,《小说评论》2012年第2期。

於可训:《主持人的话》,《小说评论》2012年第2期。

《田中禾新作〈在自己心中迷失〉首发式暨近作研讨会》,《郑州师范教育》2012年第3期。

刘涛:《为匠人塑像——读田中禾〈木匠之死〉》,《东京文学》2012年第3期。

苗梅玲:《在文本现场自由行走——田中禾访谈录》,《东京文学》2012年第3期。

刘宏志:《发达传媒时代小说叙事的困境与出路——以田中禾的近作为例》,《语文知识》2012年第4期。

陈萍:《个体命运的诗意关怀——谈田中禾的文学创作》,《天中学刊》2012年第4期。

苗变丽:《"青春之歌"的多重变奏曲——田中禾〈十七岁〉成长叙事研究》,《南方文坛》2012年第4期。

周立民:《大地上的禾苗》,《南方文坛》2012年第5期。

刘思谦:《〈父亲和她们〉的叙述方式与人物塑造》,《南方文坛》2012年第5期。

房伟:《历史的反思和艺术的创新》,《南方文坛》2012年第5期。

霍俊明:《他是一个持续性的"少数者"——田中禾近作与"当代"写作的难度》,《南方文坛》2012年第5期。

刘宏志:《作家的思想自觉与艺术自觉——由田中禾的近作谈起》,《南方文坛》2012年第5期。

刘宏志:《话语嬗变与革命叙事的转型——田中禾〈父亲和她们〉对传统革命叙事的突破》,《郑州大学学报》(哲学社会科学版)2012年第6期。

何弘:《关注现实 厚重大气——中原作家群》,《人民日报》2013 年 4 月 26 日第 24 版。

杨洁:《文坛老将的新风采——记河南省作协原主席、著名作家田中禾》,《开封日报》2013 年 5 月 3 日第 9 版。

吴圣刚:《论当代河南作家的历史质感》,《信阳师范学院学报》(哲学社会科学版)2013 年第 3 期。

晋海学:《在多样的历史叙事中思考——评田中禾的长篇小说〈父亲和她们〉》,《河南师范大学学报》(哲学社会科学版)2013 年第 6 期。

刘军:《取法乎下与随心见性——评田中禾散文》,《东京文学》2014 年第 1 期。

博士、硕士学位论文

李少咏:《现代性语境中的乡村政治文化言说》,河南大学博士学位论文,2005 年。

摆向光:《南阳作家笔下的盆地女人》,郑州大学硕士学位论文,2001 年。

李阳:《文化地理学视角下的当代南阳作家群研究》,河南大学硕士学位论文,2012 年。

陈雪红:《田中禾小说创作论》,宁夏大学硕士学位论文,2013 年。

专著

张放:《大陆新时期小说论》,台北东大图书股份有限公司,1992 年。
梅蕙兰:《水之性情与山之精神》,河南大学出版社,1992 年。
汪时进、陈国伟编:《新时期短篇小说精选漫评》,河北大学出版社,1994 年。
陈继会主编:《文学的星群:南阳作家群论》,河南文艺出版社,1999 年。
王振羽:《漫卷诗书》江苏教育出版社,2001 年。
郑新、王遂河主编:《走近南阳作家群》,海燕出版社,2001 年。
阎连科、梁鸿:《巫婆的红筷子》,春风文艺出版社,2002 年。

李振邦等:《河南籍著名文学家评传(新时期部分)》,大众文艺出版社,2005年。

孙晓磊:《解读发生》,作家出版社,2007年。

编 后 记

中国当代文学的经典化问题已经越来越引起学术界的关注,不少学者已经开始致力于这一问题的探讨与研究。当代文学经典化应该借鉴现代文学的成功经验也已经成为学术界的一项共识。在中国现代文学经典化的过程中,由中国社会科学院文学研究所发起并主持,由全国60余所高校及科研机构的近400名专业人员参加编写的《中国现代文学史资料汇编》起着十分重要的基础性作用;在一定程度上我们可以说,中国现代文学的经典化是建立在《中国现代文学史资料汇编》的基础之上的。就当代文学而言,这种研究资料的汇编工作起步也并不算晚。全套200余种的《中国当代文学研究资料》丛书从1978年就开始筹划,1986年已经编辑完毕并陆续出版。该丛书收录的主要是1949年到新时期之前这段时间的文学史料,它为这段时间当代文学史的经典化奠定了基础。学术界对洪子诚先生的《中国当代文学史》上编评价颇高,这当然得力于洪先生提出的"一体化"研究思路,但是,《中国当代文学研究资料》丛书以及洪先生自己编写的《中国当代文学史·史料选(1949—1999)》的基础性作用恐怕也功不可没。

从中国文学的经典化程度来看,现代文学不如古代文学,当代文学不如现代文学。在当代文学内部,后30年不如前30年。这样看来,新时期以来当代文学的经典化程度应该是最低的。所以,推进新时期文学的经典化已经成为当代文学研究界的一项重要工作。2006年,山东文艺出版社出版了24册由孔范今、雷达、吴义勤、施战军主编的《中国新时期文学研究资料汇编》,这可以说是为这项工作开了一个好头,但是,与现代文学以及当代文学前30年研究资料的整理工作相比,这些显然是远远不够的。信阳师范学院文学院主持的《中原作家群资料整理》《中原作家群研究资料丛刊》可以说是从中原作家群这样一个特定的作家群体展开的对新时期文学研究资料的一项重要补充,所以,这一工作的意义应该被放置在当代文学经典化这样的学术意义上进行认识。

在中原作家群这样一个在全国影响深广的作家群体中,田中禾是一个重要的存在。从1959年出版长诗《仙丹花》,到2010年发表长篇小说《十七岁》《二十世纪的爱情》(后以《父亲和她们》为名出版发行),田中禾的创作历程走过了整整50年岁月。在中国现当代文学史上,能够保持这样长久创作生命力的作家并不常见。五十年的辛勤创作为作家赢得了不小的荣誉,1985年,短篇小说《五月》全票当选为全国优秀短篇小说奖获奖作品第一名,作家也由此正式进入了文坛;后来,田中禾又相继获得《上海文学》奖、《天津文学》奖、《莽原》文学奖、《奔流》文学奖、《山西文学》奖、《世界文学》征文奖及第一、二、三届河南省文学艺术优秀成果奖等多种奖项;作家本人也由豫南的一个小县城调入河南省文联,并相继担任河南省文联副主席、河南省作协主席。但是,从作家在新时期中国文坛的影响来看,我们不得不承认,田中禾在全国的影响始终没有超越当年获得全国优秀短篇小说奖的程度。在这种意义上,我们的确可以说,他是新时期中国文坛上一个持续性的"少数者"。作家本人似乎也对自己这种"主流"之外的"少数者"地位感到满意。然而,我们总是感到有些异样:一个持续创作整整50年又成果丰硕的作家,其影响力却始终停留在本省以内,在全国性的批评界一直受到冷落,几乎没有产生什么影响。到底是哪里出了问题?是新时期的文学批评太过势利?还是作家本人的创作没有取得显著的突破?对这一问题的回答,不仅关乎对田中禾50年创作历程的公正评价,而且关乎对新时期以来中国文学批评生态的反思。或许,这才是我们研究田中禾及其相关研究资料的重要意义所在。

也是在这样的意义上,把田中禾本人有关文学及其作品的谈话文章,一些质量较高、较有代表性的评论、研究田中禾的文章汇集起来,不仅有助于认识田中禾本人的创作,而且有助于观察文学批评界对田中禾创作的态度,在此基础上我们可以反思田中禾的创作或文学批评有可能存在的一些问题。这本有关田中禾研究资料的汇编就是根据我们现有的条件以及学术视野搜集到的所有材料的集合,它汇集了田中禾本人的自述、创作谈5篇,文学对话2篇,访谈录2篇,印象记2篇,研究论文28篇,作品年表1则,研究资料索引1则。希望能够为推进田中禾的研究提供一种资料上的便利。

有关田中禾研究资料的前期搜集工作主要是由信阳师范学院文学院副院长范小伟先生完成的。笔者加盟该研究项目之后,范先生十分慷慨地将他搜集到的资料全部转赠给我。可以说这本研究资料汇编的最终完成凝聚了范先生的很大一部分心血,但是,为了提携后进,他谢绝了在这本资料汇编上署名的提议。范先生提携后进的这份高义既令人感佩,又为年轻的学者树立了一个很好的榜样。

徐洪军

2014年11月30日